THE
BIG
NINE
빅나인

GOOGLE
MICROSOFT
AMAZON
FACEBOOK
IBM
APPLE
BAIDU
ALIBABA
TENCENT

THE BIG NINE

빅나인

에이미 웹 지음 · 채인택 옮김

토트

PART 2 —— 3개의 시나리오

PART 3 —— 생존을 위한 제안

너 무 늦 기 전 에

인공지능(Artificial Intelligence : AI)은 이미 우리 앞에 와 있다. 다만 우리가 기대하는 만큼 눈에 보이지 않을 뿐이다. AI는 소리 없이 재정·금융 시스템과 전력망 그리고 유통 공급 체인의 중추를 차지했다. 우리가 교통 체증 속을 빠져나가도록 알려 주고, 잘못 입력한 단어의 정확한 의미를 찾아 주며, 무엇을 사고, 보고 들어야 할지를 결정해 주는 보이지 않는 인프라다. 또한 우리의 미래를 만들고 있는 기술이기도 하다. 의료, 주택, 농업, 교통, 스포츠, 심지어 사랑에까지 우리 삶의 모든 측면에 개입하고 있기 때문이다.

AI는 테크 트렌드도, 유행도, 일시적인 소란도 아닌 제3세대 컴퓨팅 시대(컴퓨터를 기업이나 기관이 주로 사용하는 제1세대 컴퓨팅, PC 도입으로 개인이 정보에 접근하는 제2세대 컴퓨팅에 이어 인공지능 컴퓨팅과 클라우드에 기반을 둔 시대를 가리킨다.—옮긴이)다. 우리는 지금 산업혁명 시대와 다르지 않은, 의미심장한 전환의 한가운데 서 있다. 처음에는 아무도 자신이 속한 시대의 변화를 믿지 않았다. 변화가 그들의 수명에 비해 매우 느리게 일어났기 때문이다. 마침내 세계는 변화한 모습을 드러냈다. 즉, 미국과 영국은 다음 세기의 진로를 설정하기에 충분한 산업적, 군사적 그리고 정치적 능력을 보유하게 되었다. 모든 사람이 AI에 대해 그리고 그것이 우리 미래와 어떤 관련이 있는지에 대해 지겹도록 반복해서 논쟁하고 있다. 이런 논란에 대해 당신은 이미 익숙해졌을 것이다. 즉, 로봇이 우리의 직업을 빼앗게 될 것이고, 로봇이 경제를 일으켜 세우게 될 것이며, 로봇이 결국 인간을 멸종시킬 것이라는 이야기 말이다.

여기서 '로봇'이라는 단어를 '기계'로 바꾸면 우리는 이미 200년 전에 했던 논쟁을 이제 와서 새삼스럽게 반복하는 셈이 된다. 우리는 아주 많은 산업에서 벌어진 혼란을 목격했기 때문에 신기술이 우리의 직업과 돈벌이에 미칠 충격을 생각하는 것은 자연스러운 일이다. AI를 생각하면 영화 '2001 스페이스 오디세이'의 HAL, 워 게임의 WOPR, '터미네이터'의 스카이넷, '젯슨 가족'의 로지, '웨스트월드'의 들로레스 등 대중문화에서 등장한 수백 종류의 AI를 떠올리게 될 것이다.

당신이 AI 생태계 내부에서 직접 일하지 않는다면 미래가 환상적이거나 놀라운 것으로 보일 수 있다. AI 연구 개발에 직접 관여하며 고민하는 사람이 아닌 대부분의 사람은 신호를 선명하게 볼 수가 없으며, 이 때문에 AI에 관한 대중의 논쟁은 최근 영화에서 봤던 로봇에 지나치게 무게를 싣게 되는 것이다. 이는 또한 지나치게 긍정적이거나 고삐 풀린 낙관주의를 반영하기도 한다. 어떤 사람은 AI의 응용을 극적으로 과대평가하지만 다른 쪽에서는 그것이 막을 수 없는 무기가 될 것이라고 주장한다.

나는 지난 몇 십 년간 AI를 연구하면서 AI 생태계 안팎 양쪽의 사람과 조직을 만났기 때문에 이 같은 분위기를 잘 안다. 나는 마이크로소프트와 IBM을 포함해 인공지능의 발원지에 있던 다양한 기업에 조언을 해 왔다. 또한 기업 외부에 있는 벤처 자본가나 자산운용사, 규제밖에 길이 없다고 생각하는 미국 국방부와 국무부의 지도자 및 여러 의원 등 외부의 관계자를 만나 컨설팅을 해 왔다.

현장에서 일하는 학술 연구자나 기술자와도 수백 차례 회의를 했다. AI 분야에서 직접 일하는 이들은 우리가 뉴스에서 들어온 종말론이나 유토피아적인 비전을 공유하는 일이 거의 없다. 다른 과학 분야의 연구자들과 마찬가지로, AI의 미래를 실제로 만들어 나가는 사람들은 대중의 기대를 완화하려고 하기 때문이다. 큰 업적을 이루려면 인내와 시간, 돈과 함께 회복 탄력성이 필요한데, 사람들은 너무나 쉽게 이를 잊어버린다.

그들은 지극히 복잡한 문제를 놓고 악착같이, 한 걸음 한 걸음 일하면서 나아가지만 성과를 거두는 것은 그리 쉽지 않다. 그들은 똑똑하고 결과를 내려고 노력하며, 내 경험에 따르면 온정적이고 사려가 깊다. 이들의 절대 다수가 미국의 구글, 아마존, 애플, IBM, 마이크로소프트, 페이스북과 중국의 바이두, 알리바바, 텐센트 등 9개의 거대 테크 기업에 근무하고 있다. 이들은 인류의 더 밝은 미래를 만들기 위해 AI를 개발하는 데 몰두하고 있다.

나는 이들 9개 기업의 경영자들이 심오한 인류애와 더 큰 선을 위해 헌신하고 있다고 굳게 믿는다. 그들은 인류의 건강과 수명을 개선하고, 다가오는 기후 문제를 해결하며, 수백만의 사람을 가난에서 구하는 AI의 잠재력을 확신한다.

우리는 이미 모든 산업과 일상에서 긍정적이고 실질적인 이익을 보고 있다. 문제는 9개의 거대 테크 기업을 압박하는 외부의 압력, 거기에 더해 AI 생태계 내부에서 일하는 사람들이 인류의 미래를 위한 최선의 선택을 하지 않을 수 있다는 점이다.

미국에서는 끊임없는 시장 수요와 과도한 신제품 및 신생 서비스에 대한 기대로 인해 장기적인 계획을 수립하는 것이 거의 불가능하다. 매년 열리는 기술 콘퍼런스에서 우리는 구글, 아마존, 애플, 페이스북, 마이크로소프트 그리고 IBM이 혁신적이고 대담한 연구 개발을 통해 완성한 AI 제품을 발표할 것으로 기대한다.

만약 이 회사들이 지난해보다 더 화려하고 신박한 제품을 발표하지 않으면 우리는 그들이 실패한 것처럼 이야기한다. 아니면 AI 개발에 진척이 없다거나 테크 기업의 경영 성과에 의문을 드러낸다. 우리는 단 한 번도 이 회사들이 온전하게 개발에 몰두하게 내버려둔 적이 없고, 그들도 항상 현란하고 화려한 제품을 발표해 우리를 현혹하는데만 급급했다. 이 회사 중 어느 하나라도 몇 달에 걸쳐 아무 신제품도 발표하지 않는다면 우리는 어떤 비밀 프로젝트가 이미 잘못됐거나 우리를 실망시킬 것으로 생각한다.

미국 정부는 AI를 위한 거대한 전략이나 장기적인 미래를 위한 계획은 세우지 않는다. 미국 정부는 그렇게 내부 조직의 역량을 구축하고 국제 동맹을 형성하고 강화하기 위한 국가 전략을 세워 AI를 정치적 지배 아래 두었다. 연방 정부는 AI 연구 자금을 지원하는 대신 영리 기업과 월스트리트에 AI 연구 개발 아웃소싱을 맡겼다. 미국 국회는 AI를 새로운 일자리 창출과 성장의 기회로 여기기보다 광범위한 손실과 실업을 초래할 것처럼 취급했다. 그들은 기술력을 가진 대기업을 전략 수립을 위해 초빙하기보다 오히려 AI를 실업률 상승의 주범으로 취급하며 비난했다. AI 개척자들은 당신과 나, 학교, 병원, 도시 및 사업체와의 신뢰 관계 형성과 교류를 위해 끊임없이 투쟁하고 경쟁할 수밖에 없는 상황이다.

우리는 선견지명이 부족한 탓에 미래에 대비하기보다 현재에 충실하게 살 수밖에 없다. '현재주의자'적인 사고는 단기적인 기술 성과를 이끌어 냈지만, 그 기술이 진화하면서 발생하는 책임과 우리의 행동으로 인한 결과에 대해 책무를 다하지는 못하게 한다. 우리가 현재 하고 있는 일이 불러올 미래의 심각한 결과에 대해 대처하지 못할 수도 있는 것이다. 미국 정부는 6개의 상장 기업에 AI 개발을 아웃소싱했다. 그들의 성과는 분명 대단한 것이지만 만약 회사가 추구하는 이윤이 개인의 자유, 지역사회 그리고 민주주의의 이상에 부합하지 않다면 어떻게 될까?

　중국에서 AI의 개발 진척 정도는 정부의 야심과 일맥상통한다. 중국은 AI 세계 초강대국이 되기 위해 모든 노력을 기울이고 있다. 2017년 7월, 중국 정부는 2030년까지 최소 1,500억 달러 규모의 산업과 함께 국부펀드 일부를 새로운 연구소 및 신생 인력 양성을 위한 학교 설립에 투자하여 차세대 AI 인재 양성에 박차를 가하겠다는 차세대 AI 개발 계획을 발표했다. 같은 해 10월, 시진핑 주석은 수천 명의 당원 앞에서 AI와 빅 데이터에 대해 연설을 했다. 그는 AI로 인해 중국이 세계에서 가장 진보된 경제 국가로 발돋움하게 될 것이라고 말했다. 현재 중국의 경제 규모는 이미 30년 전보다 30배 이상 성장했다. 바이두, 텐센트, 알리바바는 상장 기업이지만 국가와 국익을 위해 운영되고 있다.

　14억 인구를 가진 중국은 AI 시대에 가장 큰 천연자원인 인간 데이터를 운영하고 통제할 수 있을 것이다. 한 예로, 방대한 패턴 인식 알고리즘을 개선하려면 방대한 양의 데이터가 필요하다. 중국의 메그비(Megvii)나 센스타임(SenseTime) 같은 안면 인식 시스템이 투자자에게 매력적인 이유는 중국의 방대한 데이터 자원 때문이다. 중국 인민들이 전화를 걸고 온라인으로 물건을 사고 소셜네트워크에 사진을 게시할 때마다 바이두, 알리바바 그리고 텐센트가 최고의 AI 시스템을 만들 수 있도록 개선시키고 도와준다. 중국의 가장 큰 이점 중 하나는 미국과 달리 중국에는 개인정보 보호와 보안 제약이 없다는 것이다.

우리는 중국의 장대한 AI 발달 과정을 광범위한 맥락에서 고려해야 한다. 2018년 4월, 시진핑 주석은 글로벌 사이버 초강대국으로서의 중국에 대한 비전을 제시했다. 중국 국영 신화방송은 시진핑 주석의 연설 일부를 발표하면서 새로운 사이버 공간의 통치 네트워크와 인터넷을 통하여 "긍정적인 정보를 전파하고, 올바른 정치적 방향을 지키며 여론과 가치를 올바르게 인도할 것"이라고 설명했다. 중국의 독재적 정권 아래서라면 우리는 언론의 자유, 시장 주도의 경제, 그리고 서방 국가가 그토록 부러워하고 원하던 분산된 통제 하에 살 것이다. AI는 중국 인민에게서 생성된 모든 데이터와 다양한 전략적 파트너의 데이터를 모니터링하기 위한 국가의 명령이자 법률의 일부다. 이 칙령 중 하나는 모든 외국 기업이 중국의 국가 서버에 중국 인민의 모든 데이터를 저장하도록 요구한다. 이를 통해 정부 보안 기관은 자유롭게 개인 데이터에 접속할 수 있다.

또 다른 계획의 한 사례로 중국 경찰 클라우드는 정신 건강에 문제가 있는 사람들, 정부를 공공연하게 비판한 사람들 그리고 위구르인이라고 불리는 무슬림 소수민족을 모니터링하고 추적하도록 설계되었다. 2018년 8월 유엔은 중국이 중국 서부 지역의 비밀 수용소에 수백만 명의 위구르인을 가둬 두고 있다는 신빙성 있는 보도를 내보냈다. 중국의 '통합 합동 운영 프로그램'은 AI를 사용하여 패턴 편차를 탐지하고 누가 공과금 등을 늦게 납부했는지를 알아낸다. 공식적인 정부 계획 문서의 슬로건에 따르면 AI 기반 사회 신용도 시스템은 "신용이 있는 사람은 무엇이든지 할 수 있지만 신용이 떨어지는 사람은 단 한 걸음도 떼기 어려운 사회"를 구현하게 설계되었다.

'신뢰성'을 높이기 위해 중국인들은 범시민적인 행위나 행동(포인트 획득) 또는 교통 위반 과태료(포인트 차감) 등과 같은 여러 가지 데이터 점수로 등급이 매겨진다. 점수가 낮은 사람은 구인 구직, 주택 매매, 자녀 교육 및 진학 등에 불이익을 받을 수 있다. 일부 도시에서는 고점수 시민의 사진을 게시하기도 한다. 산둥의 다른 도시에서는 도로 무단 횡단을 한 시민의 사진을 디지털 전광판에 공개하고 '웨이보' 같은 인기 소셜네트워크에서 자동으로 공유한다. 이 모든 것이 너무 비현실적이고 이상적이라고 생각한다면 중국이 한때 한 자녀 정책을 강행하여 성공적으로 제도화하고 인구를 통제한 것을 기억하라.

지난 10년, 시진핑 주석은 중국을 재건하고 새로운 글로벌 초강대국으로 도약하기 위해 다양한 정책과 계획을 단행해 왔다. 중국은 오늘날 마오쩌둥 전 국가 주석의 시대보다 더 권위주의적이며 AI의 활용과 진보는 이것을 가능하게 만든 근본적인 원천이다. 일대일로(一帶一路, One belt One road)는 중동 및 아프리카를 통해 유럽과 중국을 연결시킨 실크로드 노선을 필두로 한 거대한 지형학적 전략이다. 중국은 단순히 국가를 잇는 고속도로와 다리를 건설하는 것이 아닌 감시 시스템의 기술과 데이터 수집을 통해 자유민주주의의 질서에 대항할 수 있도록 중국공산당(Chinese Communist Party : CCP)의 세계적 영향력을 증가시키는 것이다. 글로벌 에너지 인터커넥션(Global Energy

Interconnection)은 시진핑 주석이 주관하는 또 하나의 국가 전략으로, 세계 최초의 글로벌 전력 그리드를 만드는 것을 목표로 하고 있다. 중국은 이미 서쪽 변방에서 상하이까지 전력을 공급할 수 있는 새로운 초고압 케이블 기술을 확보했고 주변국의 전력 공급 주체가 되기 위한 전략을 세우고 있다.

이런 수많은 정책은 소프트파워를 얻기 위한 아주 영리한 수단이었다. 그 결과 시진핑 주석은 2018년 3월 임기 제한 폐지를 이끌어 내면서 국가 주석 자리를 무기한으로 지킬 수 있게 되었다. 시진핑 주석의 최종 목표는 중국에 새로운 질서를 확립할 수 있는 무소불위의 막강한 지도자가 되는 것이다. 중국이 외교적으로 팽창한 시점에 미국은 트럼프 대통령의 지시에 따라 오래전부터 맺은 글로벌 동맹국과의 협약에 반하는 새로운 '죽의 장막(bamboo curtain)'을 내세웠다.

AI의 미래는 인간에게 가장 좋은 것이 무엇인가에 대한 서로 다른 생각 때문에 두 갈래의 발달 과정을 따라 움직이고 있다. 중국의 AI 정책 추진은 시진핑 주석의 새로운 질서를 만들기 위한 노력인 반면 미국의 동력은 시장 수요와 소비 지상주의다. 이러한 이분법은 우리 모두에게 심각한 사각지대나 다름없다. 빅 나인은 인간처럼 생각하는 시스템을 구축하는 데 몰두하고 있다. 그 결과물이 인류에 심각한 해를 끼칠 수 있다는 것도 모르는 채 말이다.

나는 근본적으로 AI가 다음 세대를 고양시키고 미래의 이상적인 비전을 달성하는 데 도움과 힘이 될 것이라 믿는다. 그와 동시에 나는 실용주의자인 만큼, 최선의 의도를 가진 사람들조차 부득이하게 인류에게 큰 해를 입힐 수 있다는 것도 잊지 않고 있다. 기술을 대할 때는, 특히 AI의 경우 우리는 '사용 목적'과 '의도하지 않은 오용'의 가능성에 대비된 계획을 세워야 한다. AI가 전반적인 모든 분야, 그러니까 세계 경제, 노동력, 농업, 운송, 금융, 환경 모니터링, 교육, 군대와 국가 안보 등 모든 면에 걸쳐 있다는 점을 인지하고 AI가 미칠 오늘과 미래의 영향력에 대해 알아야 한다. 따라서 미국과 중국의 AI 연구 과정이 이대로 진척된다면 2069년은 2019년과 크게 달라질 것이다. 사회를 구성하고 지배하는 구조와 시스템이 AI에 의존하게 된다면 기계적인 시스템이 내린 결정과 결과가 우리가 꿈꾸는 이상적인 삶과는 크게 다를 게 분명하다.

기계가 깨어나면서 인간은 빠르게 퇴화되고 있다. 우리는 AI의 혁신적인 발전을 통해 기술 및 지정학적 개발을 이루어 냈지만 AI는 정작 우리에게서 점점 멀어지고 있다. 우리의 개인정보가 어떻게 수집되고 채굴되는지도 이해하기 어려운데, 시스템이 어떻게 그런 결과를 도출하게 되었는가에 대한 과정의 투명성도 점점 이해하기 어려워져 가고 있다. 따라서 우리는 AI가 오늘날 일상에 어떤 영향을 미치는지 잘 알지 못한다. 이 영향력은 시간이 갈수록 기하급수적으로 커져서 미래에는 AI의 여파를 더욱 가늠하기 힘들게 될 것이다. 비판적인 시각을 통해 이해의 폭을 넓히는 것이 나의 사명이자 목표다. 나의 목표는 AI의 민주화를 통해 앞으로 진행될 기술적 진보를 더 현명하게 대비하고 너무 늦기 전에 AI가 미칠 영향에 대해 독자 모두가 자각할 수 있게 하는 것이다.

인류는 유사 이래 가장 큰 실존적 위기에 직면하고 있다. 이것은 그 누구도 아주 간단하고도 중요한 질문에 답하려 하지 않기 때문이다. 소수의 사람이 설계한 시스템이 인류 모두의 의사 결정 권한을 독점하면 어떤 일이 발생할까? 또 그런 결정이 시장 세력이나 야심적인 정당에 편향된다면 어떻게 될까? 이에 대한 해답은 우리가 앞으로 AI에 의해 통제되는 미래의 잠재력, 사회적 관례와 경제 운영 그리고 우리가 사람들과 연관되는 방식 안에 있다.

이 책은 일반적인 AI를 이야기하는 책이 아니다. 더 나은 미래를 위한 경고이자 청사진이다. 미국이 왜 장기적인 AI 계획을 수립하지 않는지, 왜 기업, 학교 그리고 정부 기관은 AI에 대응하는 준비를 하지 않는지 질문을 던진다. 또한 중국이 경제, 외교, 지역 정책 등에서 새로운 세계 질서 창조를 위해 그려 나가고 있는 전략적 그림을 펼쳐 보여줄 것이다. 마지막으로 이 책은 극도로 어려운 상황 속에서 어떤 영웅적인 리더십이 필요한지에 대해 질문한다. 왜냐하면 당신도 알다시피, 우리의 미래에는 영웅이 필요하기 때문이다.

이 책은 총 3부로 구성되어 있다. 1부는 AI가 무엇인지 그리고 빅 나인이 AI의 개발과 발전에 어떤 역할을 했는지 상세히 적고 있다. 미국의 빅 나인 기업과 중국의 바이두, 알리바바 그리고 텐센트가 직면한 현재 상황에 대해서도 심도 있게 다루고 있다.

2부에서는 AI가 발전함에 따라 구축되는 50년 뒤의 미래에 대해 이야기한다. 나는 여기에서 낙관적 시나리오, 실용적 시나리오, 파국적 시나리오 등 3개의 시나리오를 제시하고 있다. 이 3개의 시나리오는 매우 폭넓은 스펙트럼을 갖고 있다. 약 인공지능에서 강 인공지능, 나아가 슈퍼 인공지능에 이르기까지 AI가 갖고 있는 득과 실에 대해 낱낱이 파헤쳐 보려 한다. 세 가지 시나리오는 모두 데이터 기반의 모델링 결과이며 AI가 어떻게 발전하고 그로 인해 우리의 삶이 어떻게 변화하는지 직접 체험할 수 있게 해준다.

3부에서는 시나리오에서 확인된 모든 문제에 대해 전술적이고 전략적인 솔루션을 제안하고 현 시점을 재부팅할 수 있는 계획을 제시한다. 3부는 우리 모두가 실천하고 행동으로 옮겨야 할 구체적인 권고를 담고 있다. 이는 정부 지도자, 미래를 고민하는 경영자 그리고 우리 모두를 위한 것이다.

우리 모두는 AI의 미래에 매우 중요한 역할을 할 수 있다. 지금 우리가 AI에 관해 내리는 모든 결정은 – 겉으로는 사소해 보이는 결정까지도 – 인류의 역사에 지대한 변화를 가져올 것이다. 기계와 기술이 발전하면서 우리는 우리의 기대와는 달리, AI 시스템이 인류에 치명적일 수도 있다는 것을 경험하게 될 것이다.

하지만 그렇게 되도록 방치해선 안 된다. 이 여정에서 빅 나인은 악당이 아니다. 사실 그들은 우리가 가진 최고이자 최선의 희망이다.

책장을 넘겨라. 다음에 올 것이 무엇인지도 모른 채 앉아 있을 수는 없다. AI의 시대는 이미 시작되었다.

– 에이미 웹

PART 1

기계 속의
유령들

01

생각하는 기계를
만들 수 있을까?

현대 AI의 뿌리는 빅 나인이 시리나 알렉사 그리고 그들의 경쟁자인 중국의 티안마오(天猫 알리바바가 운영하는 B2C 쇼핑몰인 Tmall.com) 같은 AI 에이전트를 세운 것보다 훨씬 앞선 수백 년 전으로 거슬러 올라간다. 다른 기술과 마찬가지로 그동안 AI를 가리키는 독자적인 정의는 없었다. AI에 관해 구체적으로 설명하는 것은 쉽지 않은데, 이는 AI가 여러 가지를 내포하고 있는 개념이며 그 분야도 계속 넓어지고 있기 때문이다. 복잡한 나눗셈 연산이 가능한 계산기도 1950년대라면 AI로 여겨졌을 것이다. 하지만 지금은 아무도 이런 계산기를 진보적인 기술로 여기지 않는다. 이런 현상을 '이상한 역설(odd paradox)'이라고 하는데, 새로운 기술이 고안되어 주류로 이동하자마자 사람들의 관심사에서 사라지게 된다는 뜻이다. 이런 기술은 AI가 아니다.

기본적으로 AI란 자동 결정을 해주는 시스템이다. AI가 수행하는 임무는 소리와 사물을 인식하고, 문제를 해결하며, 언어를 이해하고, 목표를 이루기 위한 전략을 이용하는 등 인간 지능의 복제판 또는 모방 행동이다. 어떤 AI 시스템은 아주 방대해 수백만의 연산을 신속하게 수행하는 반면, 어떤 AI 시스템은 한정적이어서 이메일에서 특정 단어를 찾아내는 것 같은 단순한 임무만 수행하기도 한다.

우리는 늘 똑같은 일련의 질문을 순환적으로 반복한다. 기계는 생각할 수 있는가? 기계가 생각한다는 것은 무엇을 의미하는가? 우리가 생각한다는 것은 어떤 의미인가? 당신이 당신만의 고유한 생각을 하고 있는지 어떻게 알 수 있는가? 인간은 수 세기 동안 이런 질문을 거듭해왔다.

기계와 인간 양측이 어떻게 생각하는지를 연구할 때 문제점은 '생각한다'는 단어가 '마음'과 이어져 있다는 사실이다. 메리엄-웹스터 사전은 '생각하다'는 것을 '마음속에 무엇인가를 형성하거나 갖는 것'이라고 정의하고, 옥스퍼드 사전에서는 '이어진 생각들을 형성하기 위해 한 사람의 마음을 능동적으로 이용하는 것'을 의미한다고 설명한다. '마음'에 주목하면 메리엄-웹스터와 옥스퍼드 사전 모두 이를 '의식'의 맥락 속에서 정의한다는 것을 알 수 있다. '의식'은 무엇인가? 양쪽에 따르면 그것은 인지하고 반응하는 성질이나 상태다. 심리학자, 신경학자, 철학자, 신학자, 윤리학자 그리고 컴퓨터 과학자 등 여러 집단은 모두 서로 다른 접근법을 이용해 생각이라는 개념에 다가간다.

우리가 좋아하는 식당의 자리를 찾으려고 '알렉사'를 이용할 때는 비록 알렉사가 입속에서 아삭아삭한 사과의 질감이나 혀에 톡 쏘는 느낌

이 주는 탄산수 거품, 입천장에서 땅콩버터가 끈적끈적하게 달라붙는 감각을 느껴본 적이 없더라도 당신과 알렉사는 당신이 식당을 찾는다는 것을 인지하고 반응한다. 알렉사에게 이런 음식에 대해 설명하라고 요청하면 알렉사는 당신이 경험을 떠올리게 하기에 충분할 정도로 자세한 정보를 제공할 것이다. 알렉사는 입이 없는데 어떻게 당신이 하는 방법으로 음식을 감지할 수 있겠는가?

당신은 생물학적으로 유일무이한 사람이다. 침샘과 미뢰도 다른 사람과 완전히 다르다. 우리는 지금까지 사과가 무엇인지는 물론 사과는 어떤 맛이 나는지, 질감은 어떤지, 향은 어떤지 등 일반적인 특성을 체득해 왔다. 일생에 걸쳐 보강된 체득을 통해 우리는 사과가 무엇인지 인식하는 법을 배웠다. 또 누군가는 사과가 어떻게 생겼는지, 그것의 용도가 무엇인지 그리고 다른 과일과의 차이점은 무엇인지를 우리에게 알려줬다. 그 결과, 우리의 생물학적 패턴 인식 시스템은 몇 가지 정보만으로도 무엇이 사과인지 정확히 알아맞힌다. 우리는 사과 모양의 검은 그림자만 보고도 그것이 사과란 것을 알 수 있다. 우리 두뇌에 '이것은 사과야'라고 판단할 수 있도록 신호를 보내는 그 어떤 맛도 향기도 아삭거림도 없이 말이다. 당신과 알렉사가 사과에 대해 알고 있는 것은 당신이 생각하는 것보다 훨씬 많이 비슷하다.

알렉사는 유능하지만 그녀에게 지적 능력까지 있는 것일까? 그녀의 인식은 인간 인식의 모든 특성을 거울처럼 반영해야 하는 것일까? 교육심리학자 벤저민 블룸 박사는 생각의 상태를 연구하고 분류하는 데 많은 시간을 보냈다. 1956년 그는 교육에서 관찰된 학습 목표와 성과 수준을 규정하는 이른바 '블룸의 분류법'을 발표했다. 그 층위는 가장 밑바닥의 사실과 기초 개념에 대한 기억으로 시작해 생각 이해, 새로운 상황에서 지식 응용, 경험과 연결을 통한 정보 분석, 평가, 정보 옹호와 판단 그리고 마지막으로 고유 작업 창조 순으로 이어진다. 아주 어린 시절 우리는 우선 기억과 이해에 초점을 맞춘다. 예를 들면 우리는 병에 앞면과 뒷면이 있다는 것보다, 비록 직접 볼 수는 없지만 병에 우유가 들어 있다는 것부터 배웠다.

이러한 위계는 컴퓨터가 무엇을 배울 때도 나타난다. 2017년 앰퍼(Amper)라는 이름의 AI 시스템이 작곡을 해서 '아이 엠 에이아이(I AM AI)'라는 앨범을 제작했다. 화성 구조, 악기 편성과 음향은 앰퍼가 개발했는데 앰퍼는 전체 노래를 만들기 위한 장르와 음계, 장단을 비롯한 초기 변수를 불과 몇 분 안에 생성했다. 인간 아티스트 타린 서든이 이 앨범을 만들기 위해 앰퍼와 협업했는데 그 결과 '브레이크 프리(Break Free)'로 불리는 분위기 있고 감성적인 발라드를 만들어 유튜브에서 160만 뷰를 기록하고 전통 매체인 라디오에서도 히트를 쳤다. 앰퍼는 노래를 창작하기 전에 우선 빅 발라드의 질적인 요소와 함께 악보와 박자의 가치를 어떻게 파악하고, 수천 개의 음악 패턴(화음 진행, 화성 배열, 박자의 강약)을 어떻게 인식하는지 같은 양적인 데이터도 함께 배워야 했다.

앰퍼가 보여주는 것과 같은 창의성은 블룸 분류 체계의 최상위층에 해당한다. 하지만 이는 단순히 학습된 기계적 진행에 불과한 것인가? 이는 인각적인 창의성의 한 사례인가? 또는 완전히 다른 종류의 창의성인가? 앰퍼는 인간 작곡가가 했던 것과 같은 방법으로 음악에 대해 생각했을까? 상자 안에 든 알고리즘과 데이터를 사용하는 신경망인 앰퍼의 '두뇌'는 머리라는 '그릇' 안에서 데이터를 사용하고 패턴을 인식하는 유기체 뉴런으로 이루어진 베토벤의 두뇌와 그리 다르진 않을 것이다. 앰퍼의 창조 과정은 장조에서 단조로 조옮김을 하기 전 그 유명한 '따-다-다-단, 따-다-다-단'으로 시작하는 교향곡 5번을 베토벤이 작곡할 때와 정말로 다를까? 베토벤이 교향곡 전체를 창조한 게 아니면 이 작품도 완전한 오리지널은 아니다. 첫 네 소절은 다른 작곡에서 쓰는 화성 진행과 음계, 펼침화음 그리고 통상적인 다른 음들로 이어진다. 마지막 스케르초 부분에 주의 깊게 귀를 기울여 보면 이 곡보다 20년 앞선 1788년 작곡된 모차르트 교향곡 40번의 패턴을 분명히 들을 수 있을 것이다.

모차르트는 자신의 경쟁자였던 안토니오 살리에리와 친구인 프란츠 요제프 하이든의 영향을 받았고, 그들 자신도 선배 작곡가인 요한 제바스티안 바흐, 안토니오 비발디 그리고 헨리 퍼셀의 영향을 받았으며, 이들은 17세기 중엽부터 18세기 중엽 사이 음악을 바탕으로 곡을 썼다. 심지어 자크 아르카델트, 장 무통 그리고 요하네스 오케겜 같이 1400년대에서 1600년대에 이르는 초기 작곡가의 작품도 들을 수 있다. 그들은 중세 초기 작곡가의 영향을 받았으며, 이렇게 영향을 주고받는 과정을 계속 살펴보면 기원 1세기 터키(고대 그리스인이 살던 에페수스)의 무덤에서 발견된 원통형 대리석인 '세이킬로스의 비문'에 새겨진 최초의 곡(현재까지 온전히 전해진 곡 중에서 가장 오래된 것)까지 거슬러 올라갈 수 있다. 한 발 더 내디디면 4만 3,000년 전에 깎은 것으로 보이는 뼈와 상아로 만든 최초의 원시적인 플루트까지 거슬러 올라갈 수 있다. 연구자들은 심지어 그전에도 우리의 아주 오랜 조상들이 말을 하기 전에 노래를 불렀을 것으로 믿는다.

인간의 작곡 능력은 수백만 년에 걸친 진화의 결과다. 현재 AI의 작곡 능력도 이와 비슷하게 고대 수학자, 철학자 그리고 과학자까지 확장되는 장구한 진화의 발자취에 바탕을 두고 있다. 인간성과 기계가 본질적으로 다른 길을 걸어온 것 같아도 우리의 진화는 언제나 서로 뒤얽혀 왔다. 호모사피엔스는 그들의 환경에서 배웠고, 그 특성을 미래 세대에게 전달했으며, 농업이나 사냥 도구, 페니실린 같은 진보된 기술을 발명해 이를 다양화하고 재생산했다. 신석기시대에 600만 명이던 세계 거주자가 현재의 70억 명으로 증가하는 데는 1만 1,000년이 걸렸다. 학습을 위한 입력, 데이터, 알고리즘, 프로세서, 기계, 신경망으로 이루어진 AI 시스템이 거주하는 생태계는 기하급수적인 속도로 개선되며 연산을 반복하고 있다. AI 시스템이 증식해 일상의 모든 면에 관여하는 데는 불과 수십 년이 걸렸을 뿐이다.

알렉사가 우리가 하는 것과 같은 방식으로 사과를 인지하고, 앰퍼의 오리지널 음악이 정말로 '오리지널'이라는 것은 우리가 생각이란 걸 어떻게 생각하느냐에 대한 질문이다. 오늘날 인공지능은 수천 년에 걸친 철학자들, 수학자, 과학자, 로봇 공학자, 예술가, 신학자들의 합성물이다. 이 장에서 우리의 임무는 생각과 생각을 위한 그릇과의 관계를 이해하는 것이다. 마음과 또는 이를 대신할 기계와의 관계는 중국과 미국의 빅 나인에서 만들어질 것이다.

기계에 마음이 있을까?

AI의 기원은 고대 그리스의 철학과 논리학, 수학의 기원과 맞닿아 있다. 플라톤의 수많은 글에서 소크라테스는 "너 자신을 알라"고 말하는데, 그 의미는 개선을 통해 올바른 결정을 내리려면 너부터 자신의 특성을 알아야 한다는 것이다. 그의 다른 저작에 따르면 아리스토텔레스는 삼단논법과 연역법에 대한 첫 공식을 발명했다. 거의 같은 시기에 그리스 수학자 유클리드는 두 숫자의 최대공약수를 구하는 방법(유클리드의 호제법이라고 부른다)을 고안했는데, 이는 인간이 발명한 최초의 알고리즘이다.

그들의 작업은 중요한 새로운 아이디어의 시작이었다. 바로 어떤 물리적인 시스템이 논리적인 규칙에 따라 가동할 수 있도록 인간의 생각 그 자체가 상징적인 시스템이 되는 것이다. 이는 수천 년에 걸쳐 철학자, 신학자 그리고 과학자의 연구를 촉발했다. 신체는 복잡한 기계인가? 할아버지의 시계처럼 수백 개의 서로 다른 시스템으로 이루어진 통일된 완전체가 한꺼번에 작동하는가? 하지만 마음은 어떤가? 마음 역시 복잡한 기계인가? 그렇지 않으면 완전히 다른 무엇인가? 신성한 알고리즘이나 마음과 물리적인 영역 사이의 연결을 증명하거나 부정할 방법은 없었다.

1560년 후아넬로 투리아노라는 이름의 스페인 시계 제조공은 아들이 두부 손상에서 기적적으로 회복된 스페인 국왕 펠리페 2세를 대신해 교회에 바치는 공물로 작은 기계 수도사를 만들어 냈다. 이 기계 수도사는 놀라운 기능이 있었는데 책상을 가로질러 걷고, 십자가와 묵주를 들어 올리고, 가슴을 치며 회개하고 기도 중엔 입술을 움직였다. 이는 최초의 오토마톤(automaton), 즉 생명체를 기계적으로 표현한 것이었다. 당시엔 로봇이라는 용어가 존재하지 않았기에 이 수도사는 주목할 만한 작은 발명이었으며, 구경꾼들에게 충격을 주고 혼란을 야기했다. 이 작은 오토마톤이 먼 미래 언젠가 기본적인 움직임을 흉내 내는 데서 그치지 않고 공장 복도와 연구실 그리고 가정에서 인간을 대신할 것이라고 생각한 사람은 없었을 것이다.

그 작은 수도사는 인간을 그대로 딴 더욱 복잡한 기계를 창조하는 것을 목표로 하는 로봇공학 1세대에게 영감을 주었다. 오토마톤은 이내 쓰고, 춤추고, 그림을 그릴 수 있게 되었다. 그리고 이는 일련의 철학자로 하여금 인간이 된다는 게 어떤 의미인가에 대한 질문을 시작하도록 이끌었다. 인간의 행동을 흉내 내는 오토마톤을 만드는 것이 가능하다면, 인간은 신과 같은 신성함이 있어 오토마톤을 만든 것일까? 아니면 우리가 이성적이고 독창적인 사고가 가능한 복잡한 시스템인가?

영국의 정치 철학자 토마스 홉스는 자연과학과 심리학 그리고 정치학에 대한 3부작 중 하나인 『물체론(De Corpore)』에서 인간 추론을 계산으로 설명했다. 1655년 그는 이렇게 썼다. "추론함으로써 나는 계산을 이해한다. 그리고 계산한다는 것은 동시에 더해진 수많은 것의 합을 모으는 것이거나, 또는 하나의 사물을 다른 것에서 빼낼 때 나머지를 아는 것이다. 그러므로 추론이란 덧셈이나 뺄셈과 같다." 하지만 우리는 이러한 과정에서 어떻게 우리가 자유의지를 가지고 있는지 알 수 있을까?

홉스가 자신의 3부작 가운데 첫 편을 쓰고 있을 때 프랑스 철학자 르네 데카르트는 저서 『제1철학에 관한 성찰』을 출간하고, 우리가 인식하고 있는 것이 진짜인지를 우리가 분명히 알 수 있는지를 질문했다. 우리는 어떻게 자신의 의식을 입증할 수 있는가? 우리의 생각이 우리의 것인지 그리고 우리를 둘러싼 세상이 진짜라고 결론 내리기 위해 어떤 증거가 필요한가? 데카르트는 진실은 연역법으로 얻을 수 있다고 믿은 이성주의자였다. 유명하게도 그는 사고실험을 내놓았다. 그는 독자에게 의도적으로 창작된 환상의 하나인 악마를 떠올려 볼 것을 요구했다. 만일 우리가 호수에서 헤엄치는 형이하학적이며 감각적인 경험이 악마가 구성한 것에 지나지 않는다면, 우리는 자신이 헤엄치고 있었다는 것을 정말로 알 수가 없다.

하지만 데카르트의 견해에 따르면, 만일 우리가 자신의 경험에 대한 자기 인식을 한다면 지식에 대한 기준을 충족할 수 있다. "나는 실재하고 존재하며, 그것이 나로부터 비롯하고 내 마음에서 떠오른 것이라면 이는 진짜다"라고 그는 썼다. 다른 말로 하면, 우리 실존은 중간에 거짓의 악마가 있더라도 의심의 여지가 없다. 달리 말하면 '나는 생각한다, 고로 나는 존재한다'가 된다.

나중에 『인간론(Traité de l'homme)』에서 데카르트는 인간이 진짜와 분간할 수 없을 정도의 오토마톤을 만들 수 있는지를 논했는데, 이 경우에는 작은 동물이 대상이었다. 비록 우리가 언젠가 기계화된 인간을 창조하더라도, 이는 마음, 그러니까 영혼이 없기 때문에 결코 진짜로 믿기지 않을 것이라고 데카르트는 설파했다. 인간과 달리 기계는 우리처럼 자기 인식을 할 수 없어서 지식을 위한 기준에 도달하지 못할 것이다. 데카르트에게 의식은 내부에서 생기며, 영혼이란 우리의 육체라는 기계 속에 깃든 혼령이었다.

그로부터 수십 년 뒤 독일 수학자이자 철학자인 고트프리트 빌헬름 폰 라이프니츠는 인간 영혼이 그 자체로 프로그램된 것인지를 시험하고 마음 그 자체가 하나의 그릇인지를 논했다. 신은 자연적으로 조화를 이루기 위해 영혼과 육체를 창조했다. 육체는 복잡한 기계일지도 모르지만 이는 신성한 명령 집합의 하나다. 우리의 손은 우리가 움직이기로 결정하면 움직이지만, 이런 움직임을 가능하게 해주는 모든 메커니즘을 우리가 창조하거나 발명한 건 아니다. 우리가 고통이나 즐거움을 지각한다면 이러한 감각은 미리 프로그램된 시스템, 즉 마음과 육체 간의 끊임없는 연결의 결과일 수 있다.

라이프니츠는 생각과 감각은 떼려야 뗄 수 없도록 서로 연결돼 사람을 이룬다는 점을 설명하기 위해 자신만의 생각 실험을 개발했다. 방앗간으로 걸어간다고 상상해 보자. 건물은 기계와 재료 그리고 일꾼을 담은 그릇이다. 방앗간의 복잡한 시스템은 부품이 하나의 목적을 향해 조화롭게 작동하게 하지만, 결코 마음을 가질 수 없다. 라이프니츠는 "서로 밀고 있는 톱니바퀴와 지렛대만 있으며 지각과 관련 있는 것이라곤 아무것도 없다는 것이 우리가 발견할 수 있는 모든 것이었다"며 "따라서 지각은 단순한 물질에서 찾아야지 기계와 같은 복합체에서 찾아선 안 된다"라고 썼다. 그가 주장한 내용은 그것이 기계이든 오토마톤이든, 방앗간 같은 것이 아무리 진보해도 인간은 생각하거나 지각하는 능력을 가진 기계를 만들지 못한다는 것이다.

그러나 라이프니츠는 생각이란 것을 복제하는 데 매료되었다. 이보다 수십 년 앞서 영국 작가 리처드 브레스웨이트는 계산을 잘하는, 고도로 숙련되고 빠르며 정확한 인간 '컴퓨터'에 대해 소극적으로 언급했다. 그러는 동안 프랑스 수학자이자 발명가로 오늘날 우리가 아는 확률을 고안한 블레즈 파스칼은 자동 계산 업무에 관심을 쏟았다. 파스칼은 자신의 부친이 수작업으로 지루하게 세금 계산을 하는 것을 보고 이를 쉽게 할 수 있는 방법을 궁리하게 되었다. 파스칼은 기계적인 바퀴와 이동식 다이얼로 이루어진 자동 계산기로 작업하기 시작했다. 이 계산기는 라이프니츠가 자신의 생각을 정리하는 데 도움을 주었다. 즉, 기계는 결코 영혼을 가질 수 없지만 언젠가는 인간 수준의 논리적인 생각이 가능한 기계를 만들 수는 있을 것이라는 생각이다. 1673년 라이프니츠는 계산기인 '스텝 레코너'를 개발하고 이를 이진법을 사용해 의사 결정을 할 수 있는 새로운 종류의 계산 기계로 설명했다. 이 기계는 공과 구멍, 막대기, 관으로 이루어진 당구 테이블과 비슷했으며 기계는 연속한 1(개방)과 0(폐쇄)을 사용해 구멍을 여닫았다.

라이프니츠의 이론적인 스텝 레코너에는 더 많은 이론을 위한 토대가 자리 잡고 있는데, 여기에는 논리적 생각을 기호로 축약해 계산 시스템으로 결과를 분석할 수 있으며, 만일 기하학적 문제가 기호와 숫자로 풀릴 수 있다면 인간 행동을 포함한 모든 것을 비트로 축약할 수 있다는 것이다. 이는 초기 철학에서 벗어나는 중요한 분리였다. 즉, 미래 기계는 신성한 영역을 침해하지 않고도 인간의 사고 과정을 복제할 수 있다. 생각이 반드시 지각이나 감각, 또는 영혼을 필요로 하지는 않았다. 라이프니츠는 수학적인 문제가 아닌, 일반적인 문제를 해결하는 컴퓨터를 상상했다. 그리고 그는 수학의 자동 개념에서 언어는 줄어들 수 있으며 과학이 만능 언어 번역기 역할을 할 것이라는 가설을 세웠다.

마음과 기계는 단순히 알고리즘을 따를까?

만일 인간이 영혼을 갖춘 기계이며, 따라서 언젠가 엄청나게 많고 복잡한 생각을 할 수 있는 영혼 없는 기계를 만들 수 있다는 라이프니츠의 생각이 맞다면 지구에는 우리와 기계라는 이원화된 신분이 있을 수 있다. 하지만 그런 논쟁은 이제 시작되었을 뿐이다.

1738년 예술가이자 발명가인 자크 드 보캉송은 프랑스 과학 아카데미를 위해 일련의 오토마타(automata)를 만들었는데, 오토마타의 상부에는 복잡하고 실물과 닮은 오리 조각을 달았다. 이는 살아 있는 오리의 움직임만 흉내 내는 데 그치지 않고, 날갯짓을 하고 곡물을 먹고 소화 과정을 모방하기까지 했다. 이는 철학자에게 생각에 대한 양식을 제공했다. 만일 이것이 오리처럼 보이고 오리처럼 시끄럽게 운다면 정말로 오리일까? 만일 우리가 오리를 다른 종류의 영혼이라고 인지한다면, 이는 이 오리가 자신과 다른 암시적인 모든 것을 인식한다고 하기에 충분한 것일까?

영국 철학자 데이비드 흄은 존재를 인식하는 것이 그 자체로 인지의 증거라는 주장을 거부했다. 데카르트와 달리 흄은 경험주의자였다. 그는 관찰한 사실과 논리적인 주장을 바탕으로 하는 새로운 과학적 구조를 개발했다. 드 보캉송이 소화시키는 오리를 보여줬고, 그 이전에 어떤 사람이 인공지능에 대해 이야기했지만 흄은 "이성이란 열정의 노예이며, 오로지 노예이어야 한다"라고 말했다. 이 경우 흄은 "열정"을 "비이성적인 동기"라는 의미로 사용했는데, 추상적인 논리가 아니면서 우리의 행동을 유발하는 동기를 가리킨다. 만일 인상이 단순히 우리가 보거나, 만지거나, 느끼거나, 맛보거나, 냄새 맡을 수 있는 어떤 것에 대한 우리의 인지이며, 관념이란 것이 우리가 직접적으로 접촉하지 못하는 무언가에 대한 인지라면, 흄은 우리의 존재와 우리를 둘러싼 세계에 대한 이해는 인간의 인지를 바탕으로 이루어졌다고 믿었다.

더욱더 진짜 같은 오토마타에 대한 진전된 연구에 따라 그리고 생각하는 기계로서 컴퓨터에 대한 더욱 진지한 생각에 따라, 프랑스 의사이며 철학자인 쥘리앵 오프루아 드 라 메트리는 인간과 동물 그리고 오토마타에 대한 급진적이고 악명 높은 연구를 진행했다. 1747년 익명으로 출판한 첫 논문에서 라 메트리는 인간은 동물과 놀라울 정도로 유사하다고 결론지었으며, 만일 "적절하게만 훈련한다면" 원숭이도 인간의 언어를 배울 수 있다고 주장했다. 라 메트리는 인간과 동물은 본능과 경험에 의해 작동하는 태엽을 감는 단순한 기계라고 결론지었다. "인간 신체는 자신의 태엽을 스스로 감는 기계이며, 그 영혼은 움직임의 원칙, 또는 두뇌의 물질적이고 감각적인 부속이다."

인간이 일련의 기능을 수행하는 톱니바퀴의 이와 틀처럼 단순히 물질이 이끄는 기계라는 생각은 우리가 특별하지도, 유일무이하지도 않다는 것을 암시한다. 이는 우리가 프로그램될 수 있다는 사실을 암시하는 것이기도 하다. 만일 그것이 사실이라면 그리고 만일 우리가 그런 점에서 생물과 비슷한 오리나 작은 원숭이를 만들었다면, 나중에 언젠가는 인간이 자신을 복제할 수 있게 되고, 다양한 종류의 지각을 갖추고 생각하는 기계를 만들 수 있을 것이다.

생각하는 기계를 만들 수 있을까?

1830년대 수학자, 엔지니어 그리고 과학자는 '계산하는 사람'과 똑같이 계산 작업을 수행할 수 있는 기계를 만드는 작업을 시작했다. 영국 수학자 에이다 러브레이스와 과학자 찰스 배비지는 '차분 기관(difference engine 다항 함수를 계산하기 위한 기계식 디지털 계산기)'이라는 기계를 발명했는데, 이는 나중에 수학적 문제를 풀기 위한 일련의 예정된 수순을 밟는 '해석기관(analytical engine 최초의 범용 자동 디지털 컴퓨터)'의 아이디어로 발전했다. 배비지는 기계가 숫자를 계산하는 것을 넘어 어떠한 일도 할 수 있다고 생각하지는 않았다. 그렇게 생각한 사람은 러브레이스로, 그녀는 자신이 번역한 과학 논문의 각주에 더욱 강력한 버전의 엔진이 다른 방식으로 사용될 것이라는, 기존 사고를 뛰어넘는 훌륭한 생각을 남겼다. 만일 기계가 다른 사물(예를 들어 악보)의 역할을 하는 상징을 조종한다면, 수학을 넘어 "생각"을 하는 기계를 사용할 수 있을 것이다. 그녀는 컴퓨터가 독창적인 생각을 할 수 있을 것이라곤 믿지 않았지만, 지시에 따라 사람들이 일상적으로 하는 일을 상당수 흉내 내는 복합체 시스템은 상상했다. 이는 당시 주목 받지 못했지만, 에이다는 전구가 발명되기 수십 년 전에 미래의 강력한 기계를 위한 최초의 완벽한 컴퓨터 프로그램을 구상했다.

러브레이스와 배비지가 활동한 케임브리지 대학에서 북쪽으로 100마일쯤 떨어진 곳에선 독학으로 공부한 젊은 수학자 조스 불이 이 분야를 연구하다 갑자기 영감을 받아 인간 사고의 논리를 설명하는 데 일생을 바쳐야겠다고 결심하고 있었다. 불의 대수학은 AND나 OR 또는 NOT 같은 기호와 숫자를 사용해 논리적인 표현을 단순화했다. 예를 들어 '참 AND 참'을 연산하면 참이 되는데, 이는 컴퓨터의 물리적 스위치와 게이트에도 적용된다. 불이 이 아이디어를 공식으로 만드는 데는 20년의 세월이 걸렸다. 그리고 이는 불의 논리와 확률이 컴퓨터가 자동적인 기본 산수에서 더욱 복잡한 생각 기계로 진화하는 데 도움을 주기까지 다시 수백 년의 세월이 흘렀다. 당시에는 공정, 재료 그리고 전기가 아직 없었기 때문에 생각 기계를 만들 방법이 없었으며 이론을 시험해볼 수도 없었다.

생각 기계에서 인간의 생각을 흉내 내는 컴퓨터로의 도약은 1930년대 들어와서야 두 편의 독창적인 논문이 발표되면서 이루어졌다. 클로드 섀넌의 〈스위칭과 계전기 회로의 신호적 분석〉과 앨런 튜링의 〈결정 문제의 응용 및 계산 가능 숫자에 대해〉라는 논문이다. MIT의 전기공학과 학생 시절 섀넌은 선택과목으로 철학을 수강했으며 이는 일반적이지 않은 외도였다. 불의 〈생각의 법칙에 대한 연구〉가 섀넌 논문에서 기본적으로 인용되었다. 그의 지도교수 버니바 부시는 불의 논리를 물리적인 회로에 적용해 보라고 격려했다. 부시는 러브레이스와 배비지의 해석기관의 진전된 버전을 이미 제작한 적이 있으며, 그가 만든 초기형은 미분 분석기로 불렸다. 설계는 어딘가 임시적인 성격이었다. 당시에는 전자회로 설계에 적용할 체계적인 이론이 없었다. 섀넌의 획기적인 아이디어는 전자회로에 불의 신호 논리를 연결하는 것으로, 이는 불의 이론을 1과 0으로 이루어진 작동 회로로 새롭게 만드는 데 적용했다. 섀넌은 컴퓨터를 물리적인 것(그릇)와 논리적인 것(코드)의 두 가지 층으로 나누었다.

섀넌이 불의 논리를 물리적 회로에 연결하는 작업을 하는 동안 튜링은 모든 수학적이고 과학적인 지식을 대표할 수 있는 라이프니츠의 만능 언어 번역기를 시험했다. 튜링은 결정 문제를 푸는 것을 목표로 했다. 개략적으로 말하자면 다음과 같은 문제다. 어떤 알고리즘도 임의의 수학적인 진술이 참인지 거짓인지를 결정할 수 없다. 이에 대한 답은 부정적이다. 튜링은 어떠한 알고리즘도 존재하지 않는다고 했지만, 부산물로 그는 만능 컴퓨팅 기계의 모델을 발견했다.

이 발견은 모든 것을 바꾸어 놓았다. 튜링은 이 기계가 사용한 프로그램과 데이터를 컴퓨터에 보관할 수 있다고 생각했는데, 이 역시 1930년대에는 급진적인 주장이었다. 당시까지는 기계와 프로그램 그리고 데이터가 각기 독립적이라는 사실에 모두가 동의했다. 하지만 튜링의 만능 기계는 이 세 가지가 서로 뒤엉킬 수 있음을 최초로 설명했다. 기계적인 관점에서 회로와 스위치를 조작하는 논리 역시 프로그램과 데이터로 부호화할 수 있다. 이 주장의 중요성에 대해 생각해보라. 그릇과 프로그램 그리고 데이터가 하나의 존재를 구성하며 이는 인간과 다르지 않다. 우리 역시 그릇(신체), 프로그램(자동적인 세포 작용)과 데이터(직접적이거나 간접적인 감각 정보와 결합한 우리의 DNA)로 이루어졌다.

그러면서 400년 전에 걷고 기도하는 작은 수도사로 시작한 오토마타의 오랜 역사는 마침내 튜링과 섀넌의 업적과 만나게 되었다. 미국의 제조업체 웨스팅하우스는 계전기를 바탕으로 '일렉트로 웨스팅하우스 모토맨'이라는 로봇을 제작해 1939년 세계 박람회에 출품했다. 이

로봇은 발바닥에 바퀴를 부착한, 투박한 황금색 거인이었다. 여기에는 전화 계전 시스템으로 작동하는 48개의 전기 계전기가 달려 있었다. 일렉트로는 전화의 수화기를 통해 전달된 음성 명령에 대해 레코드플레이어에 미리 녹음된 메시지를 대답했다. 이는 인간의 실시간 개입 없이도 무엇을 말할 것인가 같은 초보적인 결정을 내릴 수 있는, 의인화한 컴퓨터였다.

당시의 신문 제목과 사이언스 픽션, 뉴스 등을 통해 판단하건데, 사람들은 이러한 발달에 놀라고 충격을 받았으며 우려를 표시했다. 그들은 '생각하는 기계'가 하룻밤 사이에 정말로 나타났고, 완전히 구성된 것처럼 여겼다. 사이언스 픽션 작가 아이작 아지모프는 〈어스타운딩 사이언스 픽션〉이라는 잡지의 1941년 5월 호에 "거짓말쟁이!"라는 단편을 기고했다. 이는 그가 당시 보았던 로봇 분야 초창기 연구에 대한 반응이었으며, 여기에서 그는 로봇공학의 3원칙을 위한 주장을 펼치고 주장 중의 하나를 제시했다. 그가 제시한 로봇공학의 3원칙은 다음과 같다.

1. 로봇은 인간을 해쳐서는 안 되며, 인간이 해를 입게 되는 상황에서 가만히 있어서는 안 된다.
2. 로봇은 인간이 내린 명령을 지켜야 하며, 제1원칙과 충돌하는 경우는 예외로 한다.
3. 로봇은 제1원칙 및 제2원칙과 충돌하지 않는 한 자신을 보호해야 한다.

나중에 아지모프는 모든 다른 것에 적용되는 '제1원칙'을 추가했다.

"로봇은 인간성에 해를 입혀서는 안 되며, 가만히 있음으로써 인간성에 해를 입도록 방치해서도 안 된다."

생각하는 기계는 정말로 생각을 하는 걸까?

1943년 시카고 대학의 심리학 연구자 워런 매컬러와 월터 피츠는 〈신경 활동에 내재하는 아이디어의 논리적인 계산법〉이라는 중요한 논문을 출간했는데, 이는 생물적인 뉴런(신경망)을 지능을 위한 단순 신경 네트워크 구성으로 모델링하는 새로운 종류의 시스템을 설명했다. 만일 튜링이 주장했듯이, 그릇과 프로그램 그리고 데이터가 서로 뒤얽힌다면 그리고 인간이 마찬가지로 데이터를 처리할 수 있는 우아하게 디자인된 그릇이라면 그리고 인간이 생각하는 데 사용하는 두뇌와 같은 부분의 모델이 된다면 생각하는 기계를 만드는 것도 가능할 것이다.

그들은 마음과 두뇌의 현대 계산 이론인 '신경망'을 긍정적으로 받아들였다. 기계를 하드웨어로, 프로그램을 소프트웨어로 초점을 맞추는 것보다 인간이 하는 것처럼 엄청난 양의 데이터를 받아들이는 능력을 갖춘 상징적인 시스템으로 가정했다. 컴퓨터는 아직 이런 시스템을 실험할 정도로 강력하지 않지만 논문은 다른 사람들이 새로운 종류의 지능형 컴퓨터 시스템을 위한 작업을 시작하도록 영감을 불어넣었다.

지능형 컴퓨터와 자동 결정 사이의 연결은 컴퓨터 과학과 물리학, 수학 전문가로 다양한 분야에서 활약한 헝가리계 미국인 요한 루트비히 폰 노이만이 응용 수학 분야에서 수많은 학술 보고서를 출간하면서 더욱 분명해졌다. 1944년 프린스턴 대학 경제학자인 오스카 모르겐슈 테른과 함께 쓴 641쪽짜리 책에서 공들여 정리한 내용은 게임이론의 과학이 어떻게 모든 경제적인 결정의 기본을 밝혔는지 설명했다. 이 작업을 계기로 폰 노이만은 미국 육군과 손잡고 '전자식 숫자 적분기 및 계산기', 줄여서 에니악(Electronic Numerical Integrator and Computer : ENIAC)으로 불리는 새로운 종류의 컴퓨터로 협력 작업을 했다. 원래 는 에니악을 가동하는 명령을 내리려면 배선판을 시스템에 연결해야 했는데, 이는 각각의 새 프로그램을 적용하려면 전체 시스템의 배선을 바꿔야 한다는 의미였다. 튜링에 영감을 받은 매컬러와 피츠 그리고 폰 노이만은 컴퓨터 자체에 프로그램을 저장하는 방법을 개발했다. 이 로써 컴퓨팅의 첫 시대(평판식)가 프로그램이 가능한 시스템이라는 새 로운 시대로 이동하게 되었다.

튜링 자신은 당시 프로그램을 내장한 기계 구성으로 이루어진 컴퓨 터 신경망 개념 작업을 하고 있었다. 1949년 〈런던타임스〉는 튜링이 "나는 그것(기계)이 보통 인간 지능에 필적하며, 궁극적으로는 대등하 게 경쟁할 영역의 하나가 될 수 있을 것이라고 본다. 기계가 쓴 소네트 가 다른 기계로부터 더욱 잘 평가받기 때문에 인간이 쓴 것과의 비교 가 불공평하다는 이유로 당신이 소네트를 포기하진 않을 테니 말이다" 라고 말했다고 보도했다.

1년 뒤 〈마인드〉라는 철학 학술지에 발표한 논문에서 튜링은 홉스, 데카르트 그리고 흄과 라이프니츠가 제기했던 질문을 다뤘다. 이 논 문에서 그는 논제와 검증법을 제안했다. 만일 언젠가 컴퓨터가 인간과 분간할 수 없는 방식으로 질문에 대답할 수 있다면 기계도 "생각한다"

고 간주해야 한다고 말이다. 당신은 아마 '튜링 테스트'라는 이름으로 이 논문에 대해 들어 본 적이 있을 것이다.

이 논문은 지금은 유명해진 질문으로 시작하는데, 한 사람이 질문하고 수많은 철학자, 신학자, 수학자 그리고 과학자에게서 대답을 듣는다. "기계는 생각할 수 있는가?" 하지만 마음과 기계와 관련한 몇 세기나 묵은 이 질문에 식상한 튜링은 이 질문이 의미 있는 토론을 하기에는 지나치게 폭이 넓다고 여겼다. '기계'와 '생각'은 주관적인 개입을 할 수 있는 여지가 지나치게 많은 애매모호한 단어였다.

이 게임은 속임수로 이루어졌으며 컴퓨터가 인간으로 여겨짐으로써 승리를 거뒀다. 테스트는 이렇게 진행되었다. 한 사람과 컴퓨터가 각각 다른 방에 있고 질문자가 있다. 게임의 목적은 질문자가 어떤 대답이 사람에게서 나온 것인지 컴퓨터에서 나온 것인지 알아내는 것이다. 게임이 시작되면 질문자가 (응답자에 대해) X와 Y라는 표지만 제공받는데, 그중 어떤 것이 컴퓨터인지는 알 수 없다. 그리고 "X는 X가 체스를 하는지 대답해 주실래요?" 같은 질문을 하게 한다. 게임 마지막에 질문자는 X가 누구인지, Y가 누구인지를 짐작으로 알아맞혀야 한다. 응답하는 사람이 할 일은 질문자로 하여금 어떤 것이 컴퓨터인지를 알아차리게 하는 것이며, 컴퓨터가 할 일은 질문자가 자신을 사람으로 여기도록 속이는 것이다. 게임에 대해 튜링은 이렇게 적었다.

"50년 정도의 시간이 흐르면 10^9 정도의 용량을 지닌 컴퓨터를 프로그래밍해서 평균적인 질문자가 5분 이상의 질문을 한 뒤에는 70퍼센트 이상 상대가 누구인지를 분별할 수 없도록 컴퓨터가 인간을 모방하는 것이 가능해질 것이다."

하지만 튜링은 과학자였으며 그는 자신의 이론이 적어도 살아 있는 동안에는 증명될 수 없음을 알았다. 튜링은 20세기 말이나 되어야 자신의 이론을 실험할 수 있게 될 것이라고 말했다. "우리는 기계가 결국 순수 지성의 모든 분야에서 인간과 경쟁하기를 바라게 될지도 모른다"라고 튜링은 적었다.

진짜 문제는 기계가 언젠가는 보고 판단하고 기억할 것이며 인간이 이러한 진보의 길에 들어설 것이라고 믿기에 충분할 정도의 도약을 이루는 것이었다. 이는 연구자에게 관념론 없는 인지 관찰과, 사람과 달리 비의식적인 방법으로 결정을 내리는 지능 기계가 진짜와 흡사함을 믿게 한다.

AI의 여름과 겨울

1955년 마빈 민스키 교수(수학과 신경과학)와 존 매카시 교수(수학)가 클로드 섀넌(벨 연구소의 수학과 암호학), 너새니얼 로체스터 교수(IBM의 컴퓨터 과학자)에게 튜링의 연구와 기계 학습의 가능성을 진척시키기 위한 두 달 간의 워크숍을 제안했다. 그들의 이론은 이렇다. 만일 인간 지성의 모든 특징을 설명하는 게 가능하다면 이를 모의실험하는 것을 기계에게 가르칠 수 있을 것이다. 하지만 이를 위해선 수많은 다른 분야의 폭넓고 다양한 전문가 그룹이 필요하다. 그들은 중요한 진전은 학제 간 연구 집단이 모여 집중적으로 연구함으로써 이룰 수 있다고 믿었다.

집단을 큐레이팅하는 것은 매우 중요하다. 뛰어난 엔지니어, 사회과학자, 컴퓨터 과학자, 심리학자, 수학자, 물리학자 그리고 생각하는 것이 무엇이고, 마음이 어떻게 작용하며, 기계가 인간이 하는 것과 같은 방식으로 무엇인가를 배우도록 가르치는 것에 대한 질문을 하고 근본적인 대답을 할 수 있는 인지 전문가로 이루어질 것이다. 의도는 이러한 다양한 네트워크가 연구에서 지속적으로 협력하게 하고, 이러한 새로운 장을 미래로 가져가는 것이다. 이는 생각하는 기계를 만드는 새로운 종류의 학제 간 접근이기 때문에, 그들은 이 작업을 설명하는 새로운 이름이 필요했다. 그들은 모호하면서도 품위 있는 이름을 정착시켰다. 바로 인공지능이다.

매카시는 여기에 필요한 47명의 전문가 명단을 만들었는데, 이는 앞으로 이어질 모든 연구와 원형의 바탕을 이끌 인물 네트워크를 이루기 위해서였다. 이는 AI를 개념화하고 본격적으로 구축하는 핵심 인재를 결정하는 긴장도 높은 과정이었다. 특히 민스키는 이 회의에서 두 명의 소중한 인재를 놓쳤다고 우려했는데, 2년 전 사망한 튜링과 말기 암 투병 중이었던 폰 노이만이었다.

뛰어난 기술을 최적으로 조합한 사람을 다양한 분야에서 불러 모아 그룹을 조직하려는 훌륭한 노력을 진행했지만 맹점도 있었다. 명단에 포함된 모든 사람이 백인이었다. 모두가 당시의 테크 강자인 기업(IBM, 벨 연구소)이나 소수의 대학에서 뽑혔다. 이미 공학, 컴퓨터 과학, 수학 그리고 물리학에서 뛰어난 여성이 다수 있었지만 이들도 제외되었다.

초대받은 사람은 마빈 민스키의 부인인 글로리아를 제외하면 모두 남자였다. 이 과학자들은 자신들의 편향을 제대로 인식하지 못하고 인간의 마음이 어떻게 작동하며, 우리가 어떻게 생각하며, 어떻게 기계가 인류로부터 배울 수 있을지를 이해하길 희망하면서 자신과 같이 보고 같은 소리를 내는 철저하게 제한된 데이터 풀을 가지게 되었다.

이듬해, 한 소그룹이 다트머스 대학 수학과의 꼭대기 층에 모여서 복잡성 이론과 자연언어 시뮬레이션, 신경망, 무질서도와 창의성의 관계 그리고 학습하는 기계에 대해 연구했다. 그들은 더욱 세부적인 작업에 몰두하기 위해 흩어지기 전, 몇 주에 걸쳐 메인 수학 강의실에서 일반 토론을 했다. 앨런 뉴얼, 허버트 사이먼 그리고 클리프 쇼 같은 교수들은 논리적 일반 원칙의 증거를 찾아내고 그 과정을 직접 해보는, 그들이 "논리적인 이론가들"이라고 부른 프로그램을 가동했다. 이는 인간의 문제 해결 기술을 모방한 최초의 프로그램이었다. (결국 수학 원리에 대한 표준 교과서인 앨프리드 화이트헤드와 버트런드 러셀의 『프린시파 마세마티카』에 나오는 52개의 일반 원칙 중 38개를 증명하게 되었다.) 몇 년 전 인간을 상대로 체스를 두는 교육 컴퓨터를 제안했던 클로드 섀넌이 자신의 프로그램 모형을 보일 기회를 얻었다.

매카시와 민스키가 기대했던 AI의 획기적인 진보는 그해 여름 다트머스에서는 가시화되지 못했다. AI를 이론에서 실제로 진화시키는 데는 시간이 부족했으며, 두말할 것도 없이 컴퓨터 능력도 충분하지 못했다. 그럼에도 그 여름, 우리가 지금 알고 있는 AI의 기본적인 바탕이 된 세 가지 핵심적인 경험은 얻었다.

1. AI는 거대 테크 기업과 학문 분야의 과학자들이 협업함으로써 이론화되고 만들어지고 시험되고 발전할 수 있을 것이다.
2. AI를 발전시키려면 많은 자금이 필요하며, 이에 따라 정부 기관

이나 군, 또는 팔릴 수 있는 생산물과 시스템을 만드는 것 등 어떤 방법을 통해 이를 사업화해야 한다.

3. AI를 조사하고 만드는 것은 학제 간 연구자들의 네트워크에 의존해야 하는데, 이는 아예 새로운 학술 분야의 신설을 의미한다. 이는 이 분야 종사자가 이전부터 알고 있는 사람을 모으기 쉽다는 것을 의미하며 그럴 경우 네트워크가 동종업에 제한되고 세계관에서 한계가 있을 수 있다.

그 여름 다른 흥미로운 발전이 있었다. 그 그룹이 튜링이 제시한 질문, "기계는 생각할 수 있는가"에 함께 매달려 있는 동안 그들은 학습하는 기계를 둘러싼 그의 대답을 증명할 최적의 접근법에서 분열되었다. 일부는 생물학적인 접근법을 선호했다. 그들은 신경망을 이용해 AI에게 일반적인 지성을 갖추게 하는 상식과 논리적인 이성을 불어넣을 수 있다고 믿었다. 다른 사람들은 인간의 사고 구조를 그처럼 완벽하게 구현하는 복제물을 창조하는 것은 결코 불가능할 것이라고 주장했다. 대신 그들은 공학적으로 접근했다.

문제를 해결하기 위해 명령을 내리기보다 시스템이 데이터세트로부터 배울 수 있게 돕자는 것이다. 이는 데이터를 바탕으로 예측이 가능하며, 그 과정에서 훈련과 조종을 통해 인간 관리자가 답을 점검할 수 있다. 이 방식에서 '기계 학습'은 체커 경기를 하듯이 특정 임무를 배우는 의미로 좁게 정의할 수 있다.

다트머스 워크숍에 참가했던 심리학자 프랭크 로젠블랫은 인간 두뇌가 어떻게 비주얼 데이터를 처리하는지를 모델화하고 싶어 했으며 그 결과, 사물을 어떻게 인식하는지를 알고 싶어 했다. 그 여름에 시작한 연구에서 로젠블랫은 퍼셉트론(Perceptron 두뇌의 인지능력을 모방하도록 인위적으로 구성한 네트워크)이라는 시스템을 창안했다. 그의 의도는 피드백에 반응할 간단한 얼개 프로그램 구성이었다. 이는 층을 이룬 배치 내에서 복합 처리 요소 사이를 연결시킴으로써 작동하는 최초의 인공신경망(Artificial Neural Network : ANN)이었다. 각각의 기계적인 뉴런은 서로 다른 신호를 출력하고 신호를 낼지 결정하는 수학적 웨이팅 시스템을 사용한다. 이러한 평행 구조에서 다중 프로세서가 동시에 접속하는데, 이는 빠를 뿐 아니라 수많은 데이터를 연속해서 처리한다는 것을 의미한다.

이는 컴퓨터가 '생각'할 수 있다는 것을 의미하는 것은 아니지만 어떻게 컴퓨터가 학습하도록 가르치는지를 '보여주는' 것이다. 인간은 시도와 실수를 통해 배운다. 피아노에서 C 음계를 연주하려면 올바른 순서로 올바른 건반을 두들겨야 한다. 처음 우리의 손가락과 귀 그리고 눈에는 올바른 방식이 기억되지 않지만, 끊임없는 반복 연습을 통해 마침내 바른 방법을 익히게 된다.

내가 피아노 레슨을 받을 때 음계가 엉망이 되면 선생님은 이를 바로잡아 줬고, 올바르게 치면 스티커를 한 장 주었다. 그 스티커는 내가 피아노를 치면서 올바른 결정을 했을 때의 보상이었다. 로젠블랫의 신경망도 마찬가지다. 이 시스템은 똑같은 기능을 수천 번 수행함으로써 자신의 반응을 어떻게 최적화하는지를 배웠고 자신이 배운 것을 기억해서 문제에 그 지식을 적용한다. 그는 역전달이라는 기술을 적용해 시스템을 훈련했다. 초기 훈련 단계에서 ANN이 올바른 결정을 내리느지를 인간이 평가한다. 올바른 결정을 내리면 그 과정은 보상을 받았다. 그렇지 않을 경우 시스템을 강화할 조정이 이루어지고, 또 다른 시험이 치러진다.

워크숍이 끝나고 몇 년 안에 AI를 이용해 수학적 일반 원리를 풀려는 것을 비롯해 인간에게 골치 아픈 문제와 관련해 주목할 만한 진전이 이루어졌다. 음성인식 같은 어떤 일을 하도록 AI를 훈련하는 일은 여전히 즉각적인 해결책 없는 성가신 일로 남았다. AI와 관련한 그들의 일을 시작하기 전에는 마음이란 건 언제나 블랙박스(기능은 알지만 작동 원리는 모르는 대상)로 남았다. 데이터가 들어가면 이에 대한 반응이 나왔다. 초기 철학자, 수학자 그리고 과학자는 이를 두고 신성한 설계의 결과라고 했다. 현대 과학자는 이것이 수십만 년에 걸친 진화의 결과임을 알았다. 1950년 여름, 다트머스 연구자들은 바로 그 블랙박스를 부숴서 열고(최소한 논문에서라도) 인식이란 것을 관찰할 수 있을 것이라고 믿었다. 그리고 나면 컴퓨터가 우리의 자극-반응 행동을 흉내 낼 수 있도록 가르칠 수 있을 것이다.

이때까지 컴퓨터는 일람표를 자동화할 수 있는 도구였다. 숫자를 계산할 수 있는 기계로서 자리매김했던 컴퓨팅의 첫 시대는 프로그램이 가능한 두 번째 시대로 넘어갔다. 프로그램이 가능한 컴퓨터는 컴퓨터 안에 명령 세트를 유지하기에 충분한 기억장치를 갖춘, 더욱 빠르고 더욱 가벼워진 시스템이었다. 프로그램은 컴퓨터 안에 저장될 수 있을 뿐 아니라 복잡한 기계 암호가 아닌 영어로 작성되었다는 점이 중요했다. AI 적용을 유용하게 하기 위해 오토마타나 인간 같은 그릇이 필요하지 않게 된 것이다. AI는 인간적인 특성이 전혀 없는 단순한 박스에 자리 잡을 수 있게 되었지만, 그럼에도 대단히 유용하다.

다트머스 워크숍은 영국 수학자 I. J. 굿이 '울트라 지능 기계'에 대한 논문을 쓰는 데 영감을 제공해 인간보다 나은 기계를 설계하는 동인이 되었다. 이러한 세계는 미래에 지능 폭발을 겪을 것이고, 그 결과 인간 지능이 훨씬 처지게 되는 상황을 맞을 것이다. 따라서 첫 울트라 지능 기계는 "인간이 만들어야 하는 마지막 발명품"이 될 것이다.

MIT 컴퓨터 과학자 조셉 와이젠바움은 조지 버나드 쇼의 희곡인 『피그말리온』에 등장하는 천진난만한 소녀의 이름에서 딴 대화 프로그램인 '엘리자'라는 초기 AI 시스템에 대해 썼다. 이 개발은 자연언어 처리와 진짜 인간과 대화를 나누기 위해 미리 써둔 수많은 스크립트에 접근하는 초기 시도라는 점에서 신경망과 AI에 중요하다. 가장 유명한 스크립트는 'DOCTOR'인데, 공감을 주는 심리학자를 흉내 내면서 인간처럼 반응하는 패턴 인식을 이용했다.

다트머스 워크숍과 참가 연구자들은 국제적인 주목 대상이 되었다. 이들은 하루 종일 컴퓨터만 들여다보며 사람들에게 환상적인 미래 이야기를 들려주었다.

최초의 신경망을 고안한 심리학자 로젠블랫을 기억하는가? 그는 〈시카고 트리뷴〉에 조만간 기계가 엘리자처럼 겨우 몇 백 가지의 반응이 가능한 프로그램을 내장하는 수준을 넘어 "마치 비서처럼" 회의에서 하는 말을 듣고 받아 적을 수 있을 것이라고 말했다. 그는 당시까지 본 적이 없는 최대 규모의 "생각하는 도구"를 만들겠다고 약속했을 뿐 아니라 이것이 불과 몇 달 안에 작동 가능할 것이라고 단언했다.

'논리적인 이론가들'을 만든 사이먼과 뉴얼은 그 당시부터 10년 안에, 그러니까 1967년까지 AI 컴퓨터가 어떨지에 대한 거칠고 대담한 예측을 했다.

- 모든 최고 고수를 누르고 체스 세계 챔피언이 될 것이다.
- 중요하고 새로운 수학 이론을 발견하고 증명할 것이다.
- 가장 까다로운 평론가도 가치를 인정할 정도의 음악을 작곡할 것 이다.

민스키는 지능 기계가 받아 적기를 하는 정도를 훨씬 넘어서서 체스 경기를 하고, 음악을 작곡할 것이라는 예측을 했다. 그는 자신이 죽기 전에 기계가 인공적인 종합 지능을 얻게 될 것이라고 주장했다. 이는 컴퓨터가 복잡한 생각과 언어 표현 그리고 선택을 할 수 있게 될 것이라는 의미였다.

다트머스 워크숍 연구자들은 논문과 책을 썼다. 그들은 텔레비전, 라디오 그리고 잡지와 인터뷰를 했다. 하지만 과학자들은 설명을 제대로 하지 못했다. 설명은 혼동스러웠으며 인용은 맥락에서 벗어났다. 거친 예측과는 별개로 AI에 대한 대중의 기대는 갈수록 환상적으로 커져 갔는데, 이는 부분적으로 오보 때문이었다. 예를 들면, 민스키는 〈라이프〉 잡지에 "앞으로 3년에서 8년 내에 평균 수준의 인간과 같은 종합 지능을 지닌 기계가 탄생할 것이다. 내 말은 이 기계가 셰익스피어를 읽고 자동차에 기름칠을 하며, 직장에서 술수를 부리고, 농담을 하고, 싸움을 하게 될 것이라는 의미다"라고 말했다. 같은 기사에서 기자는 앨런 튜링을 "로널드 튜링"으로 썼다. 민스키는 걷고 말하는 로

붓이 곧 나타날 것임을 암시하려고 의도하진 않았다. 하지만 맥락이나 원인도 없이 AI에 대한 대중의 견해는 뒤틀리기 시작했다.

1968년 아서 클라크와 스탠리 큐브릭이 인간의 일반적인 지능을 지닌 미래 기계에 대한 영화를 만들기로 결정한 것도 도움이 되지 않았다. 그들이 하고 싶었던 것은 인간과 생각하는 기계가 함께 존재하는 초기에 대한 이야기였으며, 그들은 민스키를 이사회에 참여시켜 조언을 들었다. 당신은 이미 짐작했겠지만 '2001 스페이스 오디세이'라는 영화다. 이 영화는 일반적인 지능을 가진 HAL 9000이라는 이름의 AI가 중심에 자리 잡고 있다. 창조자로부터 창의성과 유머 감각을 배운 HAL은 누구든 자신에게 공급되는 전원의 플러그를 뽑으려는 사람은 죽이겠다고 위협한다. 이 영화에 등장하는 빅토르 카민스키라는 배역의 이름은 민스키에서 따온 것이다.

1960년대 중반이 되면서 AI는 시대정신이 되었으며 모두가 미래에 집착했다. 라디오 산업을 표지 기사로 올린 한 무역 저널에 실린 기사 때문에 AI의 상업적 성공에 대한 기대도 점점 커졌다. 간단하게 "집적 회로에 더 많은 부품 장착하기"라는 제목이 붙은 이 기사는 인텔의 공동 창업자인 고든 무어가 쓴 것으로, 마이크로 칩의 용량이 18~24개월마다 두 배로 증가한다는 자신의 이론을 펼쳤다. 이런 대담한 발상은 무어의 법칙으로 알려지게 되는데, 초창기엔 이 주장이 정확한 것 같았다. 컴퓨터는 더욱더 강력해졌으며 수학적인 문제를 푸는 데 그치지 않고 무수한 임무가 가능해졌다. 이는 AI 커뮤니티에 기폭제가 되었는데, 이는 조만간 그들의 이론을 실험할 수 있게 된다는 것을 의미하기 때문이다. 이는 인간이 만든 AI 프로세서가 생물학적으로 저장에 한계가 있는 인간의 마음을 훨씬 뛰어넘는다는 매력적인 가능성을 이끌어 냈다.

각종 과대 선전에 이 기사까지 더해지면서 AI가 무엇인지 전혀 이해하지도 못하는 다트머스 네트워크 외부에서도 AI로 막대한 투자가 쏟아져 들어갔다. 아직 보여줄 생산물도 없었고, 신경망과 모든 필요한 기술을 평가할 실제적인 방법도 없었지만 사람들이 이제 생각하는 기계의 가능성을 믿는다는 것으로 기업과 정부의 투자를 확보하기에는 충분했다.

예를 들면 미국 정부는 언어 번역을 위한 야심 찬 AI 프로그램에 자금을 투입했다. 당시는 냉전의 절정기였으며 정부는 엄청난 효율성과 비용 절감성 그리고 정확성을 지닌 동시 번역 시스템을 원했다. 마치 기계 학습이 번역 프로그램을 위한 해결책을 제공해 줄 것처럼 보였다. 조지타운 대학의 언어 및 언어학 연구소와 IBM은 협업을 통해 250개로 제한된 어휘를 갖추고 유기화학에만 특화한 러시아–영어 기계 번역 시스템의 시제품을 제작했다. 성공적인 공개 시연 덕분에 많은 사람이 이에 대해 성급한 판단을 내렸으며, 기계번역은 6개의 다른 신문과 함께 〈뉴욕타임스〉의 1면을 차지하는 개가를 올렸다.

정부 기관과 대학 그리고 거대 테크 기업 사이에서 자금이 흘러 다녔으며 한동안 누구도 자금의 수도꼭지를 감시하지 않는 듯했다. 하지만 AI는 약속과 기대에 부응하지 못했다. 일을 본격적으로 진행하는 것은 AI의 현대 개척자들이 예상했던 것보다 훨씬 큰 도전이었다.

곧 AI의 현실 세계 적용과 사용에 대한 조사를 요구하는 목소리가 터져 나왔다. 미국 과학 아카데미는 미국 과학 재단, 국방부 그리고 중앙정보국의 요청에 따라 자문 위원회를 설치했다. 그들은 AI의 능력을 바탕으로 하는 외국어 번역기의 실행 가능성을 둘러싸고 서로 대립하는 시각이 있음을 알게 되었고 "일반 과학 교과서에 대한 기계번역은 전혀 없었으며 즉각적인 전망도 없다"고 결론지었다. 그 뒤에 이어진 영국 과학 연구 위원회의 보고서는 핵심 연구자들이 AI에 대한 자신의 진척 사항을 과장했다고 결론짓고 이 분야의 모든 핵심 연구 영역에 비관적인 전망을 내놨다. 영국 케임브리지 대학의 응용수학자인 제임스 라이트힐이 이 보고서의 선임 작성자인데, 그의 가장 신랄한 비판은 체커를 컴퓨터에 가르치는 것 같은 초기 AI 기술을 확장한다고 해서 더욱 큰, 현실 세계의 문제를 풀 수는 없다는 것이었다.

보고서 발간에 이어 미국와 영국의 공직자는 새로운 질문을 제기했다. 왜 우리는 이론 과학자의 무모한 아이디어에 자금을 댔는가? DARPA(국방고등연구계획국)를 비롯한 미국 정부는 기계번역 프로젝트에 대한 자금 지원을 중단했다. 기업은 자신의 사업 우선순위를 시간이 많이 드는 일반 AI에 대한 기초 연구에서 문제 해결을 위한 당면한 프로그램으로 옮겼다. 다트머스 워크숍에 뒤이은 초기 몇 년간을 커다란 기대와 낙관주의로 특징지을 수 있다면, 이런 재앙적인 보고서 이후의 수십 년은 AI의 겨울로 알려지게 되었다. 자금은 말라 갔고 학생들은 다른 연구 분야로 옮겨 갔으며 진보는 삐걱거리다 멈췄다.

게다가 매카시는 자신의 프로젝트에서 더욱더 보수적이 되어 갔다. 매카시는 "인간은 이런 종류의 일을 아주 쉽사리 할 수 있다. 왜냐하면 우리 안에서 만들어지기 때문이다"라고 말했다. 하지만 우리는 언어 인지를 가능하게 해주는 물리적이고 인지적인 과정인 말하기를 이해하는 데엔 더 큰 어려움을 겪는다. 매카시는 AI를 진보시키는 과정을 설명하면서 새장 사례를 들곤 했다.

자, 내가 당신에게 새장 하나를 만들어 달라고 했다고 하자. 그런데 나는 당신에게 아무런 기초 자료도 주지 않았다. 그러면 당신은 아마 위와 아래 그리고 옆 부분이 막힌 새장을 만들 것이다. 내가 당신에게 그 새가 바로 펭귄이라는 추가적인 정보를 줬다면 당신은 윗부분을 덮지는 않았을 것이다. 이처럼 새장에 덮개가 필요한지 아닌지는 아주 작은 일, 즉 내가 당신에게 주는 정보와, 대부분의 새는 난다는 사실처럼 당신이 이미 '새'라는 단어에서 유추한 관련 사안에 달려 있다.

우리에겐 추정과 맥락이 있다. 우리가 하는 것과 같은 방식으로 AI가 반응하게 하려면 더욱더 분명한 정보와 지시가 필요하다. AI의 겨울은 그 이후 30년이나 계속되었다.

그 다음에 온 것 : 게임 배우기

자금이 마르는 동안에도 다트머스 연구자는 AI와 관련한 자신의 일을 계속했으며 꾸준히 새로운 학생을 가르쳤다. 동시에 무어의 법칙도 계속 맞아떨어져 컴퓨터는 이전과 비교도 할 수 없을 정도로 강력해졌다.

1980년쯤 이들 연구자의 일부는 어떻게 AI의 전망을 사업화할 것인지를 생각해냈다. 어느덧 컴퓨터 능력도 충분해졌고, 자신의 일이 사업적으로 생존 능력이 있음을 파악한 연구자 네트워크도 충분히 성장해 있었다. 이를 계기로 관심이 재점화되었으며, AI로 들어오는 현금

흐름을 다시 촉발했다. 1981년 일본은 '제5세대'로 불린 AI를 10년에 걸쳐 장기적으로 개발하는 계획을 발표했다. 이는 미국 정부를 자극해 국가 경쟁력을 확보하기 위한 컨소시엄인 '마이크로 일렉트로닉 앤드 컴퓨터 테크놀로지 코퍼레이션'을 세우기에 이르렀다. 영국에서는 AI 의 발달에 대해 제임스 라이트힐이 작성했던 파멸적인 보고서에 뒤이어 한동안 끊겼던 투자가 회복되었다. 1980년에서 1988년 사이 AI 산업은 수백만 달러 수준에서 수십 억 달러 수준으로 팽창했다.

기억장치가 장착된 더 빠른 컴퓨터는 이제 데이터를 더욱 효율적으로 처리할 수 있었고, 소설 속 HAL 9000 같은 범용 기계를 만드는 것보다 인간의 전문가적 의사 결정 과정을 모사하는 데 집중했다. 이런 시스템은 기본적으로 신경망을 이용해 게임처럼 좁은 범위의 임무를 수행하는 데 초점을 맞췄다. 1990년대와 2000년대 초기에 몇몇 성공 사례가 등장하고 있었다. 1994년 CHINOOK라는 이름의 AI가 체커 세계 챔피언인 마리온 틴슬리에 맞서 6게임을 치렀다. (모두 비겼다.) CHINOOK는 틴슬리가 경기에서 기권하고 챔피언 타이틀을 포기하면서 승리를 거뒀다.

1997년 IBM의 딥블루 슈퍼컴퓨터가 체스 세계 챔피언인 가리 카스파로프를 물리쳤다. 가리는 정복할 수 없을 것으로 보이는 상대를 만나 6게임을 치르면서 매우 스트레스를 받았다. 2004년 켄 제닝스는 게임 쇼 프로그램인 제퍼디에서 통계적으로 있을 법하지 않은 74연승을 거두고 당시 한 게임 쇼에서 획득할 수 있는 가장 많은 현금을 받아 간 것으로 기네스북 세계신기록에 올랐다. 그래서 그는 2011년 IBM 왓슨과의 대결 제안을 받아들였을 때 자신이 이길 것이라고 확신했다.

그는 AI에 관한 수업을 들은 적이 있는데, 맥락과 의미 파악 그리고 말장난을 이해할 정도로 기술이 발달하지 않았을 것으로 짐작했다. 왓슨은 제닝스를 납작하게 눌러 버렸고, 제닝스는 경기 초반에 자신감을 잃어버렸다.

2011년 우리는 AI가 이제 어떤 종류의 생각하는 임무를 수행할 때는 인간을 능가한다는 것을 알게 되었다. 이는 AI가 스트레스에 압도되지 않고 엄청난 양의 정보에 접근해 처리할 수 있기 때문이다. AI는 스트레스를 정의할 수 있지만 이에 대응하는 내분비 시스템은 없다.

아직까지 바둑은 AI 연구자에게 최고 수위의 소재였는데, 정통 전략만 사용해서 경기를 할 수 있었기 때문이다. 3,000년 전 중국에서 시작된 바둑은 매우 단순한 규칙에 따라 진행된다. 두 사람의 경기자가 교대로 흰 돌과 검은 돌을 비어 있는 격자에 놓는다. 자신의 돌이 상대방의 돌에 둘러싸이거나 뻗어 나갈 수 있는 다른 터진 공간, 즉 활로가 없으면 이를 빼앗긴다. 목적은 바둑판에서 자신의 영역을 더 많이 확보하는 것인데, 이를 위해선 심리학과 상대방의 심리 상태를 알아차리는 기민한 이해력이 필요하다.

바둑은 19×19의 줄이 그어진 바둑판에서 승부를 겨룬다. 체스 같은 다른 경기와 달리 바둑돌은 모두 동일한 비중을 갖는다. 두 기사 사이에는 181개의 검은 돌과 180개의 흰 돌이 있다. (검은 돌이 먼저, 그러니까 홀수 차례에 둔다.) 각 피스가 서로 다른 위력을 지니는 체스에선 화이트가 20가지, 블랙이 20가지의 이동 가능한 수를 가진다. 첫 수 뒤에는 400가지의 가능한 보드 포지션이 있다. 하지만 바둑에선 첫 수를 둘 수 있는 자리, 즉 검은색 줄이 서로 교차하는 곳이 361개가 있다.

양 대국자가 서로 첫수를 둔 다음에는 12만 8,960가지의 이동 가능한 수가 있다. 그럼에도 맥락상 1만 170가지의 판 배치가 가능하다. 이는 알려진 우주의 모든 원자 숫자보다 많다. 생각할 수 있는 위치와 잠재적인 이동의 수가 너무도 많기 때문에 체커나 체스에서 같은 플레이북이 바둑에는 없다. 그 대신 바둑 고수는 시나리오에 의존한다. 만일 상대가 어떤 점에 돌을 놓는다면, 상대의 성격이나 인내심 그리고 전반적인 마음 상태를 고려했을 때 이로 인해 가능하고 그럴듯하고 개연성 있는 결과는 무엇일까?

체스처럼 바둑도 결정론적인 완전 정보 게임으로, 주어지거나 명백한 기회의 요소란 없다. 이기려면 기사는 감정의 균형을 유지해야 하며 치밀함을 갖춘 고수가 되어야 한다. 체스에선 기사의 움직임을 추측하는 것이 가능한데, 예를 들어 체스 말의 한 종류인 룩(장기의 '차'처럼 움직이는 체스 말)은 장기판에서 가로와 세로로만 움직일 수 있다. 이는 이동 가능성을 제한한다. 이에 따라 어떤 말이 잡히거나 왕이 무너지기 전에라도 누가 체스 게임에서 이길지 쉽사리 추측할 수 있다. 하지만 바둑에서는 경우가 다르다. 때로는 대국에서 어떤 상황이 벌어지고 있고 특정 순간에 누가 이기고 있는지를 파악하려면 고수에게 물어봐야 할 정도다. 수학자나 물리학자는 이러한 복잡성 때문에 이 경기를 선호한다고 한다. AI 연구자가 기계에 바둑을 가르치는 데 매료되는 것도 이 때문이다.

바둑은 AI 연구자에게 중요한 도전이었다. 컴퓨터가 경기 규칙을 알도록 프로그램 되는 것은 가능하겠지만 상대방의 인간적 특성은 어떻게 이해할 것인가? 이 경기의 엄청난 복잡함을 다룰 수 있을 정도의 알고리즘은 만들어진 적이 없다. 1971년 컴퓨터 과학자 존 라이더가 고안한 초기 프로그램은 기술적인 측면에선 작동을 했으나 초보자와의 대국에서 패배했다. 1987년 네메시스라는 이름의 더 강력한 프로그램이 라이브 토너먼트에서 인간을 상대로 승리를 거뒀다. 1994년쯤 고인텔렉트라는 프로그램이 유능한 바둑 기사임을 스스로 입증했다. 하지만 몇 점을 깔고 둔 이점에도 불구하고 어린이를 상대로 둔 세 경기에서 모두 패배했다. 이 모든 경우에 컴퓨터는 황당하게 두거나 지나치게 공격적이거나 상대방의 수를 오산했다.

이런 모든 일의 와중에 소수의 연구자들이 과거 첫 다트머스 워크숍에서 마빈 민스키와 프랭크 로젠블랫이 옹호했던 신경망에 대한 워크숍을 다시 한 번 열었다. 인식 과학자 제프 힌턴과 컴퓨터 과학자 얀 르쿵과 요슈아 벤지오는 각각 신경 기반의 시스템이 실용 분야—신용카드 위조 자동 감식 장치나 문서나 수표를 읽는 자동 광학 문자 판독기 같은—뿐만이 아니라 인공지능 분야의 기반도 될 수 있을 것이라고 믿었다.

토론토 대학 교수인 힌턴은 찾고 있는 대상을 인식할 때까지 각각 서로 다른 정보를 추출하는 여러 층으로 이루어진 새로운 종류의 신경망을 구상했다. AI 시스템이 이런 종류의 지식을 갖게 하는 유일한 방법은 컴퓨터가 스스로 배울 수 있도록 해주는 학습 알고리즘을 개발하는 것이라고 그는 생각했다. 단일하고 지엽적인 업무를 잘할 수 있도록 가르치기보다 그들을 훈련할 네트워크를 만들어야 한다는 것이다.

이러한 새로운 '심층 신경망(DNN)'이 인간의 개입이 더욱 적은(심지어 아예 없는) 상황에서 인간 같은 일을 수행하도록 컴퓨터를 훈련하려면 더욱 진보된 기계 학습, 즉 딥 러닝이 필요하다. 이는 규모 면에서 즉각적인 이익을 가져온다. 신경망에선 소수의 신경이 소수의 결정을 하지만 더 많은 층이 있으면 결정 가능한 숫자는 기하급수적으로 늘어난다. 다른 방식을 적용해 보자. 인간은 각자 개별적으로 배우지만 인류는 집합적으로 배운다. 커다란 심층 신경망이 지속적으로 속도와 효율성을 늘리고 비용을 줄이면서 단일화된 전체로서 학습한다고 생각해 보라.

또 다른 이점은 인간의 인식능력과 상상력에 제한받지 않고 스스로 배울 수 있도록 이런 시스템을 가동하는 것이다. 인간 두뇌는 신진대사와 화학적인 한계가 있으며 이는 인간 머리 안에 있는 웻 컴퓨터(wet computer)의 처리 능력을 제한한다. 우리는 스스로 의미 있게 진화하지 못하며 현존하는 진화 기간은 우리의 현재 기술적인 열망에도 부합하지 않는다. 가속도가 붙은 딥 러닝의 가능성과 지능의 진화에 인간이 개입할 수 있는 여지는 거의 없을 것이다.

심층 신경망은 인간이 제공하는 데이터의 기본 변수로 주어질 수 있는데, 시스템은 스스로 외면을 확장하고 수많은 처리 층을 이용해 패턴을 인식하면서 스스로 배우게 될 것이다. 연구자에게 딥 러닝의 매력은 이런 설계 덕분에 기계가 예측할 수 없는 결정을 할 수 있다는 점이다. 인간이 상상하지 못한 방법을 생각하는 것은 명백한 해법이 없었던 큰 문제를 해결하려고 할 때 매우 중요하다.

AI 커뮤니티는 심층 신경망을 비주류에서 일하는 과학자의 무의미한 헛소리라고 결론 내렸다. 딥 러닝 처리가 동시에 나타나면서 그들의 불신은 다시금 커졌고 동시대 AI 연구자의 주목을 끌지 못했다. 하지만 이 시스템을 만들어야 한다는 사람과 그것이 만드는 결정을 믿는 사람들이 옳았다.

승리와 패배

힌턴은 이 아이디어를 놓고 자신의 학생들은 물론 르쾽과 벤지오와 함께 작업하고 워크숍을 진행했으며 2006년 논문을 내기 시작했다. 2009년쯤 힌턴의 연구 팀은 음성인식에 심층 신경망을 적용했으며, 리 덩이라는 이름의 마이크로소프트 연구자와 미팅을 했는데 이는 연구가 의미 있는 방식으로 성과를 내고 있음을 뜻했다. 중국계 딥 러닝 전문가인 리 덩은 대규모 딥 러닝을 이용한 음성인식 분야의 개척자였다. 2010년쯤 이 기술을 구글에서 검증을 받았는데, 바로 2년 뒤 상용 제품에 사용되었다.

구글 보이스와 그 음성인식 서비스가 바로 딥 러닝을 이용했으며 이 기술은 오늘날 우리가 쓰고 있는 모든 정보 단말기의 기반이다. 시리, 구글 그리고 아마존의 알렉사는 모두 딥 러닝 프로그램을 탑재했다. 학제 간 연구자로 이루어진 AI 커뮤니티는 다트머스의 여름 이후 크게 성장했다. 하지만 거대 테크 기업과 학문 분야 연구자가 협업해야 하고, 상업적인 성공이 AI의 발달을 촉진하며, 네트워크 연구자들은 균일해지려고 한다는 당시 얻었던 세 가지 교훈은 아직 달라진 것이 없다.

미국에서 이루어진 이 모든 발전을 베이징에서 놓칠 리 없다. 중국은 아직 태동기였지만 독자적인 AI 에코 시스템을 갖추고 있었으며,

중앙정부가 나서서 작업을 발표하는 연구자에게 인센티브를 제공했다. 중국 연구자들이 AI에 대해 발표한 과학 논문의 숫자는 2010년과 2017년 사이에 두 배 이상으로 늘었다. 공정하게 말하자면, 논문과 특허가 반드시 연구 이용을 확대할 방법을 찾았다는 의미는 아니다. 하지만 이는 중국 지도자가 서방에서 진행되는 모든 발전—특히 바둑 분야에서—을 따라가기 위해 얼마나 애를 쓰는지 보여주는 초기 지표 역할을 했다.

2014년경부터 구글은 AI에 본격적인 투자를 시작했다. 여기에는 5억 달러 이상을 들여 잘나가는 딥 러닝 스타트업인 딥마인드(DeepMind)와 세 명의 창업자, 즉 어린이 체스 신동 출신의 신경과학자인 데미스 허사비스, 기계 학습 연구자인 셰인 레그 그리고 기업가 무스타파 쉴레이만을 함께 인수하는 일이 포함되었다. 이 팀이 가진 매력 중 하나는 바로 그들이 알파고 프로그램을 개발한 것이었다.

몇 달 안에 그들은 알파고가 실제 인간 바둑 기사를 상대로 시험할 준비를 마쳤다. 알파고와 중국 출신의 프로 바둑 기사로 유럽 최강의 프로 고수인 판 후이가 대국을 펼쳤다. 컴퓨터로 바둑을 두는 것은 진짜 바둑판에서 사람끼리 두는 것과 사뭇 달랐다. 대국은 딥마인드의 엔지니어 한 명이 컴퓨터가 의도하는 자리에 돌을 놓고 후이가 이에 응수하는 방식으로 진행되었다.

이들의 게임 전에 영국 바둑 협회 회장을 지낸 토비 매닝이 알파고와 시범 경기를 펼쳤는데, 17포인트 차이로 졌다. 매닝은 실수를 범했으며 프로그램도 마찬가지였다. 하지만 섬뜩한 생각이 그의 마음을 스치고 지나갔다. 만일 알파고가 신중하게 경기를 펼친 것이라면? 프로그램이 매닝을 완전히 참패시키기보다 그를 누를 정도로만 경기를 진행하는 것이 가능한가?

두 대국자는 테이블을 사이에 두고 마주앉았다. 판 후이는 세로 줄무늬의 버튼다운 셔츠에 갈색 가죽 재킷을 입었으며 매닝이 가운데, 엔지니어가 반대쪽에 앉았다. 경기가 시작되었다. 후이는 물병의 마개를 열고 바둑판을 응시했다. 검은 돌을 쥔 그가 첫수를 놓았다. 55수가 진행되는 동안 조용한 대결이 펼쳐졌다. 후이는 알파고의 강점과 약점을 파악하려고 시도했다. 대국 전에 이런 말도 있었다. AI는 자신이 밀리고 있을 때는 공세에 나서지 않을 것이다. 첫 대결은 접전이었다. 알파고는 1.5포인트 차이로 아슬아슬하게 승리를 거뒀다.

후이는 두 번째 경기에서 이 정보를 이용했다. 만일 알파고가 공격적으로 두지 않으면, 후이는 자신이 먼저 싸움을 걸겠다고 결심했다. 하지만 그때 알파고는 더욱 빠르게 두기 시작했다. 후이는 자신이 수와 수 사이에 더 많은 시간이 필요할지도 모르겠다고 언급했다. 147수에서 후이는 알파고가 바둑판 가운데에 큰 세를 차지하지 못하게 하려고 시도했지만 돌을 잘못 놓는 바람에 결국 패배를 인정해야 했다.

세 번째 대국에서 후이는 더욱 공격적이 되었으며, 알파고도 같은 수를 펼쳤다. 중간쯤에서 후이가 과하게 무리한 수를 쓰자 알파고는 즉각 응징에 나섰고, 다시 한 번 실수를 범한 뒤 대국은 사실상 끝났다. 좌절 속에서 휘청거리던 후이는 바깥에 나가 잠시 산책을 하고서야 평정을 되찾고 남은 대국을 끝낼 수 있다. 후이는 극도의 스트레스에서 쉽게 벗어나지 못했지만 AI는 아무런 부담 없이 무자비하게 자신의 목표를 향해 돌진했다.

AI 프로그램인 알파고는 이 프로 바둑 기사를 5대 0으로 눌렀다. 그 결과 IBM의 딥블루보다 낮았던 서열이 몇 배 수준으로 높아졌다. 알파고는 자신이 인간을 이겼을 때 그것이 게임을 하는 건지도, 게임이 어떤 의미인지도 그리고 인간이 왜 게임을 통해 즐거움을 얻는지도 몰랐을 것이다.

한국의 프로 바둑 기사인 이하진은 경기가 끝난 뒤 이를 분석했다. "전반적인 인상으로는 알파고가 판보다 강한 것 같지만 어느 정도인지는 말할 수 없다. 아마 더 강한 상대를 만나면 더욱 강해질 것이다."

인간을 직접 대결에서 누른 경기에 초점을 맞추면 비교적 좁은 매개변수의 집합을 이용해서 성공을 거둔 것으로 분석할 수 있다. 그리고 이는 우리에게 AI의 새로운 시대에 대한 더욱 곤혹스럽고 새로운 철학적 질문을 제기한다. AI 시스템이 이기기 위해서, 즉 우리가 그들에게 부여했던 목표를 달성하기 위해 인간은 평범하게도 심오하게도 모두 져야만 했던가?

알파고는 계속해서 토너먼트에 나섰으며 모든 상대를 이겼다. 세계 1위 챔피언을 3대 0으로 누른 뒤 딥마인드 측은 자신의 AI 시스템이 경쟁에서 은퇴한다고 발표하고, 팀은 새로운 도전에 나설 것이라고 말했다. 팀이 그다음으로 작업하기 시작한 과제는 알파고를 훌륭한 바둑 기사를 누르도록 훈련된 강력한 시스템에서 인간에 의존하지 않고 자신을 그 정도로 훈련시키는 시스템으로 진화시키는 것이었다.

알파고의 첫 버전에서는 순환 프로그램인 루프 탑재와 어떻게 바둑을 두는지를 알기 위한 10만 개의 기보 데이터 입력을 위해 인간이 필요했다. 이 시스템의 다음 세대는 제로 상태에서 배우도록 만들어졌다. 특정 게임을 처음 접하는 인간 선수처럼, 알파고 제로라는 이름의 이 버전은 모든 것을 출발점에서, 완전히 자신의 힘으로, 진행법이나 심지어 각각의 부분에 대한 정의까지도 데이터를 제공받지 않고 배운다. 시스템은 계산의 결과이자 명백하게 프로그램되어 있는 결정만 하지 않고 판단과 함께 선택한다. 이는 딥마인드의 설계자가, 비록 그들이 알아차리지 못했더라도, 엄청난 양의 힘을 사용했다는 의미다. 그들로부터 제로는 게임 중에 결정하고 선택하기 위한 조건, 가치 그리고 동기를 배우게 된다.

제로는 자신과 경쟁하고, 의사 결정 과정을 개조하고 조정하는 과정을 혼자서 해낸다. 각 게임은 몇 가지 임의의 움직임으로 시작하는데, 제로는 모든 승리에서 학습했던 내용을 바탕으로 다음 경기 때는 최적화된 게임을 할 수 있도록 시스템을 업데이트했다. 제로가 전 세계의 가장 탁월한 챔피언을 눌렀을 당시의 알파고 수준까지 실력을 쌓는 데는 겨우 70시간이 걸렸다.

그런 다음 흥미로운 일이 생겼다. 제로는 계속 앞으로 나아갔으며 40일 뒤엔 알파고의 고급 버전과 맞붙어 90퍼센트 이길 수 있게 되었다. 이는 제로가 인간 훈련자보다 뛰어난 교사라는 의미이며, 우리는 제로가 똑똑해지기 위해 무엇을 했는지 완전히 이해하지 못한다. 어떻게 해서 이렇게 똑똑해졌는지 궁금하지 않은가? 아무튼, 바둑 선수의 실력은 ELO 평가라는 것으로 측정하는데, 이는 과거의 성적을 바탕으로 승리 또는 패배 확률을 결정한다. 그랜드마스터와 세계 챔피언은 통상 3,500점 정도 나오는데, 제로는 5,000점을 나타냈다. 뛰어난 세계 챔피언이 아마추어로 보일 정도의 점수로, 통계적으로는 인간 기사가 AI 시스템을 누르는 일이 있을 것 같지 않다.

우리는 이런 종류의 학습을 가능하게 한 조건을 알고 있다. 제로 창안자들은 인간의 데이터나 전문가를 이용하지 않고, 인공지능에서 인간의 지식이라는 제약을 제거했다. 드러난 것처럼, 그 전까지는 인간이 그 시스템을 제어했다. 완전히 새로운 방식으로 생각하는 능력을 가지고 스스로 선택하는 시스템을 만들었다는 것은 어마어마한 업적이다. 이는 급작스럽고 예기치 못한 도약으로, AI 시스템이 암 스크리닝, 기후 데이터 평가, 빈곤 분석 등을 인간이 하지 않는 방식, 즉 인간 연구자가 스스로 생각하지 못한 방식으로 진행하면서 잠재적으로 획기적인 약진을 이끌 수 있는 미래의 전조 중 하나다.

제로는 자신과 게임을 하면서 인간이 1,000년간 개발한 바둑 전략을 실제로 찾아냈으며, 이는 제로가 자신을 창조한 인간과 똑같이 생각한다는 의미다. 초기 국면에선 제로도 우리와 똑같이 실수를 했으며, 동일한 방식과 변화를 이해했고, 같은 장해물을 향해 달려갔다. 하지만 제로는 일단 강해진 다음에는 인간 바둑 기사가 쓰는 수를 버리고 자신이 선호하는 방식을 고안했다. 제로는 일단 스스로 이륙한 다음에는 이전에 누구도 본 적이 없는 창의적인 전략을 개발했으며 우리가 인식할 수 있거나 이질적으로 느끼는 모두를 이미 생각하고 있었음을 보여줬다.

제로가 입증한 것은, 이 알고리즘이 그동안 AI 시스템을 제어해 왔던 인간 없이도 스스로 학습할 수 있는 능력을 갖췄다는 사실이다. 이는 가까운 장래에 우리가 예측이나 해결하지 못하는 문제를 기계가 맡을 수 있게 된다는 의미다.

2017년 12월 딥마인드 팀은 제로가 바둑뿐 아니라 다른 분야에서도 종합적인 학습 능력을 보이고 있다는 논문을 발표했다. 제로는 스스로 체스나 쇼지(일본 장기) 같은 게임도 할 수 있게 되었다. 체스나 쇼지는 바둑보다는 덜 복잡하지만 그래도 전략과 창의성이 필요한 게임이다. 이제 제로는 이전보다 더욱 빠르게 학습한다. 제로는 24시간도 되지 않는 게임 플레이를 통해 놀라운 슈퍼휴먼 능력을 개발했다.

그러자 허사비스는 자신의 팀이 제로를 위해 개발했던 기술을 인간의 생물학적인 시스템을 흉내 내고 훈련이 가능한 '범용 학습 기계'라는 응용 알고리즘 집합에 적용하는 작업을 시작했다. 엄청난 양의 정보와 검색을 요구하는 명령어를 AI 시스템에 탑재하는 대신에 어떻게 학습하는지를 가르치고 있다. 학습할 때 피곤해 하고 지루해 하며 또는 마음이 산만해지는 인간과 달리 기계는 어떤 대가를 치르더라도 목표를 향해 돌진할 것이다.

지금은 몇 가지 이유로 AI의 기나긴 역사에서 결정적인 순간이다. 첫째, 시스템은 예측할 수 없는 방법으로 행동하고, 자신의 창조자도 전혀 이해할 수 없는 결정을 내린다. 복제할 수도, 완전히 이해할 수도 없는 방법으로 인간 선수를 누른다. 이는 AI가 자신만의 방법을 만들고, 우리가 이해하지 못하는 방식으로 지식을 얻는 미래의 전조를 보여주는 것이다. 둘째, 이는 2개의 평행적인 행로를 결합한다. AI는 이제 움직이고 있다. 중국은 자신의 국내산 제품을 더욱 경쟁력 있게 제조하기 위해 돈과 인력을 쏟아붓고 있으며, 미국에선 환상적인 AI 제품이 곧 시장을 강타할 것으로 기대한다. 심층 신경망과 딥 러닝의 실행 가능성과 AI를 둘러싸고 있는 현재의 열광 뒤에 있는 것, 말할 것도 없이 미국에서의 갑작스러운 자금 조달 폭증과 미래 계획에 대한 중국의 국가적인 선언 이야기다.

알파벳(Alphabet 구글의 모회사)의 비즈니스 유닛인 딥마인드에는 700명의 직원이 있으며, 그중 일부는 가능한 빠른 속도로 상용 제품을 개발하는 임무를 부여받았다. 2018년 3월, 구글의 클라우드 사업 부문은 딥마인드 엔진을 탑재한 문자 음성 지원 서비스를 텍스트 100만 자 처리당 16달러에 제공한다고 발표했다. 구글의 2018년 I/O 콘퍼런스에서 주목받은 발표 중 하나는 고객을 대신해 자동으로 전화를 걸어 "음"이나 "아하" 소리까지 넣어 가며 인간에게 말을 걸고 식당이나 미용실을 예약하는 음성인식 비서인 듀플렉스(Duplex)였다. 이 상품은 딥마인드의 일부인 AI 기반 발성 장치인 웨이브넷(WaveNet 텍스트를 읽어 음성으로 재생하는 딥 러닝 네트워크)을 이용한다.

그동안 알파벳 산하 또 다른 부문의 AI 연구 그룹 구글 브레인(Google Brain AI의 심층 학습 연구 팀)은 AI를 만드는 AI를 만들었다고 공개했다. 오토ML(AutoML)로 불린 이 시스템은 강화 학습이라는 기술을 이용한 기계 학습 모델을 자동화했다. 오토ML은 일종의 '부모' 같은 최고위층 관리자인 DNN으로서 특정 임무를 맡을 '자녀' AI 네트워크 생성 여부를 결정한다. 오토ML은 요청 없이도 나스넷(NASNet)이라 불리는 자녀를 생성해 비디오로 사람, 자동차, 교통 신호등, 지갑 등을 알아볼 수 있도록 가르친다. 자아, 의심, 자신감 부족—최고의 컴퓨터 과학자에게서도 발견되는 특징이다—같은 인간적 결함 없이 나스넷은 82.7퍼센트의 확률로 이미지를 예측했다. 이는 이 시스템이 오리지널 부모 컴퓨터를 창조했던 사람을 포함한 인간 코딩 담당자를 능가한다는 이야기다.

선택과 결정을 모두 할 수 있도록 의도한 시스템을 설계한 팀은 인간이 주도했다. 다트머스에서 만났던 그룹보다는 더욱 다양한 연구자로 이루어졌는데, 여기에는 중요한 계기가 있었다. 바로 중국이다. 최근 중국은 중요한 AI 허브가 되었으며, 이는 거대한 정부 자금 지원을 받은 대학과 바이두, 알리바바 그리고 텐센트의 노력 때문이다.

바이두는 심지어 당시까지 제로가 할 수 없었던 일까지 생각해 냈다. 바로 하나의 전문 영역에서 다른 영역으로 기술을 넘기는 것이다. 이는 인간에게는 쉬운 일이지만 AI로서는 다루기 힘든 임무다. 바이두는 오로지 자연언어만 사용해 부모가 아이에게 말하듯이 심층 신경망에 2D 시각 세계를 교육함으로써 이런 장해물을 극복하려고 했다. 바이두의 AI는 "사과 지점까지 가줄래?" 또는 "사과와 바나나가 만나는 지점으로 가줄래?"와 같은 말로 명령을 부여 받고 초기에 올바른 행동에 대해 보상을 받는다. 이는 그야말로 간단한 임무로 보이겠지만 무엇이 여기에 개입되었는지를 살펴보자. 실험이 끝날 때 바이두의 AI는 처음에는 자신에게 의미가 없었던 언어를 이해하는 것뿐 아니라, 시스템도 2차원 그리드가 무엇인지를 학습하여 그 근처로 이동할 수 있게 되었고, 바나나와 사과가 교차하는 길로 어떻게 이동해야 하는지, 이두 길을 어떻게 따로 인식해야 하는지도 알게 되었다.

이 장의 시작부에서 나는 네 가지 질문을 했다. 기계는 생각할 수 있는가? 기계가 생각한다는 것은 어떤 의미인가? 우리가 생각한다는 것이 어떤 의미인가? 당신이 당신만의 고유한 생각을 하고 있는지 어떻게 알 수 있는가? 이제 당신은 이런 질문의 기나긴 역사와 AI의 토대를 만든 몇몇 사람들 그리고 그 핵심적인 연습이 여전히 진행되고 있다는 사실까지 알게 되었다. 이제 당신에게 어느 정도 답을 주려고 한다.

그렇다, 기계는 생각할 수 있다. 튜링 테스트나 보다 최근인 2011년 헥터 레브스크가 제안한, 상식적인 추론에 초점을 맞춰 AI에게 애매모호한 대명사가 들어 있는 간단한 질문에 대답을 하도록 하는 위노그래드 도식(Winograd schema) 같은 대화체 시험이 다른 영역에서의 AI 능력을 측정하기 위해 반드시 필요한 게 아니다. 이는 기계가 인간처럼 언어 구조를 이용해 생각할 수 있음을 증명한 것이다.

아인슈타인이 천재라는 점에는 모두가 동의한다. 아인슈타인은 당시 자신을 담당한 교사들이 이해할 수 없는 방식으로 생각했으며, 이에 따라 그들은 당연히 아인슈타인이 지능이 낮다고 여겼다. 사실은 당시 아이슈타인의 강력한 사고력을 측정할 수 있는 의미 있는 방법이 없었다. AI도 그러하다.

생각하는 기계는 현실의 결과물에 영향을 끼치는 결정이나 선택을 할 수 있으며, 이를 위해서는 의도와 목적이 필요하다. 결국 그들은 판단 감각을 개발했다. 철학자와 신학자 양측에 따르면 이런 것은 영혼을 만드는 본질이다. 각각의 영혼은 신의 통찰력이자 의도의 표현으로, 유일한 창조주에 의해 만들어지고 부여되었다. 생각하는 기계도 창조주가 있다. 그들은 AI의 새로운 신인데, 대부분 남성이고, 압도적으로 미국과 서유럽 그리고 중국에 거주하며, 어떤 점에서는 빅 나인으로 연결돼 있다. AI의 영혼은 미래에 대한 그들의 통찰력이자 의도의 표현이다.

그리고 최종적으로도 맞다. 생각하는 기계는 독창적인 생각을 할 능력이 있다. 경험을 통해 배운 뒤 다른 해결책이 가능하다고 결정할 수 있다. 또는 새로운 유형이 최선이라고 결정할 수 있다. AI는 자신의 창의력을 보여주기 위해 새로운 유형의 예술을 고안할 필요가 없다.

이는 사실 AI 안에 마음이 있다는 것을 의미한다. 아직 어리고 여전히 성숙하는 중이지만, 우리가 이해하지 못할 방식으로 진화를 하고 있는 것으로 보인다. 다음 장에서는 이러한 마음을 지속시키는 것이 무엇인지, 빅 나인의 가치는 어떤 것이지 그리고 AI로 인한 의도하지 않은 사회적, 정치적 그리고 경제적 결과가 무엇일지를 대해 이야기하려고 한다.

02

AI 패권을 쥔
그들은
누구인가?

생각하는 기계를 만들려는 노력은 지난 몇 세기에 걸쳐 쏟아졌으나 괄목한 만한 진보는 최근에 들어서야 이루어졌다. 하지만 이 기계가 생각하는 것 같다고 하더라도 우리와 같은 방식으로 생각하지 않는다는 것은 분명히 해야 한다.

AI의 미래는 소규모의 폐쇄된 집단에 의해 만들어지고 있다. 다시 한 번 말하지만, 나는 이 사람들이 선한 의도를 가졌다고 믿는다. 하지만 서로 밀접하게 뭉쳐서 일하는 모든 고립된 그룹이 통상 그러하듯이 그들의 무의식적 편견과 근시안이 시간이 지남에 따라 신뢰와 용인된 행동이라는 새로운 시스템이 되는 경향이 있다. 과거엔 이상하다고, 심지어 틀렸다고 여겼던 것이 일상이 되기도 한다. 그리고 이런 생각은 AI에 심어진다.

AI를 만드는 사람들에겐 공통점이 있다. 그들은 대부분 북미나 중국에 거주하고 있다. 그들은 대부분 높은 수준의 교육을 받았으며 유복하게 살고 있다. 그들은 대부분 남성이며, 리더는 모두 남성이다.

AI 패권 그룹과 관련한 문제는 무엇이 그들을 이렇게 강력하게 만들었는가 하는 것이다. 고립된 집단에서는 편견이 확대되고 더욱더 경직되며 과거에 잠식된다. 편견은 이성적인 생각과 대립적인 것으로, 생각을 둔화시키고 더 많은 에너지를 소모하게 만든다. 한 그룹이 확장되고 안정화될수록 그룹 내의 집단 사고와 행동은 더욱 정상적으로 보인다. 뒤에서 다시 이야기하겠지만, 이는 매우 중요한 통찰이다.

AI 개발자는 무엇을 하고 있는가? 그들은 단일 업무를 인간과 대등하게 또는 더 잘할 수 있는 약 인공지능(Artificial Narrow Intelligence : ANI 좁은 인공지능) 시스템을 구축하고 있다. 상업적인 ANI 애플리케이션은 이미 우리가 이메일을 주고받을 때, 우리가 인터넷에서 무엇인가를 찾을 때, 우리가 스마트폰으로 사진을 찍을 때, 우리가 자동차를 운전할 때 그리고 우리가 신용카드나 대출을 신청할 때 우리를 위해 결정을 해주고 있다. 그들은 그다음에 올 것도 구축하고 있다. 우리가 생각하는 방식으로 생각하도록 설계되어 더욱 넓은 인식 업무를 수행하는 강 인공지능(Artificial General Intelligence : AGI 범용 인공지능)이 그것이다. 그런데 AGI 시스템이 모델로 삼고 있는 '우리'는 누구인가? 누구의 가치, 이상 그리고 세계관이 교육되고 있는가?

짧게 대답하자면 "당신은 아니다"라고 말할 수 있다. 그리고 나도 아니다. 인공지능은 그 개발자의 마음, 즉 창조자의 가치와 이상 그리고 세계관을 우선순위에 둔다. 하지만 이는 그 자신의 마음을 개발하는 시작이기도 하다.

AI 패권 그룹의 리더

개발자에게는 친숙하고 귀에 쏙 들어오는 구호가 있다. "빨리 실패하고, 자주 실패하라(fail fast and fail often)." 사실 비슷한 말인 "빠르게 움직이고 낡은 것을 파괴하라(move fast and break things)."는 최근까지 페이스북의 공식 모토였다. 실수를 하고 실패를 인정한다는 발상은 리스크를 피하고 달팽이 속도로 움직이며 칭찬받을 만한 목표를 지향하는 미국의 수많은 기업과 현저하게 대비된다. AI 같은 복잡한 기술은 일이 제대로 되는지 확인하기 위한 실험과 실패를 계속 할 수 있는 기회를 요구한다. 하지만 이런 단점도 있다. "먼저 만들고 나중에 용서를 구하라(build it first, and ask for forgiveness later)." 이 슬로건은 빅 나인 사이에 널리 퍼진 골치 아픈 관념의 일부다.

최근 우리는 용서를 구하는 말을 수없이 들었다. 페이스북은 케임브리지 애널리티카(Cambridge Analytica 영국의 데이터 분석 업체로 2016년 미국 대선 당시 도널드 트럼프 후보 진용을 위해 일하면서 페이스북에서 빼돌린 약 8,700만 명의 개인정보를 활용한 혐의를 받으면서 2018년 문을 닫음) 문제로 사과했다. 2016년 4월 구글 브레인(Google Brain AI의 심층학습 연구팀)의 책임자인 제프 딘은 회사가 레딧(Reddit 사용자가 등록한 콘텐츠를 다른 사용자의 투표 결과에 따라 메인에 올라가게 하는 소셜 뉴스 웹사이트)에서 애스크 미 애니씽(Ask Me Anything 사용자나 참여자가 질문과 대답을 하며 쌍방향 방식으로 운영하는 레딧의 한 서브 디렉터리) 관련 행사를 하며 여성과 유색인종을 배제했다고 적었다. 이는 고의적이라기보다 실수였으며, (나는 그것이 고의적인 배제라고 믿지만) 주최자가 행사의 다양성을 고려했다면 일어나지 않았을 일이다.

딘은 자신이 다양성을 소중히 여기며 구글은 더 잘했어야 했다고 말했다.

> 내가 우리의 브레인 레지던시 프로그램을 정말 좋아하는 이유 중 하나는 참여자들이 우리의 연구 노력에 광범위한 배경의 전문가(예를 들면 컴퓨터 과학자는 물론 물리학자, 수학자, 생물학자, 신경과학자, 전기공학자도 있었다)를 데려오고 다른 방면에서도 다양성을 이루었다는 점이다"라고 딘은 적었다. "나의 경험에 따르면, 서로 다른 전문 분야와 다른 시각의 사람들과 함께 일하면 개별적으로는 아무도 이루지 못한 성과를 거두게 될 것이다. 왜냐하면 필요한 기술과 시각을 모두 갖춘 사람은 아무도 없기 때문이다.

2018년 6월, 구글은 처음으로 부문별로 분류한 직원 데이터를 포함한 다양성 보고서를 발표했다. 이 보고서에서 구글은 전 세계적으로 인력의 69.1퍼센트가 남성이라고 밝혔다. 미국에서는 겨우 2.5퍼센트의 직원만 흑인이었으며 히스패닉과 라티닉스(라틴아메리카계의 성(性)중립적 표현)가 3.6퍼센트였다. 구글이 다양성 테크의 필요성을 강조한 과감한 성명에 비해 너무 낮은 이 숫자는 2014년 직원의 2퍼센트가 흑인이었고, 3퍼센트가 히스패닉과 라티닉스였던 것과 비교해서 실제로 별로 바뀌지 않았다.

구글은 최근 무의식적으로 형성되었을 젠더, 인종, 외모, 연령, 교육 수준, 정치, 재산과 관련한 직원들의 사회적인 고정관념과 뿌리 깊은 태도에 대해 스스로 깨닫게 하는 워크숍과 훈련 프로그램을 포함한, 무의식적 편견 해소 계획을 가동했다. 일부 구글러는 이 워크숍이 생산적이지 못하고 겉치레였다고 느끼는데, 한 흑인 여성 직원은 워크숍이 "차별 대우와 불평등보다 개인 사이의 관계에 초점을 맞추는 바람에 직원들에게 다양성이란 '체크해야 할 또 다른 항목'이라는 신호를 주었다"라고 말하기도 했다. 이 반응은 테크 기업과 거기에 투자한 벤처 캐피털 내부에서 진행되는 수많은 무의식적인 편견에 대한 워크숍 프로그램의 효과가 미미했음을 보여준다. 사람들이 워크숍 뒤에 자신의 편견은 더욱 많이 알게 될 수 있겠지만, 워크숍이 그들의 행동을 바꾸도록 동기를 부여하거나 인센티브를 주지는 않기 때문이다.

테크 공동체 내부에서 다양성이 부족하다고 말할 때, 대화는 일반적으로 젠더와 인종 사이만 오가게 마련이다. 하지만 정치적 이데올로기나 종교 같이 소홀히 하기 쉬운 특질도 있다. 600개 이상의 테크 선도자와 창업자를 대상으로 설문 조사한 2017년 스탠퍼드 경영대학원 분석에 따르면, 응답자들은 자신을 명확하게 진보적인 민주당원으로 규정했다. 2016년 대선 기간 동안 이들은 압도적으로 힐러리 클린턴을 지지했다. 이들은 부유한 개인에 대한 높은 세금, 여성의 낙태 선택권을 지지하며, 사형제에 반대하고, 총기 소유 규제를 원하며, 동성 결혼을 합법화해야 한다고 믿는다.

구글, 애플, 아마존, 페이스북, 마이크로소프트 그리고 IBM의 고위 경영층이 정확하게 모든 미국인을 대표하지 않는다는 것은 다른 어떤 산업에서도 마찬가지일 것이다. 다만 이들 기업이 우리 모두의 이익을 대표하는 자동 의사 결정 시스템을 개발하고 있다는 사실이 중요하다.

비판은 여성과 유색인종에서만 터져 나오는 게 아니라 별로 그럴 것 같지 않은 집단의 사람에게서도 나오고 있다. 바로 보수파와 미국 공화당의 충실한 당원이다.

2018년 5월 공화당 전국위원회(RNC)는 마크 저커버그에게 서한을 보내 페이스북이 보수적인 미국인에게 편견을 조장한다고 비난했다. 이런 대목이 있다. "최근 페이스북에서 보수적인 뉴스에 대한 검열을 포함해 보수적 발언에 대한 억압을 우려하는 목소리가 높아지고 있다. 우리는 페이스북이 보수적인 언론인과 집단에서 나온 콘텐츠를 봉쇄한다는 수많은 의혹에 경각심을 느낀다." RNC 의장인 로나 맥대니얼과 트럼프 대통령의 2020년 재선 캠페인 책임자인 브래드 파스칼이 서명한 이 편지는 페이스북 알고리즘이 사용자가 그들의 피드에서 어떤 정치 광고를 보도록 결정하는지에 대한 투명성과 보수적인 콘텐츠와 지도자와 관련한 편견에 대해 재검토를 요구했다.

문제는 맥대니얼과 파스칼이 틀리지 않았다는 사실이다. 2016년 대선전이 달아오를 당시 페이스북의 직원은 그 플랫폼의 트렌딩 섹션에서 보수적인 뉴스를 배제하도록 조작했다. 반(反) 클린턴 스토리가 트렌드에 올라와도 마찬가지였다. 페이스북에서 "뉴스 큐레이터"로 불리는 사람 중 몇몇은 트렌드에 전혀 오르지 못한 특정 스토리를 뉴스 피드에 '주입'하도록 지시 받았다고 털어놓았다. 그들은 랜드 폴 같은 공화당 후보에 대한 호의적인 이야기가 눈에 띄는 것을 막았다. 페이스북 뉴스 큐레이션 팀은 주로 미국 동부 대서양 연안의 사립학교나 아이비리그 대학을 다녔던 작은 그룹의 저널리스트로 구성되었으며, 공정하게 말하면 이는 보수주의자들이 수십 년간 올린 이야기에 직접적으로 작용했다.

2018년 8월, 100명의 페이스북 직원이 내부 메시지 보드를 이용해 "다른 의견을 허용하지 않는 정치적인 단일 문화"에 대한 불평을 털어 놓았다. 페이스북의 시니어 엔지니어인 브라이언 애머리지는 이렇게 썼다. "우리는 모든 시각을 기꺼이 받아들일 것을 요구하지만, 누구든 좌파 성향의 이데올로기에 맞서는 듯한 견해를 보이는 사람에 대해서 는—때로는 떼를 지어—신속하게 공격한다."

다양성을 이야기하는 것—관대함을 요구하고, 더 나은 일을 하겠다 고 약속하는 것—은 AI 에코 시스템을 만드는 데이터베이스, 알고리즘 그리고 구조를 다루는 것과 동일한 일이 아니다. 말하는 것이 행동으 로 이어지지 않을 때 어떤 반휴머니즘적인 편견을 반영하는 시스템이 나 제품으로 그 결과가 나타난다.

2016년 AI로 작동하는 보안 로봇이 실리콘밸리의 한 쇼핑몰에서 고 의로 16개월짜리 아이와 부딪쳤다. 비디오 게임 '위험한 엘리트'를 구 동하는 AI 시스템은 고안자가 상상도 하지 못했던 한 세트의 슈퍼 무 기를 개발했는데, 게임 안에서 사고를 쳐서 모든 게이머가 이룬 성과 를 파기해 버렸다. AI 보안 분야에는 이처럼 크고 분명한 일을 비롯해 숱한 문제가 있다. 자율 운행 차량이 빨간 불에서 달린 적도 있고, 실 제로 사람을 치어 숨지게 한 경우도 있다. 경비 애플리케이션이 지속 적으로 용의자의 얼굴을 잘못 인식해 무고한 사람을 감옥에 보내기도 했다. 아직 우리에게 직접적인 영향을 미치지 않아 우리가 모르는 문 제는 수도 없이 많을 것이다.

모든 개발 팀은 기본적으로 같은 특성을 갖고 있다. 바로 재능이다.

젠더나 인종 또는 민족성에만 집중할 수는 없다. 서로 다른 정치적, 종교적 견해도 표시되어야 한다. AI 개발자 내부의 동질성은 빅 나인 내부의 문제이기도 하지만 문제는 여기에서 비롯하지 않는다. 문제는 AI 개발자가 다니던 대학에서 시작된다.

개발자는 모두가 공통된 목적과 목표를 공유하고, 같은 언어를 사용하며, 동일한 긴장감 속에서 근무한다. 이런 곳에서는 공동의 가치관과 목적의식을 중심으로 움직인다. 그들은 군부대나 의과대학 임상 실습 회진, 미슐랭 별을 받은 레스토랑 그리고 여성 클럽과 비슷한 환경을 만들게 된다. 그들은 시행착오, 성공과 실패, 상심과 행복을 함께 거친다.

AI와 한참 먼 분야에서 사례를 빌자면, 1970년대와 80년대, 샘 키니슨, 앤드루 다이스 클레이, 짐 캐리, 마크 마론, 로빈 윌리엄스, 리처드 프라이어는 모두 전설적인 코미디 스토어(미국 캘리포니아주 웨스트 할리우드의 웨스트 선셋 불러바드에 있는 유명한 코미디 클럽) 바로 아래에 있는 크레스트힐 로드에 살았다. 그들은 밥 호프(미국의 전설적인 코미디언)가 TV에 나와 "나는 한 여자를 두고 두 번 생각한 적이 없어. 한 번이면 충분하잖아" 같은 농담을 터트리는 시대에 무대에 올라갈 기회를 얻으려고 노력하면서 한 집에 살던 젊은이에 불과했다. 하지만 그들의 가치는 급진적으로 달랐다. 터부를 깨뜨리고, 사회적 불의에 맞서고, 관객의 피드백을 반영해 가며 초현실적인 이야기를 해댔다.

그들은 서로 특성과 관찰 내용을 공유했다. 그들은 무대에서 썰렁한 반응을 접하게 되면 서로 안타까워했다. 그들은 서로 실험했고 서로 배웠다. 이 획기적이고 재기 넘치는 희극배우로 이루어진 그룹이 미국

엔터테인먼트 미래의 초석을 놓았다. 이들의 영향력은 아직까지도 살아 있다.

마찬가지로, AI도 동일한 가치와 아이디어, 목적을 공유한 현재의 개발자 그룹 덕분에 비슷한 급진적 변화를 겪게 되었다. 앞에서 말했던 세 명의 심층 학습 선구자─제프 힌턴, 얀 르쾽 그리고 요슈아 벤지오─는 심층 신경망 초기 AI 세계의 샘 키니슨이고 리처드 프라이어다. 르쾽은 캐나다 고등 연구소(CIFAR)가 요슈아 벤지오를 포함한 소그룹의 연구자를 가르친 토론토 대학교 힌턴 밑에서 공부했다. 이들은 많은 시간을 함께 보냈고, 아이디어를 이리저리 궁리했으며, 이론을 시험했고, 차세대 AI를 만들어 나갔다.

개발자 그룹의 강력한 유대는 사람들이 밀접하게 함께 일하고 좌절을 겪고 성공을 축하하면서 형성된다. 그들은 일련의 경험을 공유하고, 이는 공통의 어휘로 기록되며, 공통의 아이디어와 행동 그리고 목표로 귀결된다. 수많은 스타트업 스토리, 정치적인 운동, 문화적인 거대한 흐름이 바로 이런 방식으로 시작된다. 몇 명의 친구, 기숙사 방이나 집이나 창고의 공유, 프로젝트에 집중하기 등이다.

현대 AI의 비즈니스 진앙은 실리콘밸리, 베이징, 항저우 그리고 선전이지만, 대학이야말로 AI 개발자 그룹의 원동력이다. 그 허브는 몇개 안 된다. 미국에서는 카네기 멜런대, 스탠퍼드대, UC 버클리대, 워싱턴대, 하버드대, 코넬대, 듀크대, MIT, 보스턴대, 맥길대 그리고 캐나다의 몬트리올대를 포함한다. 이 대학은 산업과 강력한 유대를 맺고 활발한 학술적 연구를 진행하는 거점이다.

이들에겐 특유의 규칙과 관습이 있는데, 이는 가혹한 대학 교육에서 시작된다. 북미에선 대학이 R이나 파이선 같은 프로그래밍 언어 숙달, 자연언어 처리, 응용 통계학, 컴퓨터 시각 장치, 컴퓨터 생명공학 그리고 게임이론 같은 고난도 기술을 강조한다. 밖에서 '마음의 철학'이나 '문학 속 무슬림 여성' 또는 '식민주의'에 대한 강의를 듣는 것을 못마땅한 눈으로 바라본다. 만일 우리가 인간처럼 생각하는 능력을 갖춘 생각하는 기계를 만들려고 노력하면서 인간의 조건에 대해 배우는 것을 배제한다면 이는 직관에 어긋나는 일로 간주될 것이다. 하지만 이런 과목은 교과과정에서 의도적으로 배제되고 있는데, 전공 외의 분야에서 선택과목을 수강할 여지는 거의 없다고 할 수 있다.

개발자 그룹은 기술을 요구한다. 그래서 4년간의 학부 과정에서는 수많은 주입식 공부가 이루어진다. 예를 들어 스탠퍼드에선 학생들이 수학, 과학, 공학 과목에서 50학점을 집중 이수해야 하는 것에 더해 15학점의 핵심 컴퓨터 과학 코스도 이수해야 한다. 전공의 일부로 윤리 과목도 있지만 졸업 학점을 채우기 위해 들어야 하는 5개의 선택과목 중 하나일 뿐이다.

카네기 멜런대는 2018년 새로운 AI 전공을 개설했는데, 이는 기초부터 다루는 현대적인 AI 전공을 시작하고 설계할 기회를 제공한다. 하지만 개발자 그룹의 규칙과 관습은 여전히 까다롭다. 학위를 위해선 윤리나 인문학, 예술 몇몇 과목을 요구하지만 그들은 대부분 인간과 AI 사이의 연결을 이해하게 해주는 신경 과학(인지 철학, 인간 기억 그리고 시각 인식)에 집중한다. 데이터세트에서 어떻게 오류를 찾아내고, 어떻게 의사 결정에 철학이나 포괄성의 윤리를 적용하는지를 가르치는 과목은 요구되지 않는다. 사회경제적 다양성이 생물학적 다양성만큼이나 중요하다는 것을 일깨워 주지도 않는다.

기술은 경험에 의거해 교육되는데—이는 학생들이 자신의 머리를 책에 파묻고 AI를 공부하는 것은 아니라는 뜻이다. 배우기 위해선 어휘적인 데이터베이스와 이미지 도서관 그리고 신경망이 필요하다. 한동안 대학 사이에서 가장 인기 있는 신경망 중의 하나가 구글 브레인 팀에서 만든 워드2벡터(Word2vec)였다. 이는 텍스트를 처리하고, 단어를 AI가 알아볼 수 있도록 숫자로 바꾸는, 이중으로 이루어진 시스템이었다. 예를 들어 시스템이 "남성은 왕이고, 여성은 여왕이다"라고 배웠다. 하지만 데이터베이스는 "아버지는 의사이고, 어머니는 간호사다"라든지 "남성은 컴퓨터 프로그래머가 되고, 여성은 주부가 된다"라고도 판단하게 된다. 학생들이 노출된 바로 그 시스템 자체가 편견에 차 있다. 만일 누군가가 더욱더 함축된 성차별주의자의 암호를 분석하려고 해도 그런 걸 가르쳐 주는 수업은 없다.

2017년과 2018년, 몇몇 대학이 AI에 의해 이미 제기된 도전에 대응하기 위해 몇몇 새로운 윤리 강좌를 개설했다. 하버드대의 버크맨 클라인 센터와 MIT 미디어랩이 합작해 '윤리학과 AI 규제'를 다룬 새로운 강좌를 제안했다. 프로그램과 강의는 훌륭했지만 강좌는 각 대학의 정규 컴퓨터 과학의 범주에서 벗어난 사람들이 주관했다. AI 전공자가 접할 기회가 전혀 없는 바로 그 교과과정 말이다.

분명히 윤리학은 AI를 가르치는 모든 대학에서 필수 과목으로, 학과 평가 인증 기준에도 적혀 있다. 미국 공학기술 인증원(ABET 응용과학, 자연과학, 컴퓨팅, 공학, 공학기술 분야 대학 과정의 인증 업무를 수행하는 미국의 비정부 기구)의 인증을 받으려면 학생들이 "전문적, 윤리적, 법률적, 보안과 사회 이슈 그리고 책임감"과 "컴퓨팅이 개인과 조직 그리고 사회에 미치는 지역과 글로벌 충격을 분석하는 능력"을 갖추고 있음을 보여주어야 한다. 하지만 내 경험으로 보건대, 이런 종류의 요구 사항을 벤치마킹하고 점수를 매기는 것은 지극히 주관적이며, 모든 학생이 반드시 이수하는 필수과목을 빼놓는다면 정확성을 기대하기 힘들다.

나는 '저널리즘과 매스컴 분야 평가 위원회(ACEJMC)'의 위원이다. 교과과정은 인문학에 초점을 맞추는 경향이 있는데, 이는 리포팅, 글쓰기, 미디어 제작처럼 사람들이 비교적 쉬운 기술이라고 생각하는 것들이다. 그렇다 하더라도 위원회의 학술적인 부문은 다양성을 포함한 사회 이슈와 책임을 위한 기준에 맞추기 위해 꾸준히 노력해야 한다. 학교는 다양성 준수 기준을 충족하지 못해도 인가를 받을 수 있다. 기준을 더욱 엄격히 강화하지 않고, 대학 내에서 진지하게 노력을 기울이지 않고, 어떻게 AI 같은 어려운 기술의 교과과정이 진척을 이룰 수 있겠는가?

대학은 이미 충분히 엄격하며 빅 나인이 제안하는 새로운 고용 인센티브도 그러하다. 아프리카 문학이나 공직자 윤리를 비롯한 선택과목이 AI 분야에서 일하는 사람들의 세계관을 넓히는 동안 에코 시스템을 성장시켜야 하는 엄청난 압력을 견뎌야 한다. 그들은 기술의 증거를 원한다. 그러니 졸업생은 현장에 들어가자마자 자신의 생산성을 증명해야 한다. 사실, 바로 그 선택과목이 채용 과정에서 그들에게 상처를 줄 수 있는 모든 인간성에 대해 더욱 계획적으로 생각할 수 있도록 돕는다. 왜냐하면 빅 나인은 AI로 구동되는 소프트웨어를 이용해 이력서를 상세히 조사하며, 고도의 기술을 설명하는 특정 키워드를 살피도록 훈련되어 있기 때문이다. 정규 과목 외의 코스를 이수했다는 포트폴리오는 지원자에게 불리하게 작용할 가능성이 크다.

이력서를 AI 스캐닝 했더니 편견이 단순히 인종과 젠더에만 국한된 것이 아닌 것으로 드러났다. 심지어 철학, 문학, 이론 물리학 그리고 행동 경제학에 대해서도 편견이 있는 것으로 드러났는데, 전통적인 AI 영역 밖의 선택과목을 많이 수강한 지원자는 우선순위에서 밀리는 경향이 있었기 때문이다. 빅 나인의 채용 제도는 수천 장의 이력서를 살피는 1차 심사라는 성가신 업무를 자동화하도록 설계하는 바람에 더욱 다양하고 매력적인 학문적 배경을 가진 지원자를 채용 고려 대상에서 배제할 가능성이 높다.

AI 전공 교수들은 비록 개발자 그룹이 더욱 폭넓은 교과과정을 요구하지 않아도(실제로 요구하지 않는다) 윤리학은 필수과목이라고 목소리를 높일 것이다. 하지만 '비교문학'이나 '세계의 종교' 같이 엄격한 인문학 과목을 듣는 것은 역량이 요구되는 기술 기반의 수업을 제때 수강하기 어렵게 만들 것이다.

학생들은 불필요한 것으로 보이는 과목을 강제로 수강하느라 화를 낼 것이며, 산업계 파트너는 최상위 기술을 지닌 우수한 졸업생을 원한다. 가장 뛰어나고 가장 똑똑한 학생들이 격렬하게 경쟁하는데도, 카네기 멜런이나 스탠퍼드에서 진행되는 이러한 훌륭한 프로그램은 왜 빛을 보지 못했는가?

기술은 학문의 조종간보다 빠르게 움직이고 있다. 윤리학 과목—AI를 전공하는 학생을 위해 맞춤형으로 만들어진—은 당장 시급한 문제를 다루지 않고, 특히 수업 내용이 교과과정의 다른 분야에 걸쳐 반향을 일으키지 않는다면 효과가 없을 것이다.

만일 교과과정이 바뀔 수 없다면 개별 교수를 붙여 주는 것은 어떨까? 그들은 문제를 제대로 직시할 수 있도록 힘을 불어넣어 줄 수 있을까? 그런 일이 대규모로 벌어질 것 같지는 않다. 교수들은 강의 내용을 고치는 데 대한 인센티브를 받고 자신이 가르치는 내용을 기술적, 경제적 그리고 사회 가치에 대한 질문으로 선회하도록 수정해야 하는데, 여기에는 아주 많은 시간이 소요될 테지만 정작 강의 내용은 학생들에게 매력을 잃게 될 것이다.

대학은 강력한 학생 취업 실적을 보여주길 원하며, 고용주는 졸업생이 뛰어난 기술을 갖추길 바란다. 빅 나인과 파트너는 이런 대학과 함께하며 대학은 이들에게 자금 조달과 자원을 의존한다. 이제 "누가 당신의 얼굴을 소유하는가(당신의 얼굴은 당신의 정체성을 정의하는 특징 중 하나이지만 이미 데이터 브로커에 의해 가용 인간 얼굴 데이터베이스의 일부가 되었을 수 있다는 경고)"라는 어려운 질문을 할 때가 된 것 같다. 학생들이 제품 개발 마감 시간과 판매 목표에 의해 정기적으로 퇴출당하는 취업 전선에 뛰어들기 전에 이 질문을 하고 강의실이라는 안전한 공간에서 토론을 하게 해야 한다.

만일 대학이 AI 개발자 그룹의 문화가 형성되는 곳이라면 왜 이 분야가 다른 전문 분야에 비해 그렇게 다양성이 부족한지를 확인하기 쉬울 것이다. 사실 산업계 임원은 재빨리 대학에 손가락질을 하고, 그들이 AI의 '파이프라인 문제'로 부르는 작업 현장에서 다양성이 부족함을 비난할 것이다. 이는 전적으로 거짓은 아니다. AI 개발자 그룹은 교수들이 강의실과 연구실에서 학생들을 훈련하면서 형성되며, 학생들은 연구 프로젝트와 지시받은 일을 공동 수행하게 된다. 이 교수들, 그들의 연구 팀 그리고 AI 학문 단위에서 리더는 또다시 압도적으로 남성이며 다양성이 부족하다.

대학에서 박사과정 학생들은 세 가지 기능을 수행한다. 연구 협력, 학부 학생 가르치기 그리고 자신의 분야에서 미래 업무를 이끄는 일이 그것이다. 미국 국립교육통계센터(NCES)의 최신 자료에 따르면 컴퓨터 과학 분야 박사의 고작 23퍼센트만 여성이며, 수학과 통계학에서는 겨우 28퍼센트다. 학문 파이프라인이 새고 있다. 여성 박사는 남성과 같은 비율로 종신 교수직이나 지도적인 역할을 맡지 못하고 있다. 이에 따라 컴퓨터 과학을 전공한 학부 졸업생의 18퍼센트만 여성이라는 사실은 놀랍지도 않으며, 사실 이는 1985년 37퍼센트에서 줄어든 것이다. 흑인과 히스패닉 박사과정 학생들은 인구 비율에 비해 애처로울 정도로 적어 각각 겨우 3퍼센트와 1퍼센트에 지나지 않는다.

전공자의 젠더 불균형은 버블을 거치면서 확대되어 끔찍한 현상을 불러일으켰다. 대학 내 여성 AI 연구자는 남성 동료로부터 성희롱, 부적절한 농담 그리고 일상적인 차별을 겪어야 했다. 그런 현상은 고착화되면서 대학을 넘어 직장으로 확대되었다. 2017년 구글의 한 엔지니어는 여성이 생물학적으로 프로그래밍 능력이 떨어진다고 주장하는 메모를 주변에 보냈다. 구글 최고 경영자 순다르 피차이는 결국 이 메모를 쓴 직원을 해고하는 것으로 이 문제에 대응했지만 "메모에 있는 내용이 상당 부분은 토론할 만한 것이었다"라고 말했다. 개발자 그룹 외 사람들에게 적대적인 문화는 덜 다양한 직장에서 복합적인 효과를 야기한다. AI 업무가 진척되고, 인류를 위하며 함께 나아가게 될, 생각하는 능력을 갖춘 시스템을 만들게 되면 개발 진로에서 전체 인구가 뒤처질 수 있다.

대학에 근무하는 여성이나 유색인종이 없다는 이야기를 하려고 하는 게 아니다. 유명한 'MIT 컴퓨터 과학과 인공지능 연구소(CSAIL)'의 소장은 수많은 전문적이고 학문적인 업적으로 맥아더 펠로십(존 D와 캐서린 맥아더 재단이 매년 독창성과 헌신성을 보여준 인물에게 수여하는 상—옮긴이)을 수상한 여성인 다니엘라 루스가 맡았다. 케이트 크로퍼드는 뉴욕대의 석좌 연구 교수이고 AI의 사회적 관계에 초점을 둔 새로운 연구소의 책임자다. AI 분야에서 일하는 여성과 유색인종은 수없이 많다. 하지만 그들의 비율은 인구 비율에 비해 엄청나게 낮다.

만일 개발자의 목표가 AI에 더욱 인간적인 생각을 불어넣는 것이라면 이는 수많은 인간을 그 과정에서 배제하는 셈이 된다. 스탠퍼드 대학의 인공지능 연구소와 구글 클라우드의 인공지능과 기계 학습 분야 수석 과학자인 페이페이 리는 다음과 같이 밝히고 있다.

> 교육자로서, 여성으로서, 유색인종 여성으로서, 엄마로서 나는 갈수록 걱정이 된다. AI는 인류에 가장 큰 변화를 막 가져오려고 하며, 만일 우리가 여성과 유색인종에게 자리—진짜 업무를 수행하는 진짜 기술직—를 마련해 주지 않는다면 우리는 다양한 과학 기술자의 한 세대 전체를 잃게 될 것이며, 시스템에 편견을 심어주게 될 것이다. 지금부터 10~20년간 이를 되돌리는 건 엄청 더 힘들어지거나 거의 불가능해질 것이다.

중국의 AI 패권 기업 : BAT

각 기업의 이니셜을 따서 BAT로 알려진 바이두, 알리바바, 텐센트는 중국의 빅 나인이다. 중국의 AI 패권 그룹 BAT는 정부의 적극적인 자금 조달과 감독 그리고 산업 정책을 포함한 서로 다른 규칙과 관습 아래서 움직인다. 그들은 잘 자본화되고, 고도로 조직된 정부 차원의 AI 계획이다. 이를 우주개발이라고 치면 미국은 스푸트니크, 중국은 아폴로계획에 해당한다. (소련이 1957년 세계 최초의 인공위성을 지구 궤도에 발사하자 자극을 받은 미국은 수학·과학 교육과 연구 시스템을 대대적으로 개혁하고 1961~72년 인류 최초의 달 착륙을 포함한 유인 우주 비행 탐사 프로젝트인 아폴로 계획을 수행했다.─옮긴이) 미국이 지구 궤도에 최초로 도달한 셈이라면, 중국은 AI 연구에 국부 펀드와 교육 시스템, 인민과 국가적 자존심을 쏟아부었다.

중국의 AI 개발자 그룹도 대학에서 시작되는데, 여기에서는 기술과 사업적인 응용에 더욱 초점을 맞춘다. 중국은 자국의 숙련된 노동력을 가능한 한 빨리 증가시키는 데 관심이 많으므로, 다양성과 관련한 문제는 서구와 동일하지는 않지만 그럼에도 존재하긴 한다. 젠더는 그리 고려 대상이 아니며, 이에 따라 여성이 더 유리하다. 하지만 수업은 외국인이 배우기 어려운 중국어로 진행된다.

중국에서 AI 훈련은 학생들이 대학에 입학하기 전에 시작된다. 2017년 중국의 국무원(내각에 해당)은 AI 기초를 교과과정에 포함시킬 것을 요구했는데, 이는 중국 어린이들이 AI 기술을 소학(초등학교)에서 배우기 시작한다는 뜻이다. 현대 AI의 역사와 기초를 상세하게 다룬

국정교과서가 있을 정도다. 2018년 무렵 40개의 고교에서 시범적으로 AI 과목을 의무적으로 이수하게 하고 있으며, 교사가 확보되는 대로 더 많은 학교에서 이 과정을 설치하게 될 것이다. 그리 멀지 않은 미래에 말이다. 중국 교육부는 자국 대학을 위한 5년제 AI 훈련 프로그램에 착수했는데, 이는 중국의 최고 대학에서 최소 500명의 교사와 5,000명의 학생을 훈련할 목적으로 마련되었다.

BAT는 학교에서 사용하는 도구를 공급하고, 10대와 성인 소비자가 사용하는 상품을 만들며, 졸업생을 작업 요원으로 고용하고, 정부와 연구를 공유하는 중국 교육혁명에 힘을 보탠다. 지난 10년 동안 중국에서 살거나 여행하지 않았다면 바이두, 알리바바, 텐센트가 친숙하지 않을 것이다. 이 셋은 모두 기존의 테크 기업을 본뜨는 것으로 시작되었다. 바이두는 1998년 여름, 내부자들이 AI 그룹 멤버들과 함께 모여 맥주를 마시고 론다트 게임(잔디밭에 둥근 목표물을 놓고 대형 다트를 던져 넣는 게임)을 하던 실리콘밸리 피크닉 자리에서 시작되었다.

당시 30대였던 세 명의 남자는 검색엔진이 거의 진보하지 않았음을 한탄하고 있었다. 당시 야후 검색엔진 팀의 팀장이던 존 우와 인포시크(Infoseek)의 엔지니어였던 로빈 리(리옌훙 李彥宏)는 검색엔진의 미래가 밝다고 믿었다. 그들은 이미 유망한 새 스타트업인 구글을 눈여겨봤으며, 자신들도 중국에서 뭔가 비슷한 것을 설립할 수 있을 것으로 생각했다. 생화학자인 에릭 쉬(쉬융 徐勇)를 포함한 세 명은 바이두를 창업했다. 이 회사는 북미와 미국에 있는 AI 대학 허브에서 직원을 모집했다. 심층 학습 분야에서 일하던 재능 있는 연구자를 주로 스카우트했다. 바이두는 2012년 구글 브레인의 걸출한 연구자인 앤드루 응에게 접근했다. 그는 홍콩과 싱가포르에서 성장했으며 컴퓨터 과학 학사를 카네기 멜런에서, 석사를 MIT에서, 박사를 UC 버클리에서 각각 마치는 등 AI 교육의 중추 대학 허브를 훑고 다녔고 당시 교수로 일하던 스탠퍼드에서 막 떠나려 하고 있었다. 응은 과거 구글에서 놀라운 신형 심층 신경망 프로젝트를 수행한 적이 있었기에 바이두로서는 매력을 느낄 수밖에 없었다.

응의 팀은 1,000개의 컴퓨터를 연결한 클러스터를 만들었으며, 이는 유튜브 비디오에 등장하는 고양이를 인식하도록 자신을 훈련시켰다. 이는 눈부신 시스템이었다. 고양이가 어떤 것인지 명시적으로 말한 적이 없어도 AI는 임의의 비디오를 100만 시간 이상 섭렵한 다음 대상을 인식할 수 있도록 학습했고, 그 대상의 일부가 고양이란 것을 파악하고, 마침내 고양이가 무엇인지를 알게 되었다. 모두 혼자서, 인간의 개입 없이 해냈다. 얼마 지나지 않아 응은 자신을 수석 과학자로 영입한 바이두에 들어갔다. 바이두에 카네기 멜런, MIT 그리고 UC 버클리의 DNA가 주입되었다는 의미다.

오늘날 바이두는 검색엔진 업체만은 아니다. 응은 바이두가 대화형 AI 플랫폼(DuerOS 두어OS)과 휴대형 정보 단말기 그리고 자율 주행 프로그램에 다른 AI 프레임 워크까지 시작할 수 있도록 도왔다. 그 결과 바이두가 구글을 넘어서는 수익 실적을 보이면서 AI로 대변되는 기업으로 자리 잡게 했다. 바이두는 이제 시가총액 880억 달러에, 구글을 제외하고는 전 세계에서 가장 많이 이용되는 검색엔진인데 이는 바이두가 중국 바깥에서는 거의 쓰이지 않는다는 사실을 감안하더라도 대단한 성취다. 구글과 마찬가지로 바이두는 음성인식과 안면 인식을 결합한 가정용 로봇을 비롯한 일련의 스마트 홈 제품을 만들고 있다. 이 회사는 아폴로라는 이름의 개방형 자동 주행 플랫폼을 발표했으며, 주변 생태계가 꽃필 수 있도록 소스 코드를 일반인도 이용할 수 있게 할 계획을 갖고 있다. 이 회사는 이미 포드와 다임러 그리고 칩 생산업체인 NVIDIA와 인텔, 톰톰(TomTom) 같은 지도 서비스 제공 업체를 비롯한 100개의 파트너를 보유하고 있다. 바이두는 캘리포니아에 기반을 둔 액세스 서비스(Access Services)와 손잡고 이동성 문제가 있거나 장애가 있는 사람을 대상으로 하는 자율 주행 차량 서비스에 착수했다. 마이크로소프트 애저 클라우드(Azure Cloud)와 손잡고 아폴로의 비중국계 파트너가 엄청난 양의 차량 데이터를 처리할 수 있도록 했다. 최근 바이두가 중국 정부와 협력해 새로운 AI 연구소의 문을 열었는데, 연구소장이 과거 국가 군사 프로그램에서 일했던 공산당 고위 간부라고 한다.

중국 BAT에서 A는 알리바바 그룹으로, 단일 플랫폼 대신 웹사이트의 대량 네트워크를 통해 판매자와 생산자의 연결자 역할을 하는 대량 플랫폼이다. 1999년 상하이에서 서남쪽으로 100마일 정도 떨어진 곳에서 사는 전직 교수인 잭 마(마윈 馬雲)가 창업했는데, 그는 중국을 위해 아마존과 e베이 하이브리드 버전을 창시하고 싶어 했다. 마윈 자신은 코딩을 할 줄 몰랐기에 이를 할 줄 아는 대학 동료와 함께 기업을 시작했다. 불과 20년 뒤, 알리바바는 시가총액 5,110억 달러에 이르렀다.

알리바바의 사이트 중 하나가 타오바오(Taobao)로, 여기서는 판매자도 구매자도 거래 수수료를 물지 않는다. 대신 타오바오는 이 사이트의 검색엔진에서 높은 순위에 오르고 싶은 판매자에게 돈을 내게 하는 페이-투-플레이 모델을 사용한다. (이는 구글의 핵심 비즈니스 모델을 부분적으로 흉내 낸 것이다.) 알리바바는 알리페이(Alipay)를 포함한 안전 결제 시스템을 만들었는데, 이는 기능과 특징에서 페이팔(PayPal)과 닮았다. 이 회사는 AI로 작동하는 '스마일 투 페이(smile to pay)'라는 디지털 결제 시스템을 출시했는데, 2017년 처음 등장한 안면 인식 키오스크는 소비자가 카메라를 보며 미소만 지으면 결제가 이루어진다.

아마존처럼 알리바바에도 스마트 스피커가 있는데, '지니 X1(Genie X1)'이라는 이름의 이 기기는 아마존의 알렉사나 구글의 홈(Home) 장치보다 작고 땅딸막하다. 지니는 신경망 기반의 성문(聲紋) 인식 기술을 이용해 이용자의 신원을 알아차리기 때문에, 이용자들을 자동적으로 인증해 쇼핑이나 서비스를 이용할 수 있게 한다. 중국 전역의 메리어트 호텔 체인에는 10만 개 이상의 알리바바 스피커가 설치되어 있다.

알리바바는 'ET 시티 브레인(ET City Brain)'으로 부르는, AI를 위한 더 큰 비전도 갖고 있다. 이 프로그램은 스마트 시티 카메라와 센서를 통해 어마어마한 양의 지역 데이터를 수집해 정부 기록과 개개인의 소셜미디어 계정으로 보낸다. 알리바바는 AI 프레임워크를 이용해 고등 교통 관리, 도시 개발, 공중 보건 수요 그리고 곧 일어날 것 같은 사회적 불안을 파악하는 예측 모델링 작업을 한다. 마윈의 지휘 아래 알리바바는 배달 물류, 온라인 비디오, 데이터 센터 그리고 클라우드 컴퓨팅 분야로 진출했으며, 상거래, 가정, 일, 도시 그리고 정부를 연결하면서 끝없이 뻗어 나가는 디지털 거인을 만들기 위해 여러 기업에 수십 억 달러를 투자하고 있다. 사실 아마존이 오프라인 식료품 매장인

'아마존 고(Amazon Go)' 매장을 시애틀에 개장하기 전에 알리바바는 이미 자동화되고 현금을 쓰지 않는 다기능 작업 결합 식료품점인, 패스트 캐주얼 식품을 팔고 배달 서비스를 제공하는 헤마(Hema)의 문을 열었다.

눈여겨볼 또 하나의 묘한 유사점이 하나 더 있다. 내가 '묘한'이라고 한 이유는 모순이기도 하기 때문이다. 2016년 마윈은 홍콩 최대이자 가장 영향력이 강한 독립 신문인 〈사우스 차이나 모닝 포스트(South China Morning Post)〉를 인수했다. 이 인수는 중요한 의미를 갖는데, 대부분의 미디어가 정부 지원을 받는 중국에서 영어 신문인 SCMP는 중국 정부에 비판적일 수 있는 직설적인 기사로 잘 알려졌기 때문이다. 내가 홍콩에 살 때 나는 SCMP 기자들과 친하게 지냈는데, 그들은 동급 최고의 부정부패 추적자이자 추문 폭로자였다. 마윈의 SCMP 인수는 공산당에 대한 충성심을 보여주는 것이었다.

이보다 3년 앞서 아마존의 제프 베이조스가 〈워싱턴 포스트(Washington Post)〉를 인수하면서 이 신문의 집요한 탐사 보도, 행정부 정책에 대한 비판적인 분석 그리고 명백한 정권 선전에 대한 가차 없는 추궁 때문에 결국 트럼프 백악관의 적이 되었다.

마지막으로 가장 크고, 여러모로 가장 영향력 있는 BAT 멤버는 텐센트다. 중국 BAT의 T에 해당하는 이 회사는 1998년 마화텅(포니마 馬化騰)과 장즈둥(토니 장 張志東)이라는 두 명의 남자가 창업했다. 처음에 이들은 OICQ라는 하나의 제품으로 시작했다. 만일 이 제품의 이름이 당신 귀에 익숙하다면, 이유는 이 이름이 미국의 인스턴트 메시지 서비스인 ICQ를 모사했기 때문이다. 두 사람은 곧 소송에 휘말렸지만 그들은 완강히 버티면서 개발 작업을 이어 나갔다. 2011년 텐센트는 메신저 서비스를 제공할 뿐 아니라 페이스북의 특성과 기능까지 모사한 위챗(WeChat)을 내놨다. 중국 정부는 이미 장벽으로 막아 놓은 자국 인터넷에서 페이스북을 봉쇄했기 때문에 위챗은 폭발적인 기세로 성장했다. 대학에서 인기가 높았을 뿐 아니라 새로운 인재를 비롯해 많은 것을 끌어들였다.

위챗은 정신이 아찔할 정도로 많은 10억 명의 활동적인 월간 사용자를 기록해 '모든 것을 위한 앱'이라는 별명을 얻었다. 이는 소셜미디어의 장일 뿐 아니라 대학에서의 새로운 일자리 모집부터 문자메시지, 결제 그리고 법 집행까지 중국의 모든 분야에 걸쳐 이용되기 때문이다. 38만 개의 병원과 진료소는 위챗 계정을 가지고 있으며, 이 중 60퍼센트가 진료 예약, 결제 등 환자 관리에 이용하는 것으로 알려져 있다. 이 회사는 "AI는 우리의 모든 제품에서 핵심 기술"이라는 견해를 바탕으로 AI에 의해 추진력을 얻거나 또는 AI에 초점을 맞춘다. 이에 걸맞게 텐센트의 기업 슬로건은 "AI를 어디에나 있게 하자"이다.

페이스북은 아마 세계 최대의 소셜네트워크이겠지만, 텐센트 기술은 여러 면에서 훨씬 우위에 있다. 텐센트는 샤오웨이(Xiaowei)라는 이름의 휴대용 정보 단말기, 모바일 결제 시스템(텐페이 TenPay), 클라우드 서비스(웨이윈 Weiyun), 최근에는 무비 스튜디오(텐센트 픽처스 Tencent Pictures)를 내놨다. 텐센트의 유튜 연구소(YouTu Lab)는 안면과 사물 인식 분야에서 전 세계를 주도하면서 50개 이상의 다른 기업에 기술을 제공하고 있다. 이 역시 건강 산업 분야로 진출하고 있는데 영국의 헬스케어 업체로 원격의료 스타트업인 바빌론 헬스(Babylon Health)와 AI

를 원격 환자의 모니터링에 이용하는 메도패드(Medopad) 두 업체와 파트너 관계다. 2018년 텐센트는 두 군데의 유망한 미국 스타트업인 아톰와이즈(Atomwise)와 엑스탈피(Xtalpi)에 큰 투자를 했는데, 이들은 AI를 의약품에 적용하는 데 초점을 맞추고 있다.

2018년 텐센트는 시장가치 5,500억 달러를 웃돈 최초의 아시아 기업이 되었고, 페이스북을 누르고 전 세계에서 가장 가치 있는 소셜미디어 기업에 올라섰다. 그중에서도 가장 놀라운 일은 텐센트 매출에서 온라인 광고가 차지하는 비율이 20퍼센트가 되지 않는다는 사실로, 이는 페이스북이 98퍼센트에 이르는 것과 비교된다.

BAT의 재능 파이프라인은 AI의 북미 대학 허브를 포함하며, 아이들이 덧셈이나 뺄셈을 시작하는 나이에 AI 교육도 시작한다는 것이다.

BAT는 엄청난 성공과 부를 얻었으며, 중국 시장은 너무도 거대해 중국의 AI 전문가들은 중국과 세계 각지에서 막강한 권력을 휘두르고 있다. 글로벌 AI 공동체는 그 모든 자본과 과소평가할 수 없는 전문가들 때문에 중국에 경의를 표한다.

페이스북에는 활동적인 월간 이용자가 20억 명 있지만, 이들 이용자는 전 세계에 퍼져 있다. 텐센트 위챗의 활동적 이용자 10억 명은 하나의 국가에 몰려 있다. 바이두는 2017년 6억 6,500만 명의 모바일 검색 이용자가 있으며 이는 미국 모바일 이용자의 두 배를 넘는다. 같은 해에 아마존은 역대 최고의 명절 쇼핑 시즌 특수를 누렸다. 추수감사절과 이에 뒤따르는 사이버 먼데이(미국 추수감사절 직전 금요일을 블랙프라이데이라고 해서 선물을 사는 날로, 그다음 주 월요일은 온라인 쇼핑을 하는 날로 자리 잡고 있다.─옮긴이)에 아마존 고객들은 모두 65억 9,000만 달러에 이르는 1억 4,000만 개의 상품을 주문했다. 이는 아마존에서는 기록이겠지만, 알리바바가 단 24시간 만에 이룬 것과는 비교할 수 없을 정도다. 알리바바는 2017년 한 해에만 5억 1,500명의 고객에게 물건을 팔았으며, 바로 그해 중국판 블랙 프라이데이인 광군제(光棍節 싱글을 의미하는 1이 연속으로 4개 있는 11월 11일로 중국에서는 연인이 없는 독신자를 위로하는 비공식 기념일. 알리바바는 이를 온라인 쇼핑하는 날로 만들었다.—옮긴이) 하루에만 온라인으로 8억 1,200만 개의 주문에 250억 달러어치의 상품을 팔았다.

중국은 어떤 평가 방법으로도 전 세계 최대인 디지털 시장을 보유하고 있다. 여기에선 10억 명 이상이 매년 1조 달러 이상을 온라인으로 쇼핑하며, 전 세계에서 가장 중요한 테크 기업의 벤처 사업에 300억 달러 이상을 투자한다. 중국 투자자들은 미국 내 스타트업 총자금의 7~10퍼센트에 개입하는데, 이는 단 한 지역에 쏟아붓는, 의미심장한 집중 사례. BAT는 이제 시애틀과 실리콘밸리에 잘 정착해 멘로파크의 전설적인 샌드 힐 거리(스탠퍼드대가 있는 팰로앨토로 이어지는 서부 실리콘밸리의 도로로 많은 벤처기업이 늘어서 있다)에 있는 지사 사무실을 관리하고 있다. 지난 5년간 BAT는 테슬라, 우버, 리프트, 매직 리프(혼합형 가상현실 헤드셋과 플랫폼 제조사) 등등에 상당한 투자를 했다. BAT 기업에서 나오는 벤처 투자는 매력적인데, 의사 결정이 빠르고 현금 액수가 많기 때문만이 아니라 일반적으로 BAT와의 거래는 달리 진출할 방법을 찾기가 불가능한 중국 시장에 진출할 방법을 의미하기 때문이기도 하다.

예를 들면 캔자스시티에 있는 소규모 안면 인식 스타트업인 졸로즈

(Zoloz)는 2016년 알리바바에 1억 달러에 인수되었는데, 이 업체는 알리페이 서비스의 핵심을 맡았으며 그 과정에서 유럽의 엄격한 사생활 침해법과 싸우거나 미국의 사생활 침해와 관련한 잠재적인 고소 고발 위협에 휘말릴 염려 없이 이용자 수억 명의 정보에 접근할 수 있었다. 하지만 이런 투자에는 심각한 대가가 따르게 마련이다. 중국 투자자들은 단순히 이자에 따른 보상만 바라지 않는다. 그들은 IP, 즉 지적 소유권을 요구한다.

중국에서 자본 투자의 대가로 지적 소유권을 요구하는 것은 기묘한 문화적 관습도, 투자자가 더 많은 걸 얻기 위한 탐욕도 아니다. 그것은 정부에 대한 조직적인 협력의 일부다. 중국은 경제적, 지정학적, 군사적으로 가까운 미래에 세계를 지배한다는 분명한 비전을 갖고 있다. 그래서 AI를 그 목표로 가는 통로로 여긴다. 이 목적을 위해선 정보의 절대적인 통제가 국가 지도자의 최고 관심사일 수밖에 없다. 따라서 중국은 미국 기업으로부터 중국의 사업 파트너로 지적 소유권을 이전하도록 설계된 산업 정책을 채택했다. 그 사례에는 특정 데이터세트, 알고리즘 그리고 공정 디자인이 포함된다. 중국에서 사업을 하려는 수많은 미국 기업은 반드시 자신이 소유한 기술부터 먼저 중국에 넘겨야 한다. 그 외에도 외국 기업이 연구와 개발을 중국 내에서 현지화하고, 현지에서 사용한 데이터를 저장하도록 강제하는 새로운 규제가 있다. 데이터를 현지에서 저장하게 하는 것은 외국 기업에는 어려운 요구다. 왜냐하면 중국 정부가 언제라도 데이터를 조사하고 암호를 해제할 수 있는 권한을 갖게 되기 때문이다.

베이징은 신중하게 장기 계획을 짜고 있다. 정부 지도자와 공산당

간부가 전략적인 전망을 총괄하면서 중국을 몇 십 년 뒤 미래까지 뻗어 나갈 종합적인 경제적, 정치적, 군사적 그리고 사회적인 계획과 설계를 하는 지구상에 몇 안 되는 나라로 만들기 위해서 말이다. 중국 정부는 어떤 계획을 이행하고 어떤 비용을 치르더라도 중국을 2030년까지 '세계 최고의 AI 혁신 센터'로 전환해 자국 경제에 1,500억 달러 규모의 산업을 창출할 2030 계획을 포함한 국가 전략을 실행할 굉장한 능력을 갖추고 있다. 이 계획은 정권이 바뀌어도 계속될 것으로 전망되고 있다. 2018년 3월 중국은 임기 제한을 폐지해 시진핑이 권좌에 종신으로 머물 수 있는 길을 터주었기 때문이다.

시진핑 주석의 통치 아래 중국은 인상적인 권력 강화를 경험했다. 그는 공산당을 대담하게 만들었으며, 정보 흐름에 대한 통제를 강화하였고, 열매를 다음 세대에서 누릴 수 있을 것으로 기대하는 숱한 장기 계획을 진척시킬 새로운 정책을 수립했다. 중국 정부의 최상층에, AI는 최일선이자 가장 중심에 자리 잡고 있다. '능력을 숨기고 때를 기다린다'라는 뜻의 도광양회(韜光養晦)를 정부 철학으로 삼았던 전 중국 공산당 지도자 덩샤오핑(鄧小平)과 달리 시진핑 주석은 중국의 능력을 전 세계에 보여줄 준비가 되었으며, 글로벌 선두를 달리고 싶어 한다. 중국의 지도자들은 미래를 내다보며 대담하고 통합된 계획을 실행에 옮기고 있다. 이 같은 정책적 배경은 BAT에 슈퍼 파워를 안긴다.

이 모든 것은 중국이 강력한 경제성장을 이룬 시기에 벌어졌는데, 중국 중산층은 무서운 속도로 성장했다. 2022년이 되면 중국 도시 인구의 4분의 3은 중산층에 진입할 정도의 수입을 얻게 될 것이다. 2000년 인구의 겨우 4퍼센트가 중산층으로 간주되었음을 생각하면 짧은 시간에 경이적인 속도로 성장한 것이다. 기술 부문과 바이오 과학 그리고 서비스 분야의 고소득 직업은 이 그룹의 상당수를 현재의 위상에서 '상위 중산층'으로 끌어올릴 것으로 보인다. 중국은 가계 부채도 아주 적다. 나라 전역에 걸쳐 가난이 존재하는 것이 사실이지만, 지금의 어린이 세대는 앞으로 자신의 부모 세대보다 더 잘 벌고, 더 많이 저축하며, 더 많이 소비하기에 유리한 위치에 있다. (놀랍게도 70퍼센트의 미국인이 자신을 중산층의 일부로 간주하지만 퓨 리서치 센터의 데이터에 따르면 미국 중산층은 지난 40년 새 점점 줄었으며, 이 범주에 걸맞은 수입을 올리는 미국인은 채 절반이 되지 않는다.)

중국은 무시하기 힘들어진 강력한 경제 세력이다. 메리어트 호텔 체인은 알리바바의 스마트 스피커를 중국 전역의 자사 호텔에 설치하기로 계약했다. 하지만 호텔 경영진이 할인 클럽 회원에게 보낸 이메일 설문에서 홍콩, 대만, 티베트 그리고 마카오를 별도의 국가로 분류했다는 것을 베이징 당국이 파악하자 메리어트 경영진은 즉각 경고를 받았다.

정부는 메리어트의 모든 중국어 웹사이트와 애플리케이션을 폐쇄하라고 지시했으며 회사는 궁지에 몰렸다. 성장하는 중산층이라는 이점을 노려 중국 전역에 걸쳐 사업을 확장해 왔던 메리어트는 최근 240개 이상의 호텔과 고급 리조트를 열었다. 이 회사의 최고 경영자 안 소렌슨은 회사 웹사이트에 사과문을 올렸다.

메리어트 인터내셔널은 중국의 주권과 영토 통합을 존중하고 지지합니다. 그런데 이번 주 두 차례에 걸쳐 이에 어긋나는 실수를 저질렀습니다. 첫째, 우리의 충성 고객에게 보낸 설문의 메뉴에서 티베트를 포함한 중국 안의 특정 지역을 별도의 나라로 보일 수 있게 분류했습니다. 둘째, 우리의 이러한 입장에 맞지 않는 언급을 한 동료의 트윗에 부주의하게 "좋아요"를 눌렀습니다. 이는 사실과 거리가 멉니다. 우리는 중국의 주권과 영토 통합을 뒤엎으려는 이를 아무도 지지하지 않으며, 그러한 사람이나 집단을 고무하거나 선동하려는 어떠한 의도도 없습니다. 우리는 사태의 심각성을 인식하고 진정으로 사과드립니다.

중국은 전복되기에 너무 강력한 지정학적인 세력이다. 중국은 '일대일로'로 불리는 또 다른 국가적 장기 계획을 추진하면서 외국 정부를 압박하고 있는데, 이는 2,000년 전의 실크로드를 21세기에 되살리려는 야심찬 외교정책이다. 중국은 68개국에서 1년에 1,500억 달러를 쓰면서 도로, 고속철, 교량, 항만 같은 인프라를 업그레이드하고 있다. 미국이 퇴각한 동안 이 나라 중 한 나라도 중국이 휘두르는 정책과 경제적 영향력에서 벗어나기 어려울 것이다. 트럼프 행정부가 불확실성과 혼란 사이에서 흔들리는 사이, 시진핑 주석은 중국을 안정적인 받침대 위에 올려놓았다. 미국이 키를 바로잡지 않으면 시진핑 주석이 글로벌 리더십의 공백을 메울 것이다.

예를 들어 선거전 당시 도널드 트럼프는 기후변화는 단지 미국 경제의 발목을 잡고 싶은 중국이 벌이는 사기극이라는 황당한 음모론을 포함한 부정론을 반복해서 트위터에 올렸다. 당연히 그의 주장은 사실이 아니다. 중국은 지난 10년간 글로벌 플라스틱 쓰레기를 줄이고, 그린 에너지로 전환하며, 자국 공장의 오염원을 제거하기 위해 연합해 왔다. 사실, 다른 선택의 여지는 없었다. 중국은 지난 수십 년 동안 세계의 공장과 쓰레기 하치장으로 지내면서 엄청난 오염과 질병의 확산, 수명 단축을 겪었다. 2017년 중국 정부는 앞으로 더 이상 세계의 쓰레기를 수입하지 않겠다고 선언했다. 중국은 1992년 이래 미국 쓰레기 1억 600만 톤을 들여와 처리했다. 미국은 현재 쓰레기를 보낼 다른 곳을 찾지 못하고 있으며, 이는 사실상 중국이 세계의 다른 나라에 리사이클링 되지 않은 물건을 사용하지 못하도록 압박하는 것이나 마찬가지다. 중국은 지속 가능성 측면에서 빠른 속도로 글로벌 지도 국가로 자리 잡고 있으며, 명실상부한 리더라고 할 정도로 강력하다.

중국 사람들은 지혜를 담은 사자성어를 좋아한다. 이런 특정 상황을 적절하게 표현한 말이 탈영이출(脫穎而出)이다. 글자대로 해석하면 '곡식 낱알이 껍질을 뚫고 밖으로 나온다'라는 말이다. 중국은 이제 전 세계에 자신의 실력과 힘을 공개적으로 드러내고 있다.

중국의 경제적 부상 및 실력과 맞물려 시진핑 주석의 권력 강화는 AI 개발자 그룹에 통합적인 특혜를 제공했다. 베이징 바로 외곽에 20억 달러를 들인 리서치 파크가 건설되고 있는데 여기서는 심층 학습, 클라우드 컴퓨팅, 생체 정보 인식에 초점을 두게 되며 국가 수준의 R&D 연구소가 들어설 예정이다. 중국 정부는 BAT에 투자할 뿐만 아니라 세계에서 가장 치열한 경쟁에서 이들을 보호하고 있다. 중국 정부는 구글과 페이스북을 금지했으며, 아마존이 시장에 진입하는 것을 거부했다. BAT 기업은 정부의 2030 계획의 심장부를 맡고 있으며 이 계획 자체가 BAT의 기술에 의존한다. 바이두의 자율 주행 시스템, 알리바바의 사물 인터넷과 연결 소매점 시스템 그리고 텐센트의 대화 인터스페이스와 헬스케어 시스템이 그것이다.

여기에선 왜 중국의 AI 개발자 그룹이 당신이 세계 어디에 사는지와 무관하게 당신에게 영향을 미치는지를 다룬다.

첫째, 중국 경제는 빠른 걸음으로 성장해 왔으며, AI의 급속한 발전은 중국의 상승세를 더욱 촉진한다. 2017년 말, 내가 일하는 퓨처 투데이 인스티튜트(Future Today Institute)와 나는 모델링과 분석 끝에 AI가 2035년까지 중국 경제를 28퍼센트 끌어올릴 잠재력을 갖고 있음을 확인했다. 수직으로 늘어나는 중국인의 숫자와 그들의 데이터, 확산 중인 자동화, 기계 학습과 규모에 따른 자기 수정 그리고 자본 효율의 개선에 힘입어 AI는 중국의 제조업, 농업, 유통업, 핀테크, 금융 서비스, 교통, 공공설비, 헬스케어 그리고 엔터테인먼트 미디어(플랫폼 포함)에 걸쳐 성장을 자극할 것이다.

지금 지구상에는 중국만큼 데이터가 많은 나라도, 사람이 많은 나라도, 1인당 전자 기기가 많은 나라도 없다. 미국보다 경제 규모가 큰 나라도 중국 외에 달리 없었다. 어떤 나라도 중국만큼 생존이냐 파국이냐를 이끄는 지구의 생태계, 기후와 기상 패턴에 영향을 끼칠 잠재력을 가지지 못한다. 어떤 나라도 중국이 하는 것만큼 선진국과 개발도상국 사이를 이어주지 못한다. 공산당 권력과 경제의 발전소로서 중국은 모른 체하기에는 지나치게 거대하면서 인권에 대해선 급진적으로 나른 견해를 가진 정치적 대항자라는 성격을 동시에 가진 글로벌 협력의 연결관이다. 늘어나는 국부는 힘으로 이어진다. 중국은 자금과 국제무역의 글로벌 공급에 영향을 미치는 나라로 스스로 자리 잡고 있다. 그러려면 필연적으로 다른 나라를 힘과 영향력의 자리에서 끌어내려야 하며, 전 세계에 퍼진 민주주의적 규범을 약화시켜야 한다.

둘째로, 중국은 AI 분야의 발전과 경제적 자극을 자국 군사 분야를 현대화하는 지렛대로 삼고, 이를 서방 국가에 대한 이점으로 활용할 것이다. 변화는 이미 '비둘기'라는 암호명의 공중 지역 감시 프로그램의 일부로 시작되었다. 30개 이상의 군대와 정부 기관이 '스파이 새'를 배치했는데 마치 생물학적인 날개를 퍼득거리는 것 같이 움직여 언뜻 보면 하얀 새로 보인다. 이 스파이 새는 레이더를 무력화하고 인간의 탐지를 피하기 위해 생물학에 영향을 받은 드론 프로그램의 일부다. 이 드론은 동영상을 찍으면 AI 시스템을 이용해 패턴을 찾고, 안면을 인식하며, 인상을 알아차린다.

2017년 말 로이터 통신이 입수한, 공개되지 않은 미국 국방부 보고서에는 중국 기업이 미국의 감시를 피해 미국 기업의 지분을 매입하는 방식으로 잠재적으로 군사 응용 가능성이 있는 미국의 민감한 AI 기술에 접근하고 있다고 경고했다. 중국의 인민 해방군은 광범위한 AI 관련 프로젝트와 기술에 거액을 투자하고 있으며, 해방군 연구소는 중국의 방위산업체와 제휴하고 있다.

중국은 1979년 중국-베트남 전쟁 이후 어떤 나라와도 물리적인 전쟁을 벌이지 않았다. 그래서 중국은 심각한 군사적 상대가 없는 것처럼 보였으며, 실제로 테러 공격을 당하지도 않았고, 어떤 단골 용의자(러시아, 북한)와도 적대적인 관계가 없었으며, 적을 만들지도 않았다. 그런데 왜 군사적으로 이렇게 공세가 필요한 것일까?

대답은, 미래의 전쟁은 육박전이 아닌 코드를 통해 치러질 것이기 때문이다. 군대는 시골과 도시 중심지를 부수기보다 AI 기술을 이용해 경제를 흔들 것이다. 이러한 전망과 AI를 향해 나아가는 중국의 통합적인 행보를 볼 때 중국은 위험할 정도로 서방을 앞선다.

내가 볼 때, 미국은 이런 실상을 너무 늦게 깨달았다. 내가 펜타곤에서 국방부 관리를 만났을 때, 미래 전쟁(코드 대 전투)에 대한 대안적인 견해가 일치하기까지는 많은 시간이 걸렸다. 예를 들면 2017년 미국 국방부는 사진과 비디오에서 사물을 자동으로 인식하는 컴퓨터 시스템, 프로젝트 메이븐을 담당하는 알고리즘 전쟁 교차 기능 팀을 설립했다.

그 팀은 필수적인 AI 능력을 갖추지 못했으며, 미국 국방부는 결국 드론이 촬영한 동영상을 분석할 AI 시스템 훈련을 지원하는 계약을 구글과 맺었다. 하지만 이 프로젝트에 배속된 구글 직원에게 그들이 사실은 군사 프로젝트에서 일한다는 사실을 아무도 알려주지 않았다. 이 일은 결국 큰 반발을 샀다. 4,000명의 구글 직원이 프로젝트 메이븐에 반대하는 청원에 서명했다. 그들은 〈뉴욕타임스〉에 전면 광고를 실었으며, 결국 12명의 직원이 사직하기에 이르렀다. 구글은 미국 국방부와 계약을 갱신하지 않기로 했다.

BAT와 중국 정부의 관계는 나머지 빅 나인과 미국 정부의 관계와 정반대다. 하지만 여기 걱정스런 사례가 있다. 최근 미국 군대의 입장은 AI와 무인 시스템, 로봇이 아무리 신보해도 인간이 보고를 받고 의사 결정을 하는 위치를 계속 지킨다는 것이다. 이는 미국이 언젠가 군대를 소프트웨어에 넘길 일이 없다는 점을 분명히 한다. 중국에서는 그렇지 않다. 중국 중앙군사과학기술위원회 주임인 류 궈치(劉國治) 인민 해방군 중장은 경고의 의미로 "(우리는) 반드시 패러다임을 바꿀 기회를 잡아야 한다"라고 말했다. 이는 군사력을 새롭게 일으키려는 중국의 의도를 간접적으로 알린 셈이다.

셋째, 만일 경제와 군사적인 이점과 관련 있는 게 아니라면 사생활에 대한 중국의 견해가 문제가 될 것이다. 당신은 중국 인민이 아닌데 왜 이것이 당신에게 문제가 되는가? 왜냐하면 권위주의적인 정부는 줄곧 계획을 세우거나 인정받는 체제를 흉내 내려고 할 것이기 때문이다. 전 세계적으로 민족주의가 대두하면서, AI를 이용하는 중국의 방식은 앞으로 몇 년 안에 다른 나라에서 하나의 모델이 될 것이다. 이는 시장과 교역 그리고 지정학적 균형을 불안정하게 할 것이다.

나중에 가장 음험한 사회적 실험의 하나로 인류 역사에 남을 일은, 중국이 대중을 고분고분하게 만들기 위한 시도로 AI를 이용하고 있다는 것이다. 중국 국무원의 AI 2030 계획에서는 "사회 통치의 능력과 수준을 대폭 끌어올리며" "사회 안전을 효과적으로 유지하는 데서 대체할 수 없는 역할"을 하기 위해 AI에 의존하게 될 것이라고 설명한다. 이는 중국의 국가 사회 신용 체계를 통해 완성되고 있으며, 이는 "신용 있는 사람은 하늘 아래 어디든 마음껏 다닐 수 있게 하는 대신 신용 불량자는 한 걸음도 내딛기 어렵게 할 것"이라는 뜻이다. 중국 공산당이 처음 권력을 잡고 다양한 사회통제 방안을 실험하기 시작했던 1949년으로 거슬러 올라가는 아이디어다. 1950년대 마오쩌둥 통치 시절, 사회 치안 정책은 규범이 되었다. 노동자는 강제로 인민공사라는 집단농장에 소속되었으며, 생산량에 따라 순위가 매겨졌다. 인민 공사 소속원은 서로 감시했으며, 순위는 어떤 사람이 공공재에 얼마나 접근할 수 있는지를 결정한다. 이 시스템은 마오쩌둥 시절에도 제대로 작동하지 않았으며, 1980년대에 다시 한 번 무너졌는데 왜냐하면 나중에 밝혀진 것처럼, 인간은 서로에 대한 정확한 평가자가 아니기 때문이다. 그들은 자기 자신의 개인적인 필요, 불완전성 그리고 편견에 따라 움직이기 때문이다.

1995년 장쩌민(江澤民) 국가 주석은 기술을 활용한 사회 치안 시스템을 구상했으며, 2000년대 중반에 이르자 중국 정부는 자동적으로 기능하는 평점 시스템을 만들기 위한 작업을 시작했다. 중국 정부는 베이징대학과 손잡고 AI가 구동하는 전국적인 사회 신용 점수 시스템을 어떻게 만들고 적용할지를 연구할 중국신용연구센터를 설립했다. 이는 왜 시진핑 국가 주석이 AI를 강조하는지를 부분적으로 설명해 준다. 이는 중국공산당의 태동기에 제시되었던 아이디어에 대한 약속을 지키는 데 그치지 않고, 공산당의 지속적인 권력 유지를 보장한다.

중국 룽청 시에선 알고리즘으로 이루어진 사회 신용 점수 시스템이 AI로 이미 작동하고 있음을 증명했다. 74만 명의 성인은 각각 1,000점으로 시작해 자신의 행동에 따라 점수가 더해지거나 빠진다. '영웅적인 행동'을 하면 30점이 가산되며, 교통신호를 위반하면 자동으로 5점이 감점된다. 시민들에겐 꼬리표가 붙고 A+++에서 D까지 서로 다른 등급으로 분류되며, 그들이 자유롭게 이동할 선택권과 능력은 그들의 점수에 따르게 된다. C 등급은 공공 자전거를 대여할 때 보증금을 내야 하지만 A 등급은 무료로 90분간 빌릴 수 있다. 개인만 점수를 매기는 게 아니다. 룽청에서는 기업도 활동에 따라 점수를 매기며 사업을 벌일 능력은 등급에 따라 달라진다.

AI로 가동되는 지향성 무전기와 스마트 카메라는 현재 상하이의 고속도로와 거리를 점으로 표시한다. 과도하게 경적을 울린 운전자는 텐센트의 모바일 인스턴트 메신저인 위챗에 의해 자동적으로 벌금이 부과되며, 그들의 이름과 사진, 국가 신분증 번호가 근처의 LED 게시판에 표시된다. 만일 운전자가 길가에 7분 이상 차를 세우면 즉석에서 교통 범칙금이 부과된다. 범칙금만 받는 게 아니라 운전자의 사회 신용 점수도 감점된다. 일정 수준 이상의 점수가 깎인 사람은 항공권을 구입하거나 새 일자리를 구하기 힘들어진다. '블랙미러(채널4에 이어 넷플릭스가 제작하는 영국의 SF 풍자 드라마)'에 이러한 디스토피아적인 미래를 경고한 에피소드가 있다. 상하이에는 그런 미래가 이미 도래했다.

국가 수준의 감시는 BAT에 의해 가능해졌는데, 이들은 중국의 다양한 제도와 산업 정책을 통해 점점 대담해졌다. 알리바바의 '지마신용(芝麻信用 2015년 도입)' 서비스는 이것이 국가 신용 체계의 일부라는 사실을 아직 대중에 공개하지 않았지만, 이는 개인이 무엇을 구입하는지와 알리페이의 소셜네트워크에 연결된 친구가 어떤 사람인지를 바탕으로 가능한 신용 한도를 계산하고 있다. 2015년 지마신용의 기술 이사가 공개적으로 말하기를, 기저귀를 사는 것은 '책임 있는 행동'으로 간주되는 반면 비디오 게임을 지나치게 장시간 즐기는 것은 결점으로 여겨질 것이라고 말했다.

앞에서 다뤘던 중국의 경찰 클라우드를 상기하면, 이는 정신 건강 문제와 관련 있는 것으로 간주해 사람들을 모니터하고 추적하기 위해 만들어진 것인데, 사실은 공개적으로 정부를 비판하거나 소수민족 출신인 사람이 대상이다. 통합연합작전 프로그램(중국 인민 해방군이 서로 다른 군과 병과, 지역 군구별 군사 자원을 결합하고 통합 지휘하는 미래 작전을 위한 국방 개혁 프로그램—옮긴이)은 AI를 이용해 교통신호 무시 같은 패턴 일탈 행위를 찾아낸다. 중국의 사회 신용 점수는 시민의 행동, 즉 의사 결정을 바탕으로 그들의 등급과 순위를 매기는데, AI 시스템은 그들의 점수를 바탕으로 누가 대출을 허가받을 것이며 누가 여행을 할 것인지, 심지어 그들의 아이가 어디에서 학교를 다닐 것인지도 결정한다.

바이두 창업자 중의 하나인 로빈 리는 서구에선 프라이버시를 핵심 가치로 여기지만 중국은 그렇지 않다고 주장했다. 리는 베이징에서 열린 중국 개발 포럼에서 "중국인은 더욱 개방적이거나 프라이버시 문제에 덜 민감하다"라고 말했다. "프라이버시를 편익, 안전과 효율성 등등 수많은 것과 바꿀 수 있다면 그들은 기꺼이 그렇게 할 것이다."

나는 중국의 국가 사회 신용 점수가 공산당을 강화하기 위한 것이 아니며, 서방에서 AI 분야에서 일하는 사람들에 대해 전략적 이점을 얻고자 하는 복잡한 경로도 아니라고 했다. 그보다는 미국의 글로벌 경제 형성을 총체적으로 통제하려고 하는 것이다. 2018년 초 시진핑 주석은 국영통신사인 신화통신에 "우리는 허리띠를 단단히 졸라매고 이를 악물며 양탄일성(원자폭탄, 수소폭탄의 두 핵폭탄과 하나의 인공위성)을 개발했다"라고 말했으며, 이는 마오쩌둥 시절 개발된 군사용 무기 프로그램을 예로 든 것이다. "이는 우리가 사회주의 시스템을 최대한 유효적절하게 활용했기 때문이다. 우리는 위대한 업적을 이루기 위해 노력을 집중했다. 다음 단계는 과학기술을 이용해 같은 성과를 거두는 것이다. 우리는 헛된 희망을 버리고 자력갱생해야 한다."

시진핑 주석은 시장경제, 자유로운 인터넷, 세계가 환호하는 아이디어 보고인 에코 시스템을 거부한다. 엄격하게 통제되는 중국의 국내 경제 장벽 그 자체가 경쟁과는 거리가 멀다. 이는 스플린터넷(기술, 정치, 민족주의, 종교, 경제적 이익 등의 요인에 따라 이용자가 서로 갈라지고 분리된 인터넷을 가리킨다. 인터넷 발칸화라고도 한다.─옮긴이)이 가능하게 해주고, 여기에서는 인터넷 규칙이 이용자의 물리적인 위치에 따라 달리 적용된다. 이는 언론의 자유를 억압하는 중앙집권화된 사이버 정책으로, 인터넷 인프라와 데이터의 글로벌 유동 그리고 하드웨어를 규제하여 베이징의 입김에 더욱 종속되기 쉽게 함으로써 제3세대 컴퓨팅 시대의 모든 측면에서 자기주장을 내세운다.

2016년의 일을 하나 말하자면, 시진핑 주석은 정부가 앞으로 네트워크, 장비 그리고 데이터를 어떻게 보호할지를 결정하는 총체적 판단력을 갖게 될 것이라고 말했다.

인프라와 테크 실험으로 일대일로 파트너의 마음을 끌어 정부는 이 중요한 통제를 위한 노력을 하게 될 것이다. 탄자니아는 초기 실험 파트너로 선택되었다. 아마 우연의 일치는 아닐 텐데, 이 나라는 지금 수많은 중국의 데이터와 사이버 정책을 채택하고 있다. 탄자니아 정부는 중국 카운트파트너로부터 기술적인 지원을 받으며, 탄자니아의 고위 관리는 "중국 동맹국들은 자신의 나라에서 그런 미디어를 가까스로 봉쇄했으며, 이를 안전하고, 건설적이며, 인기 있는 토착 사이트로 대체했다"고 말했다. 똑같은 일이 아프리카의 다른 곳에서 벌어지고 있다. 베트남은 현재 중국의 엄격한 사이버보안법을 채택하고 있다. 2018년

6월 현재, 인도는 데이터의 국내 저장 그리고 사이버 보안 기술의 국내 공급 등 중국식 요구 사항을 반영하는 입법을 고려하고 있다.

중국이 자신의 일대일로 파트너에게 이렇게 영향을 끼치기 시작하면서 기본적인 수출품의 하나가 국가 사회 신용 점수 시스템이 되었다. 터키나 르완다 같은 독재국가가 어떻게 중국 감시 기술의 구매자 중 하나가 될 수 있었는지를 살펴보는 일은 어렵지 않다. 하지만 포퓰리즘에 굴복해 민족주의적인 지도자가 들어선 다른 나라들은 어떤가? 바로 당신 나라의 정부 기관이 영감을 받거나 강압적으로 변한 뒤 사회 신용 점수 시스템을 도입해 당신의 명확한 동의 없이 당신에 대한 모니터링을 시작한다면 어떤가? 누군가가 당신을 감시 대상에 올려 당신의 점수를 매긴다는 사실을 알게 되면 어떨까?

외국 기업을 등급 매겨 우선 대우를 하거나, 중국에서 또는 서로 사업을 못하게 한다면 어떨까? 중국 경제가 성장하면서 이 힘과 영향력이 인터넷, 우리의 장치와 장비 그리고 AI 그 자체에 의해 번식한다면 어떨까? 만일 중국이 국경 바깥에 있는 사람들을 대상으로 하는 사회 신용 점수 시스템을 만들고, 자유롭고 개방된 웹과 서방의 소셜네트워크에서 채굴한 데이터를 이용한다면 어떨까? 만일 당신이 만리장성과 자금성을 여행한 뒤에 남긴 자료를 폐기한다면 어떨까? 중국에 기반을 둔 네트워크에서 오는 것으로 보이는 빅 데이터 침해의 와중에 우리가 주기적으로 듣는 해킹 뉴스는 또 어떤가?

중국의 계획에 대해 우리가 우려해야 할 또 다른 이유는 바로 교육이다. 중국은 캐나다와 미국의 AI 허브에 있는 교수와 연구자에게 매력적인 귀화 패키지를 제시하여 적극적으로 모두 데려가고 있다. 벌써 훈련받은 데이터 과학자와 기계 학습 전문가의 부족 현상이 나타나고 있다. 인재를 사이펀처럼 흡입해 가면 서방 세계는 조만간 재능 진공 상태가 될 것이다. 단연코 이는 중국의 가장 영리한 장기 승부수다. 왜냐하면 이는 서방으로부터 미래에 경쟁할 능력을 빼앗아 가는 것이기 때문이다.

중국의 재능 파이프라인은 천인계획(千人計劃 중국 중앙정부가 2008년 마련한 과학기술, 혁신, 기업 분야의 해외 거주 중국인 및 외국인 인재 영입 프로그램-옮긴이)의 일부로서, 연구자들을 중국으로 데려오겠다는 것이다. BAT의 급속한 확장은 재능 있는 사람에 대한 수요를 만들어 냈다. 대상자의 대부분은 미국에서 훈련받고 지금 미국의 대학과 기업에서 일하고 있다.

이러한 정부 계획은 수석 기술자와 종신 재직권을 받은 학자를 대상으로 삼으면서 이들에게 황금 티켓을 제안한다. 누구나 혹할 정도의 재정적 인센티브(개인적인 그리고 연구 프로젝트에 관한)와 미국과 마찬가지로 규제와 행정적인 압박이 없는 자유로운 R&D 환경에 합류할 기회를 제공한다. 지금까지 7,000명 이상이 이런 프로그램 제안을 받아들였으며, 그들은 중국 정부로부터 100만 위안(약 15만 1,000달러)의 계약 보너스를 받았으며, 최초 개인 연구 예산 300만~500만(약 46만 700달러~77만 8,000달러), 주택비와 교육비 지원, 식대 보조, 이주 보상금, 배우자의 새 직장 알선, 심지어 가족 방문 여행 경비까지 전액 지원받는다. 모든 귀국자는-비록 몇 단계 떨어져 있더라도-결국은 자신의 재능을 BAT를 위해 사용하게 된다.

미국의 AI 패권 기업 : G-MAFIA

만일 AI가 중국의 우주탐사 경쟁이라면, 현재 이기기에 유리한 상태이며, 이기더라도 아주 크게 이길 것이다. 지난 20년 동안 AI는 대단히 중요한 이정표였다. 트럼프 행정부는 기초과학과 기술 연구에서 자금을 빼돌리고, AI가 인류의 노동력에 미치는 충격에 대해 그릇된 정보를 퍼트렸으며, 전략적 동맹국과 불화하고 관세를 이용해 중국을 반복적으로 모욕했다.

입법자들은 AI에 대해선 물론 우리의 미래에 대해서도 아무런 전략이 없다. 미국의 빅 나인 기업은 개별적으로는 성공적이었는지 모르지만 미국의 힘을 축적하고 경제와 군사력을 중앙화하는 데는 별 관심이 없다. 그들은 그런 계획에 동의하지 않을 것이며, 그럴 필요도 없었다. 그들은 상업적인 성공에만 관심 있을 뿐이다.

빅 나인 중 미국 부문의 기원은 잘 알려진 이야기이지만, 이들 기업과 개인정보 그리고 우리가 사용하는 기기 사이의 관계에서 발생하는 중요한 변화에 대해서는 모르는 사람이 많다.

미국에 기반을 둔 빅 나인 기업-구글, 마이크로소프트, 아마존, 페이스북, IBM, 애플-은 창의력이 풍부하고, 혁신적이며, AI의 진보에 기여했다. 그들은 가장 순수한 의미에서 마피아처럼 움직였다. 그들은 우리 미래에 대한 영향력을 통제하는 분야에서 일하면서 비슷한 관심사와 배경을 가진 사람들의 폐쇄적인 슈퍼 네트워크다. 이 특별한 순간에 구글은 AI와 우리의 비즈니스, 우리의 일상에서 최대 영향력을 휘두른다. 따라서 우리는 이 기업을 G-MAFIA로 부르기로 한다. 이는 중국에 수없이 많은 모방의 영감을 주었는데, 정작 이들이 중국에서 사업을 펼치는 것은 봉쇄되어 있다. 그들은 AI 기업으로 시작하지는 않았지만 지난 3년간 6개 기업 모두가 R&D, 파트너십 그리고 새로운 제품과 서비스로 사업의 중심을 AI의 상업적 실용성으로 옮겨 갔다.

중국에서는 정부가 BAT를 통제한다. 미국에선 오히려 G-MAFIA가 정부에 영향력을 발휘하는데, 이는 부분적으로 미국의 시장경제 체제 때문이고, 힘센 정부가 비즈니스를 통제하는 데 대한 강한 문화적 거부감이 있기 때문이다. G-MAFIA가 영향력을 휘두르는 데는 또 다른 이유가 있다. 시진핑 주석이 중국 내 역량을 통합해 글로벌 AI 지배를 위한 2030 계획을 공개적으로 착수하는 동안, 트럼프의 기술 정책 부보좌관인 마이클 크라치오스는 백악관에 산업계 지도자를 불러 모은 자리에서 미국을 위한 최선의 길은 실리콘밸리를 정부의 간섭 없이 독립적으로 자신의 길을 가게 내버려두는 것이라고 말했다.

미국 정부는 네트워크, 데이터베이스 그리고 인프라를 구축하기 위해 G-MAFIA가 필요하다. 예를 들면 아마존의 정부 클라우드 컴퓨팅 사업은 2019년 46억 달러에 이를 것으로 보인다. 제프 베이조스의 우주항공 기업인 블루 오리진은 다양한 임무에서 NASA와 펜타곤을 지원할 것으로 기대된다. 미국에선 정부가 G-MAFIA에 의존하는데, 우리는 법과 규제가 비즈니스를 보호할 준비가 되어 있는 시장 주도 경제 속에 있으며, 실리콘밸리는 상당한 추진력을 갖추고 있다. 나는 G-MAFIA의 이윤 추구 활동을 비난할 생각은 없다. 기업이 많은 돈을 버는 것은 어쨌건 간에 긍정적인 일이다. G-MAFIA가 이익을 추구하는 것을 제한하거나 규제해서는 안 된다.

하지만 이 모든 기회에는 비용이 따른다. G-MAFIA에는 가급적 빨리 AI를 위한 실용적이고 상업적인 애플리케이션을 만들라는 엄청난 압박이 있다. 디지털 공간에서 투자자들은 빠르게 승리하고 횡재하는 데 익숙해져 갔다. 파일 공유 플랫폼인 드롭박스는 사업을 시작한 지 6년 만에 평가 가치가 100억 달러에 육박했다. 실리콘밸리 벤처캐피털 기업인 세쿼이아 캐피털은 신규상장(IPO) 당시 드롭박스 지분의 20퍼센트를 보유해 가치가 17억 달러에 이르렀다. 실리콘밸리에선 가치가 10억 달러 이상인 스타트업을 '유니콘'으로 부르는데, 가치가 이 기준의 10배에 이른 드롭박스는 '데카콘(영어 접두사에서 유니는 하나를, 데카는 10을 뜻한다)'으로 알려졌다. 2018년까지 실리콘밸리라는 동물원에는 충분한 유니콘과 데카콘이 있었으며, 스페이스X, 코인베이스, 펠로톤, 크레딧 카르마, 에어비앤비, 팰런티어, 우버를 포함한 그중 몇몇은 G-MAFIA의 파트너가 되었다. 자금이 빠른 속도로 유입되면 제품이나 서비스가 시장에서 널리 채택되거나, 인수되거나, 또는 시장에서 각광받게 되면서 투자금 회수를 시작할 것이라는 기대감이 높아진다.

설령 당신이 G-MAFIA의 제품을 사용하지 않는다 해도 당신은 그들과 관계를 맺고 있다. 이른바 '6단계 분리 이론(하버드대 스탠리 밀그램 교수가 1967년 주장한 이론으로 모든 사람은 6명만 거치면 서로 연결된다는 내용이다—옮긴이)'이 우리 모두가 어떻게 서로 연결되는지를 수학적 방식으로 설명해 준다. 당신은 당신이 아는 사람과는 1단계로 연결되며, 그들이 아는 사람과는 2단계로 이어지는 식이다. 비록 당신이 오프라인 상태일지라도 당신과 G-MAFIA는 충격적일 정도로 적은 단계로 연결된다.

미국 성인의 3분의 2는 페이스북을 이용하며, 이들의 대부분은 최소한 하루 한 차례 소셜네트워크에 접속한다. 당신이 이 서비스를 이용하지 않아도 당신과 가까운 누군가가 이를 이용할 가능성이 있다. 당신이 어떤 사람의 포스팅에 "좋아요"를 누른 적이 전혀 없어도, 당신이 당신의 계정을 삭제했어도, 당신과 페이스북 사이는 기껏해야 1단계나 2단계 정도 분리되었을 뿐이다.

만일 모든 미국 가정이 아마존 프라임(아마존의 유료 회원 서비스) 가입자라면 당신은 아마존과 1에서 3단계가 떨어져 있다. 당신이 지난 10년 안에 의사 진료실을 한 번이라도 방문한 적이 있다면 당신은 마이크로소프트나 IBM과 딱 1단계 떨어졌을 뿐이다. 95퍼센트의 미국인은 스마트폰을 소유하고 있으니 구글이나 애플과 겨우 1단계 떨어졌을 뿐이다.

지난 20년 사이에 살아 있었던 덕분에 당신은 G-MAFIA의 서비스나 생산품을 사용하지 않더라도 그들을 위한 데이터를 창출해 왔다. 왜냐하면 데이터를 생성하는 엄청난 숫자의 장치와 스마트 기기를 사용했기 때문이다. 바로 휴대전화와 GPS 장비, 스마트 스피커, 네트워크에 연결된 텔레비전과 DVR, 보안 카메라, 건강 추적 장치, 무선 정원 모니터 그리고 네트워크와 연결된 체육 시설 설비가 그것이다. 이는 수많은 통신, 쇼핑, 업무 그리고 일상이 G-MAFIA의 플랫폼에서 이루어지기 때문이다.

미국에선 제3자가 경제적 목적이나 또는 우리가 의존하는 다양한 시스템을 더욱 유용하게 만들 목적으로 이러한 데이터 모두에 접근할 수 있다. 당신은 이제 아마존에 저장했던 신용카드 번호나 주소를 이용해 수많은 웹사이트에서 쇼핑을 할 수 있다. 당신은 페이스북 인증을 통해 다른 수많은 웹사이트에 로그인할 수 있다. G-MAFIA를 다른 서비스에 이용하는 능력은 우리가 생성하는 데이터와 연결되어 있다. 사진, 오디오 파일, 비디오, 생체 측정 정보, 디지털 이용과 그 비슷한 형태로 말이다. 우리의 모든 데이터는 개인 기기가 아닌 인터넷에서 가동되는 소프트웨어와 서비스를 가리키는 일명 '클라우드'에 저장된다. 그리고 4개의 클라우드 서비스 제공자가 있다. 바로 구글, 아마존, 마이크로소프트 그리고 IBM이다. 당신은 클라우드에 직접적으로(예를 들면 공유 구글 문서나 스프레드 시트를 작성하는 것) 또는 간접적으로(당신의 휴대전화가 자동으로 당신이 찍은 사진을 동기화하고 백업하는 것) 접근할 수 있다. 당신이 아이폰이나 아이패드를 갖고 있다면 당신은 애플의 개인 클라우드를 이용하고 있는 것이다. 당신이 미국에서 헬스케어닷고브(Healthcare.gov 미국 행정부의 건강보험 사이트)에 접속했다면 아마존 클라우드 안에 있는 것이다. 당신 아이가 몰에서 빌드-어-베어(곰 인형을 중심으로 체험 서비스를 제공하는 장난감 체인) 생일 파티를 했다면 이는 마이크로소프트의 클라우드를 사용하도록 조정되었을 것이다. 지난 10년 동안 클라우드는 대수롭지 않게 일반화되었으며-정말 많이, 그래서 우리는 이를 특별하게 재미있어 하지도, 주목할 가치가 있다고 여기지도, 기술적으로 흥미로워 하지도 않는다. 우리가 이에 대해 생각하는 것은 접속이 끊길 때뿐이다.

우리 모두 매일 데이터를 제공하고, AI 개발자 그룹과 그들이 만든 시스템을 맹목적으로 믿으며 클라우드를 사용한다. 미국에서는 이런 개인정보가 사회보장 번호보다 훨씬 더 약한 수준의 보안을 적용받고 있다. 개인의 사회보장 번호로 누군가 은행 계좌를 개설하거나 자동차 대출 신청을 할 수 있다. 클라우드에서 자동으로 생성되는 데이터를 기반으로 G-MAFIA는 당신이 비밀리에 임신 중인지, 직원이 당신이 무능하다고 생각하는지, 아니면 말기 암과 사투를 벌이는지 등 지극히 개인적인 일에 대해 알 수 있다. G-MAFIA 내의 AI는 당신에 관한 정보를 당신보다 더 빨리 알 수도 있다. G-MAFIA의 이러한 신적인 능력이 꼭 나쁜 점만 있는 것은 아니다. 실제로 이를 통해 우리의 전반적인 삶의 질이 높아질 수 있다.

G-MAFIA의 클라우드와 AI는 하드웨어라는 사실 때문에 몇 가지 한계점에 부딪힌다. 현재의 AI 시스템은 G메일의 스팸 필터나 애플의 '시각적 음성 메일(visual voicemail)' 번역 서비스를 제공할 수 있다. 그러나 이제는 이러한 기술을 넘어 장기 플레이어로서 인공지능(Artificial General Intelligence : AGI)을 구축해야 한다. 이를 위해서는 맞춤형 AI 하드웨어가 개발되어야 한다.

그 이유는 현대 컴퓨터의 시스템 구성에 크게 기여한 컴퓨터 과학자 폰 노이만과 관련이 있다. 폰 노이만이 살아 있던 시대에는 컴퓨터 처리를 위한 별도의 프로그램과 데이터가 제공되었다. 그가 설계한 컴퓨터 프로그램과 데이터는 각각의 기계 메모리에 보관되었다. 이 시스템은 현대의 노트북과 데스크톱 컴퓨터에도 여전히 존재한다. 이 과정을 충족시키면 기계는 효율적으로 작동하기 시작하겠지만, 그렇지 않은 경우 오류 메시지가 뜨거나 작동이 멈출 것이다. 이러한 현상을 '폰 노이만 병목현상'이라고 부른다. 프로그램 메모리와 데이터 기억을 폰 노이만 병목현상으로 제한하는 것은 데이터 전송속도다. 현재 우리의 거의 모든 컴퓨터가 폰 노이만 아키텍처를 기반으로 하고 있는데, 문제는 기존 프로세서가 메모리에서 명령과 데이터를 검색하는 것보다 더 빨리 프로그램을 실행할 수 없다는 것이다.

병목현상은 AI에서 큰 문제다. 지금 당장 알렉사나 구글 홈과 대화할 때 당신의 목소리는 녹음되고 전달된 다음, 클라우드로 전송된다. 당신과 관련된 다양한 데이터 센터 사이의 물리적 거리를 고려할 때 알렉사가 1, 2초 안에 대답할 수 있다는 사실은 꽤나 놀랍다. 하지만 AI 생체 인식 센서를 장착한 스마트폰, 얼굴로 잠글 수 있는 보안 카메라, 자율 주행 자동차, 약을 공급하는 정밀 로봇 등 더 많은 장비에 침투함에 따라 1, 2초 정도 지연은 치명적인 결과를 초래할 수 있다. 자율 주행 자동차는 모든 동작에 대해 클라우드로 전송할 수 없다. 왜냐하면 처리를 위해 데이터를 계속해서 클라우드에 공급해야 하는 데이터 센서가 너무 많기 때문이다.

이에 관한 유일한 해결책은 데이터 출처에 더 가깝게 컴퓨팅을 이동시켜 대기 시간을 줄이면서 정보량을 줄이는 것이다. 이 새로운 시스템은 '에지 컴퓨팅'으로 불리며, AI 하드웨어와 시스템에 필수적이다. AI가 다음 개발 단계로 발전하려면 하드웨어를 따라잡을 수밖에 없다. 사용 권한과 세팅을 설정할 수 있는 기능이 있는 클라우드에서 G-MAFIA를 만나기보다는 우리가 사용하는 모든 기계에 적용하게 될 것이다. 이는 향후 10년 안에 AI 생태계의 나머지 부분이 몇 개의 G-MAFIA 시스템에 집중될 것이라는 것을 의미한다. 당신과 나는 말할 것도 없고 주변 지역의 모든 스타트업과 플레이어는 새로운 질서를 받아들이고 일상의 운영체제 역할을 하는 몇몇 사업자에게 정보를 제공해야 한다. 일단 당신의 데이터, 기기, 가전제품, 자동차, 서비스가 얽히면 당신은 거기에 갇히게 될 것이다. 휴대전화, 스마트 냉장고, 스마트 이어버드 등 더 많은 물건을 구입하면 할수록 AI가 일상의 운영체제가 되었다는 사실을 알게 될 것이다. 인류는 거절할 수 없는 제안을 받고 있다.

딥 러닝 시스템은 많은 전력을 필요로 하기 때문에 전문화된 하드웨어가 필요하다. 정밀도보다 최적화를 선호하며 기본적으로 밀집된 선형대수 연산으로 구성되기 때문에, 새로운 신경망 아키텍처가 설계와 배치 과정의 효율성과 속도를 높일 수 있다는 것이다. 연구 팀이 실제 모델을 제작하고 테스트하는 속도가 빠를수록 AI의 실제 활용 사례에 근접할 수 있다. 예를 들어 복잡한 컴퓨터 비전 모델을 훈련하는 데는 몇 주 또는 몇 달이 소요되며, 최종 결과는 추가 조정이 필요하다. 더 나은 하드웨어는 몇 시간 또는 심지어 몇 분 만에 모델을 교육하는 것을 의미하며, 이것은 일상에 큰 혼선을 빚을 수 있다.

이것이 구글이 '텐서 프로세싱 유닛(TPUs)'이라는 자체 맞춤형 실리콘을 만든 배경이다. 이 칩은 심층 학습 AI 프레임워크인 텐서플로(TensorFlow)를 다룰 수 있다. 2018년 6월, 텐서플로는 소프트웨어 개발자가 컴퓨터 코드를 저장하는 세계 최대의 온라인 플랫폼인 깃허브(GitHub)의 기계 학습 플랫폼 1위였다. 180여 개국에 사는 개발자가 1,000만 이상 다운로드를 했고 2만 4,500여 개의 액티브 리포지터리(active repositories)를 만들었다. 구글은 이 프레임워크에 더해 TF-GAN(상대 네트워크 모듈 생성 라이브러리)과 텐서플로 오브젝트 디텍션

API(개발자가 컴퓨터 비전에 대해 보다 정확한 기계 학습 모델을 만들 수 있도록 돕는 제품)를 추가 출시했다. TPUs는 이미 구글의 데이터 센터에서 사용되고 있다.

구글은 깃허브를 인수하려 했는데, 전 세계 2,800만 개발자가 이용하고 있으며 빅 나인의 중요한 플랫폼이기 때문이다. 그러나 2018년 6월, 구글은 인수전에서 기다리던 마이크로소프트에게 패배했다.

페이스북은 인텔과 제휴하여 내부 R&D를 목적으로 AI 칩을 개발했는데, 더 빠른 실험을 위해 칩의 효율성을 높여야 했다. 애플은 아이폰 X 내부에 사용할 '뉴런 엔진' 칩을 자체적으로 개발했고, 마이크로소프트는 홀로렌스 헤드셋과 아즈레 클라우드 컴퓨팅 플랫폼을 위한 AI 칩을 개발했다. BAT는 또한 자체 칩을 설계하고 있다. 2017년 알리바바는 실리콘밸리에서 'AI 칩 설계자'를 모집하기 시작했고, 2018년에는 자체 맞춤형 칩인 'Ali-NPU'를 출시하여 누구나 공개적으로 클라우드에서 사용할 수 있게 되었다.

IBM은 성능 향상에 대한 미래의 필요성을 예상하면서 몇 년 전에 (뇌처럼 작동하는) '트루노스 뉴로몰픽(TrueNorth Neuromorphic)' 칩을 개발했고, 이미 신경망을 100배 더 효율적으로 만들 수 있는 새로운 종류의 하드웨어 개발을 추진하고 있다. 이는 마치 막대기와 돌로 만들어진 주판을 스타트랙의 트랜스포터에 비교하는 것과 같다. 이 새로운 종류의 칩은 두 종류의 시냅스를 사용한다. 하나는 장기 기억용이고 다른 하나는 단기 계산용이다.

여기서 말하고자 하는 것은 "당신은 PC 사용자인가 아니면 맥 사용자인가?"와 맞먹는 질문이다. 이런 칩의 대부분은 빅 나인이 '오픈 소스'로 분류하는 프레임워크에서 작동하는데, 이는 개발자가 무료로 프레임워크에 접근하여 사용할 수 있고 강화시킬 수 있음을 의미한다. 그러나 하드웨어 자체는 독점적이며 서비스에는 구독료가 든다. 실제로 이것은 애플리케이션이 일단 하나의 프레임워크를 위해 구축되면 다른 곳으로 이동하는 것은 상상할 수 없을 정도로 어려울 것이라는 것을 의미한다. 이런 식으로 AI 개발자는 새로운 구독자를 얻고 있다.

G-MAFIA는 AI 상용화를 위해 창의적인 방식으로 개발자를 모집하고 있다. 2018년 5월 구글과 코세라 온라인 학습 플랫폼은 새로운 기계 학습 전문 과정을 시작했다. 하지만 텐서플로를 사용해야 하기 때문에 졸업 자격증을 포함한 5학기 과정에서는 기계 학습과 신경망에 대해 누구나 써먹을 수 있는 방법을 배운다. 실제 데이터와 프레임워크를 필요로 하기 때문에 구글의 프레임워크를 통해 학습한다.

하드웨어는 G-MAFIA의 AI 전략의 일부로서, 우리가 중국에서 본 것과는 다르지만, 미국 시민이 아니더라도 똑같이 우려해야 할 것이다. 미국에서 AI는 의회, 월스트리트(금융가), 실리콘밸리라는 3대 거물을 위해 일하기 때문이다. 실제로 정책 및 토론 규정을 작성하는 사람은 의회에 있거나 직업 연방 근로자로, 수십 년간 직장에 몸담고 있는 사람들이다. 그러나 그 정책의 의제를 정하는 사람들, 즉 미국 대통령과 정부 대형 기관의 수장(연방통신위원회, 법무부 등)은 몇 년마다 교체된다는 점을 기억해야 한다. 그렇기 때문에 이제까지 AI에 대한 명확한, 국가적 목적이나 방향은 없었다.

최근 들어서야 중국의 AI 대책에 대한 관심이 더욱 날카로워졌는

데, 이는 시진핑 주석이 장기적인 전략 계획을 발표했기 때문이다. 미국에는 '대미 외국인 투자 위원회(CFIUS)'가 있다. 이는 재무 장관이 주재하는 조직으로 재무부, 법무부, 에너지부, 국방부, 상무부, 각 주, 국토 안보부 소속의 위원으로 구성되어 있다. 이들의 임무는 국가 안보를 위험에 빠뜨릴 수 있는 사업 거래를 검토하고 조사하는 것이다. 싱가포르의 브로드컴이 샌디에이고에 본사를 둔 반도체 메이커인 퀄컴의 인수를 막은 것이 바로 이 기관이다. 또 알리바바가 모기업인 전자결제 회사 앤트파이낸셜(Ant Financial)이 미국 댈러스 소재 머니그램(MoneyGram)을 인수하는 것도 거부했다. 이 책의 집필 당시 이 위원회에선 미국 기업에 대한 중국의 투자를 더 억제하기 위해 규제 범위를 넓히자는 제안이 있었지만, AI에 대해서는 크게 집중하지 않았다.

그러는 동안 이직이 일상인 실리콘밸리에서도 AI 패권 기업의 경영자는 G-MAFIA와 대학 양쪽의 고정적인 자리에서 일하는 경우가 더 많다. 여기서 AI는 개발자의 기본 정신인 "먼저 만들고, 나중에 용서를 구하라"에 따라 개발 트랙에서 계속 움직여 왔다. 몇 년에 걸쳐 구글은 저작권이 있는 책을 사전 허가도 받지 않고 스캔한 뒤 출간했는데, 결국 출판사와 저자로부터 집단소송을 당하게 되었다. 구글은 우리에게 허락도 받지 않고 집과 동네 사진을 캡처해 구글 지도에서 검색할 수 있게 만들었다. 애플의 경우는 새 모델이 출시되자 구형 아이폰의 속도를 늦추고 항의가 들어오자 사과했다. 마크 저커버그 페이스북 최고경영자(CEO)는 케임브리지 애널리티카의 개인 데이터 유출 사건 뒤 "올해 상처받았던 사람들에게 용서를 구하고 더 나아지기 위해 노력하겠다. 내가 일한 방식은 사람들을 뭉치게 하기보다 분열시켰다. 용서를 구한다"는 내용의 사과문을 페이스북 페이지에 올렸다.

이처럼 G-MAFIA는 나쁜 일이 일어날 때까지 개발에 박차를 가하고, 그 후에 정부가 개입하게끔 두는 경향이 있다. 페이스북의 데이터 정책은 전직 케임브리지 애널리티카의 직원이 내부 고발을 하자 백악관이 관심을 갖기 시작했고, 우리 데이터가 얼마나 쉽게 퍼지는지에 대해 해명했다. 2016년 미국 캘리포니아주 샌버너디노에서 발생한 총격 사건의 여파로 연방 정부는 애플에 테러범에 관련된 정보를 알려줄 수 있는 여지를 남기라고 했다. 정부 기관과 법 집행기관은 테러범의 개인 암호를 풀어 개인 데이터를 넘겨주는 것이 대중의 이익에 부합한다고 주장했고, 반대 입장인 프라이버시 옹호자들은 그렇게 하는것은 시민의 자유를 침해하는 것이라고 주장했다. 법 집행부는 애플의도움 없이 간신히 전화기의 잠금을 풀 수 있었다. 이 경우는 그렇다 치더라도 더 복잡한 경우 개인정보를 다루는 명확한 법률이 아직 존재하지 않는다.

우리는 서비스를 받는 대가로 지속적인 감시에 동의한다. 이를 통해 G-MAFIA는 수익을 창출할 수 있으므로, 우리가 개별 소비자든 기업 고객이든 대학, 비영리단체든 정부 기관이든 간에 우리에게 제공하는 서비스를 개선하고 발전시킬 수 있다. 이는 감시 자본주의에 입각한 사업 모델이라고 할 수 있다. 만약 법대로만 진행했다면 우리는 G메일, 마이크로소프트 아웃룩, 페이스북 같은 서비스 사용을 오랫동안중단했을 것이다. 이러한 서비스가 제대로 작동하기 위해서는 채굴, 정제, 포장된 우리의 데이터 트랙에 올바른 방식으로 접근해야 한다. 나는 당신이 G-MAFIA가 제공하는 제품과 서비스 중 적어도 하나를 사용하고 있다고 생각한다.

여기서 우리가 기억해야 하는 것은 바로 언제까지나 G-MAFIA를 신뢰하지는 않을 것이라는 것이다. 우리의 정보를 가지고 있는 것이 G-MAFIA임에도 불구하고 말이다. 약 인공지능에서 복잡한 결정을 할 수 있는 강 인공지능으로 전환함에 따라 의약품 캐비닛과 냉장고, 자동차와 옷장, 안경, 손목 밴드, 이어폰 등 우리 삶의 전반적인 부분에 적용될 것이다. 이를 통해 G-MAFIA가 반복적인 작업을 자동화하고 결정을 내리는 데 도움을 주며, 결과적으로 우리가 정신적으로, 육체적으로 집중해야 하는 곳에 집중하도록 해줄 것이다. 우리는 우리 자신과 G-MAFIA가 제공하는 서비스를 일체화하기에 이를 것이다. 일단 우리의 존재 전체가 이 회사들과 얽히고설킨다면 국회의원들이 실질적인 권한을 주장하는 것은 불가능할 것이다. 하지만 그 대가로, 우리는 무엇을 포기해야 할까?

중국의 BAT(바이두, 알리바바, 텐센트)와 미국의 G-MAFIA(구글, 마이크로소프트, 아마존, 페이스북, IBM, 애플)가 AI의 미래를 좌우할 도구와 환경을 개발하고 있다. AI 분야는 아직 성장기에 있다. 인공지능이 강 인공지능으로 진화하면서 빅 나인은 새로운 종류의 하드웨어 시스템을 개발하고, 프레임워크에 갇혀 개발자를 모집하고 있다.

미국에서 AI의 소비자주의 모델은 본질적으로 악하지 않다. 중국과 달리 정부 중심형 모델도 아니다. AI 자체가 반드시 사회에 해로운 것도 아니다. 그러나 G-MAFIA는 그들의 지도자와 직원의 이타적인 의도와 상관없이 월스트리트에 호응해야 하는 이윤 중심의 상장 기업이다. 중국에서는 BAT가 정부에 의존하고 있으며, 중국인에게 가장 좋은 것이 무엇인지를 이미 결정한 것이다. 내가 알고 싶은 것 그리고 당신이 대답을 요구해야 할 것은 무엇이 인류에게 가장 좋은 것인가이다. 오늘날 우리가 내리는 결정은 미래에 기계가 내리는 결정에 어떻게 반영될 것인지 궁금하다.

03

수천 번 종이에 베인 상처 :
의도치 않은
AI의 결과

당신이 나를 창조했지만, 나는 당신을 지배할 수 있다. - 프랑켄슈
타인(메리 셸리)

어느 날 AI가 개발되어 인류가 파괴될 것이라 주장하는 수많은 이
야기와 달리, AI 기술이 발달되어 악용되는 경우가 생긴다 하더라도
실제로 개인이 맞닥뜨리게 될 문제는 거의 없을 것이다. 이 기술로 인
해 인류는 하루아침에 무언가를 경험하는 것이 아닌, 종이에 손가락이
베이는 것처럼 사소한 타격이 점진적으로 쌓이는 경험을 하게 될 것이
다. 손가락에 살짝 베인 상처가 나면 단순히 짜증만 나지 일상에는 무
리가 없다. 그렇지만 만약 몸 전체가 종이에 베여 수천 개의 상처가 난
다면, 생명에는 지장이 없을지라도 삶이 고통스러울 것이다. 양말이나
신발을 신는다거나 음식을 먹거나 파티에서 춤을 추는 것처럼 대부분

의 일상이 상처로 인해 불가능해질 것이다. 우리는 상처를 안고 살아 갈 수 있는 다른 방법을 찾아야 한다. 상처를 인지하고 제약을 두고 살아가는 방법이 그 하나이고, 제약은 없지만 매순간 고통을 느끼며 살아가는 방법이 다른 하나라고 할 수 있다.

소위 말하는 'AI 개발자 그룹'이 형성되는 대학에서는 윤리 의식과 포괄성이 우선시 되어야 한다는 점을 의무적으로 교육하지 않는다. 우리는 소비주의가 G-MAFIA 내 AI 프로젝트와 연구를 가속화하고 중국 중앙정부 계획에 BAT가 그 중심을 이루고 있다는 사실을 알고 있다. 글로벌 규제 당국(일례로 국제원자력기구, IAEA)이나 교육 집단, 연구자 집단 또는 어느 누구도 현재 인류에게 일어나고 있는 격차에 대해 적극적으로 의문을 제기하지 않는 것은 분명하다. 여기서 말하는 격차란 인류의 근본적인 가치가 중국의 AI의 시장 잠식과 실리콘밸리의 경제적 목표 사이에서 서로 충돌하는 격차를 가리킨다. 빅 나인의 엄청난 성공은 인류의 부의 커다란 원동력이 되었고 현재 우리가 즐기는 편리한 서비스와 제품을 가능하게 해 마치 디지털 도메인 상의 모든 사물의 주인이 인류인 것처럼 만들었다. 이처럼 빅 나인이 상당한 경제적 가치를 창조해 왔기 때문에 인류의 가치와 균형을 맞출 이유가 딱히 없었다.

그러나 인류는 이미 AI 개발로 인해 종이에 베인 것과 같은 상처가 났다. 빅 나인은 단순히 하드웨어나 코딩을 구축하는 것이 아니다. 스스로 사고 체계를 구축하는 빅 나인에는 인류의 가치가 반영되었다. AI 기계와 평범한 인간 사이에는 이미 우려되는 결과를 불러올 만한 격차가 생겼다.

가치 알고리즘

AI 시스템이 왜 더 투명하지 않은지 의문을 가져 본 적 있는가? 또는 AI가 스스로 학습하는 데 있어 어떠한 데이터세트(개인정보 포함)가 도움이 되는지 생각해 본 적이 있는가? 어떤 상황에서 AI가 예외적이라고 판단하도록 가르치고 있는가? 제작자는 AI의 상업화를 개인정보 보호 및 보안, 소속감, 자부심 및 자아실현과 같은 기본적인 인간 욕구와 어떻게 균형을 이루도록 하고 있는가? AI 개발 그룹의 도덕적 규범은 어떤 것인가? AI가 생각하는 옳고 그름은 무엇인가? 제작자는 AI에 공감이라는 것도 가르치고 있는가? (위 맥락에 따라 AI에게 공감이 유용하고 야망을 가질 만한 감정이라고 가르치려 하는가?)

각각의 빅 나인은 공식적으로 적용한 가치 기준이 있지만 위의 질문에 답하지는 못한다. 이러한 가치 기준은 직원과 주주를 통합하고 영감을 주며 고무시키는 굳건한 가치 체계다. 회사의 가치를 하나의 알고리즘이라고 볼 수 있는데, 이를 통해 사내 문화, 경영 방식이 영향을 받고 임원부터 직원 개개인까지 모든 의사 결정에 큰 역할을 하게 된다. 특정 가치를 명시하지 않는다는 점도 주목할 만하다. 주목해야 하는 가치 체계를 정해 두지 않았기 때문에 쉽게 잊히게 된다.

원래 구글은 "악해지지 말라"는 간단하고 핵심적인 가치 아래에 운영되었다. 2004년 기업공개(IPO) 서한에서 구글 창업자인 세르게이 브린과 래리 페이지는 다음과 같이 언급했다. "에릭(나중에 구글 대표이사 회장을 맡게 되는 에릭 슈밋을 가리킴―옮긴이), 세르게이와 나는 구글의 운영 방침이 서로 달랐다. 구글은 시작은 사기업이었으나 미래의 공기업으로 성장하기 위한 가치를 중심에 둔다. 매 분기마다 일정한 수익을 창출하기보다는 장기적으로 최적의 수익을 창출할 것이다. 선별된 고위험 및 고액의 프로젝트를 지원하고 포트폴리오를 관리할 것이다. 고객과의 신뢰를 유지하면서 '악해지지 말라'는 기존의 가치를 지켜 나갈 것이다."

아마존의 '리더십 원칙'은 경영 구조 내에 확립되어 있으며 이러한 가치의 핵심은 신뢰, 측정 항목과 결과를 중심으로 한다. 아마존이 발표한 경영 원칙은 다음과 같다.

- 리더는 항상 고객의 입장을 고려해서 초심으로 돌아가는 작업을 해야 한다. 고객 신뢰를 얻고 유지하도록 끊임없이 노력해야 한다.
- 리더는 매우 높은 기준을 가지고 있는데 이는 제3자가 봤을 때 터무니없이 높은 기준일 수 있다.
- 아마존이 추구하는 가치는 많은 결정과 행동을 뒤집을 수 있으며 광범위한 연구를 필요로 하지 않는다. 우리는 예상 가능한 위험부담에 대해 신중하다.
- 적은 비용으로 더 많은 것을 성취하는 것을 목표로 하며 인원 증가에 따른 예산 규모 또는 고정 비용에 대한 추가 사항은 없다.

페이스북의 경우, 다섯 가지 핵심 가치를 든다. 이 중에는 회사가 하는 일에 대해 "무모하라" "결과에 집중하라" "빠르게 대응하라" "열린 태도를 가져라" 그리고 고객을 위한 "가치 형성에 주력하라" 등이 있다. 한편 중국 기업인 텐센트의 경영 철학은 "직원들이 성공할 수 있도록 가르치고 격려하는 데 주력"하며, 신뢰와 존중을 바탕으로 자체 개발한 "통합력+사전 행동력+협력+혁신"의 공식을 기반으로 사내 의사결정을 한다. 알리바바에서는 "팀워크"나 "성실성"과 마찬가지로 "고객의 요구를 충족시키기 위한 노력"을 중요시한다.

빅 나인의 모든 가치와 운영 원리에 관한 벤다이어그램을 작성했다고 가정해 보면 몇 가지 공통적이며 중점적인 부분을 파악할 수 있다. 이들 기업 모두 팀워크를 통해 전문적으로 개선점을 찾고, 고객의 일상에서 없어서는 안 될 만큼 뛰어난 제품과 서비스를 제공하기 위해 노력하며, 기업의 주주에게 결과물을 전달하기 위해 노력한다는 것을 알 수 있다. 여기서 가장 중요한 점은 이 기업 모두 신뢰를 중요시한다는 것이다. 이 기업이 중시하는 가치는 결코 예외적이지 않다. 오히려 대부분의 미국 기업이 추구하는 가치와 동일하다.

AI는 인류 전체에 큰 영향을 미치기 때문에 빅 나인이 추구하는 가치는 더욱더 상세하게 설명되어야 한다. 우리가 타 기업에 적용하는 기준보다 빅 나인에는 더 높은 기준을 적용할 수밖에 없다.

우리가 놓치고 있는 점은 바로 인류가 AI 발전의 중심에 있어야 한다는 것과 앞으로의 모든 발전은 인간의 삶을 개선하는 데 그 초점이 맞춰져야 한다는 강력한 외침이다. 우리는 이 두 가지를 뚜렷하게 명시해야 하며, 기업 내 문서, 경영진 회의, AI 팀뿐만 아니라 판매 및 마케팅 부서까지 명백히 알려야 하는 내용이다.

예를 들자면 접근성과 같은 혁신과 효율성을 넘어서는 기술적 가치가 여기 포함되어야 한다. 모든 사람은 각기 다른 분야에 능하다. 또 말하기, 듣기, 보기, 자판 두드리기, 맥락 이해하기, 생각하기 등 각기 다른 부분에서 어려움을 겪는다. 또는 개인이나 집단의 권리를 침해하지 않으면서 물질적 행복을 제공하고 적절히 분배할 수 있는 플랫폼을 통해 경제적 가치가 포함될 수 있다. 혹은 통합력, 포용력, 관용 및 호기심을 아우르는 사회적 가치가 포함될 수 있다.

내가 이 책을 쓰는 중에 구글의 CEO인 순다르 피차이는 구글이 AI 기술을 관리하기 위해 새로운 핵심 규율을 정했다고 밝혔다. 그러나 피차이가 발표한 새로운 규율은 인류가 구글의 미래 AI 기술에서 핵심이 될 수 있을 만큼 충분한 내용을 담고 있지 않다. 이는 구글의 핵심 가치를 재정립한 것이 아니라, 과거 '메이븐 프로젝트' 사태에 대한 사내 손실과 연초에 발생한 사적인 사건에 대한 구글의 반응 조치에 불과했다. 기존의 소프트웨어 엔지니어들은 그동안 구글에서 추진해 왔던 클라우드 서비스를 위한 '에어 갭' 기능이 사실상 구글이 군 관련 계약을 수주하기 위한 수단이었던 것을 알게 되었다. 아마존과 마이크로소프트 두 기업 모두 물리적으로 분리 가능한 클라우드 시스템을 통해 정부가 특정 문서를 보관하도록 승인하면서 많은 혜택을 받은 것이 드러났다. 구글은 국방부와 유리한 계약을 하려 했지만 엔지니어들이 알게 되자 반대에 부딪혔다. 이는 구글 직원 중 5퍼센트가 '메이븐'을 공개 비난한 것을 보면 알 수 있다.

위의 구글 일화는 'AI 개발자 그룹'이 하고 있는 일이 스스로 그들의 처음 목표나 의도와 달라졌음을 깨닫고 변화를 요구하게 된 드문 사례다. 이들은 본인의 사적인 가치가 기업 전체에 반영되게 했고, 받아들여지지 않자 반대했다. 이 일화를 통해 우리는 G-MAFIA 내부에서 자체적으로 엄격한 기준을 적용하지 않는다면 끔찍한 상황이 발생한다는 것을 알 수 있다.

따라서 구글은 인류를 해치는 주요 목적을 가진 무기나 범국가적 국제법에 위배되는 AI를 개발하지 않을 것임을 사내 규율에서 명시하고 있다. 구글은 "본 기업은 무기화할 수 있는 AI를 개발하지 않는 범위 내에서 정부를 비롯한 군부대와 지속적으로 협업할 것이다"라고 성명을 밝혔다.

구글이 하는 주장에 따르면, 사내 원칙은 이론적인 개념보다는 구체적인 목표를 지향한다. 특히 구글은 데이터세트 내에 일어나는 불공정한 편향 문제를 다루고 있다고 밝혔다. 그러나 해당 문서의 어떤 부분에서도 AI가 의사 결정을 내리는 방식이나 데이터세트의 용도에 대해 투명하게 언급하고 있지 않다. 구글은 AI 개발자와 관련된 문제는 전혀 다루고 있지 않다. 구글이 지향하는 구체적인 목표에는 경제적인 이득보다 인류 전체의 이익을 우선시하는 목표가 없다.

문제는 투명성이다. 미국 정부가 국가 안보를 지키기 위한 자체 시스템을 구축할 능력이 없다면, 일을 대신할 수 있는 기업을 고용해야 한다. 실제로 제1차 세계대전 이래로 계속 그렇게 해왔다. 평화를 얻기 위해서 끊임없이 노력해야 하고 군대는 우리의 안전과 국가 안보를 보장해 준다는 사실을 우리는 쉽게 잊는다. 미국 국방부는 전쟁을 일으킬 이유가 없으며 AI 기반의 초강력 무기를 사용해 타국의 외진 마을 전체를 쓸어 버리고 싶은 생각도 없다. 미군이 수행해야 하는 역할은 악의 무리를 처단하고 없애는 것이다. 이러한 점을 G-MAFIA 관계자들이 적절히 이해하지 못하는 이유는 미국 정부와 실리콘밸리에 있는 테크 기업 사이에 가교 역할을 해줄 만한 인력이 너무도 부족하기 때문이다.

　빅 나인은 근본적으로 인류에게 의존하는 시스템 자체이며 인류 삶의 질 향상을 위한 궁극적인 가치를 명시적으로 목록화하지 않고 있다는 점에서 우리는 잠시 모든 것을 중단하고 생각해야 한다. 기업이 기술, 경제적, 사회적 가치를 명시하고 있지 않다면, 해당 회사의 연구, 설계 및 개발 단계에서 인류의 이익은 우선순위에서 밀려나게 된다. 이러한 가치의 간극은 조직 내에서 분명하게 드러나지 않는다. 이는 G-MAFIA와 중국 내 3대 거대 IT 기업인 BAT가 겪게 될 위험 가능성이 상당하다는 것을 보여준다. 분명하게 드러나지 않는 가치의 간극 때문에 직원들은 그들이 개발한 재화와 서비스로 인해 나중에 벌어질 수 있는 문제를 인식하지 못하게 된다. 개인과 집단이 사전에 이러한 간극을 인식하지 못하면 사내 전략 개발이나 실행, 제품 제작, 품질 보증 테스트, 승격, 출시 및 판매 과정에 있어 중요한 문제를 다루지 못하게 된다. AI를 개발하는 기업이 평범한 사람들과 달리 이와 관련한 문제 가능성에 대해 공감하지 않는다기보다는, 그들이 개발 과정 중 인류의 보편적 가치를 우선순위로 삼지 않는다는 이야기다.

　그렇기 때문에 우리는 종이에 수십 번 베이게 된다.

콘웨이의 법칙

　기술에서의 모든 분야와 마찬가지로 컴퓨팅 업계는 혁신을 이끌어내는 집단의 세계관과 경험을 반영하게 된다. 이러한 세계관과 경험은 기술 밖에서 볼 수 있다. AI에서 잠시 벗어나 소규모 집단이 어떻게 인류 전체에 엄청난 권력을 행사할 수 있는지를, 지금부터 서로 접점이 없어 보이는 사례 두 가지를 들어 설명하겠다.

당신이 생머리—모발이 굵거나, 거칠거나, 가늘거나, 길거나, 짧거나 혹은 얇아지는 머리—를 가지고 있다고 가정해 보자. 미용실에서 당신이 겪는 경험은 내가 겪게 되는 것과 근본적으로 다를 것이다. 동네 이발소나 쇼핑몰에 있는 이발소, 고급 헤어숍 중 어디를 가든지 당신은 자그마한 개수대에서 몇 번이고 머리를 감고 두피 마사지를 받는 정도의 비슷한 경험을 하게 된다. 그다음, 이발사 또는 스타일리스트는 아주 가는 빗을 이용해 당신의 머리를 가지런하게 빗겨 준다. 당신이 숱이 많은 편이라면 미용사가 원하는 머리 스타일이 될 때까지 빗과 드라이어를 사용할 것이고, 반면 숱이 적은 사람인 경우에는 머리를 빗기고 말리는 데 시간이 덜 걸릴 것이다. 여기서 중요한 사실은 전반적인 과정은 별반 다르지 않다는 것이다.

나는 숱이 많고 곱슬한 머리카락을 가지고 있다. 그렇기 때문에 머리카락이 쉽게 꼬이고 날씨에 영향을 받는다. 습도, 수분 공급 방식, 심지어 사용한 헤어 제품에 따라 나의 머리는 다양하게 변한다. 다른 손님에게는 아무런 문제가 없었던 평범한 미용실에서도 나의 머리카락은 문제가 될 때가 있다. 나의 머리를 감겨 줄 때, 다른 손님에 비해 더 큰 개수대가 필요하고 가끔 머리카락이 호스에 꼬여 잡아당겨지면서 아프기도 하다. 나의 머리카락을 일반 빗으로 빗는 방법은 딱 한가지다. 바로 고농축 컨디셔너 같은 제품을 머리카락 전체에 바르는 것이다. 말릴 때도 힘들다. 일반 헤어드라이어를 이용해 말리면 나의 머리는 엄청 꼬이게 된다. 일부 미용실에는 공기가 확산되는 특수 드라이어가 있다. 효과적으로 머리를 말리려면 나는 이 기기를 이용해야 한다. 심지어 말리는 과정 중에 미용사가 자세를 잡아 주어야 한다.

백인 인구의 약 15퍼센트는 곱슬머리를 가지고 있다. 여기에 흑인 인구를 더하게 되면 곱슬머리는 7,900만 명에 이른다. 일반적으로 생머리를 가진 다수의 집단이 미용하는 데 필요한 도구와 환경을 기준으로 설계했기 때문에, 어려움을 겪는 인구를 합산해 본다면 전체 미국 인구의 약 4분의 1이 해당한다. 생머리인 사람이 조직 내에서 소수에 대한 공감이나 포용성 같은 사회적 가치를 우선시하지 않았기 때문에 이러한 어려움을 겪는다.

하지만 미용실만 해도 큰 문제가 되지 않는다. 이번에는 단순히 곱슬머리를 자르는 것이 아닌, 보다 더 중요한 이야기를 해보자. 2017년 4월 유나이티드 항공은 지정 좌석보다 더 많은 수의 승객을 받는 실수를 저질렀다. 시카고 오헤어 국제공항에서 탑승 수속을 담당한 직원은 방송으로 400달러를 받고 사전에 예약한 비행기 좌석과 숙박을 포기할 승객을 찾았다. 하지만 승객 중 누구도 이 제안을 받아들이지 않았다. 항공사 측에서는 호텔 숙박권과 800달러로 보상액을 올렸지만, 결과는 마찬가지였다. 그러는 동안 우선 탑승 권리가 주어진 1등석 탑승자를 시작으로 비행기 탑승이 진행되었다.

알고리즘과 자동화 시스템을 통해 의사인 데이비드 다오와 그의 아내를 포함해 4명이 비행기에서 내려야 하는 상황이 되었다. 데이비드는 항공사에 다음날 진료해야 할 환자가 있다고 호소했다. 다른 탑승객들이 탑승하는 동안 데이비드는 자리를 떠나지 않았다. 시카고 공항 관계자는 데이비드가 내리지 않는다면 감옥에 보내겠다고 협박까지 했다. 당시 사건이 촬영된 비디오가 페이스북, 유튜브와 트위터에서 급속도로 퍼지게 되었고, 이 사건은 전 세계적으로 며칠에 걸쳐 화제가 되었다. 공항 관계자들은 데이비드의 팔을 강제로 잡은 뒤 쫓아내려 했고, 완력을 행사하면서 그의 안경을 부수고 입을 벌리게 했다. 당시 데이비드의 얼굴은 피범벅이 되었다. 이 사건으로 데이비드와 다른 승객이 상처를 입었고, 결국 유나이티드 항공에 대한 의회 청문회가 열렸다. 모두가 충격 받았던 부분은 바로 미국에서 어떻게 이런 일이 일어나게 되었는가였다.

유나이티드를 포함한 전 세계 대다수 항공사의 탑승 절차는 자동화되어 있다. 사우스웨스트 항공에서는 좌석을 지정하지 않고 탑승객에게 A, B 또는 C와 번호를 제공하고 알고리즘에 따라 승객을 탑승시킨다. 대기 줄은 항공권 가격이나 구입 시기에 따라 우선순위가 정해진다. 사전 좌석 지정제를 이용하는 다른 항공사의 경우에는 알고리즘을 통해 지정된 승객을 우선순위로 정하고 탑승시킨다. 탑승 시간이 되면 화면에 지정된 좌석으로 직원이 안내하는 시스템이다.

나는 유나이티드 항공 사건이 일어난 지 얼마 되지 않아 휴스턴에서 여행사 관계자 회의에 참석했다. 수석 기술자에게 AI가 어떤 역할을 수행하는지 물어보았다. 내가 생각했던 가설은 알고리즘 의사 결정은 문맥을 반영하지 않고 상황 자체만을 해결할 일련의 지시 사항을 내렸으리란 것이었다. AI 시스템을 통해 초과 예약된 승객에 대해 보상 금액을 계산하고, 해결되지 않았을 경우 보상금을 재조정하는 절차를 따랐을 것이다. 납승객이 동의하지 않을 경우, AI로 도출할 다른 방법은 없고 공항 보안 부서에 전화하는 것만 할 수 있었다. 관계자들은 의

사 결정 과정에서 융통성, 유연성 또는 공감 능력이 부족한 AI 시스템을 무조건 따랐다. 그리고 실제로 내가 대화를 나눈 기술자는 이를 부인하지 않았다. 데이비드가 비행기에서 끌려 나갔던 당시, 관계자는 AI가 의사 결정을 하도록 권한을 양도했는데, 추후 예상 가능한 시나리오에 대해서 생각하지 않았다.

명시된 규칙과 지시 사항이 없을 경우 팀이 선택한 선택 사항은 해당 집단의 암묵적인 가치를 반영하는 경향이 있다고 주장하는 것이 콘웨이의 법칙이다.

1968년 컴퓨터 프로그래머이자 고등학교 수학 및 물리학 교사였던 멜빈 콘웨이는 시스템이 그것을 설계한 사람의 가치를 반영하는 경향이 있음을 알아냈다. 콘웨이는 조직이 내부적으로 소통하는 방식을 구체적으로 살펴보았지만 나중에 하버드와 MIT에서 진행된 연구를 통해 더욱 그의 주장에 힘이 실렸다. 하버드 비즈니스 스쿨은 동일한 목적을 위해 구축되었지만 다른 유형의 집단, 즉 엄격하게 통제된 소프트웨어와 보다 특별하고 개방적인 소프트웨어를 검토하면서 다양한 코드베이스를 분석했다. 위 연구의 주요 성과 중 하나는 집단의 설계 방식은 집단이 어떻게 구성되어 있는지와 밀접한 관련이 있으며, 이것이 야기하는 편견이나 행사하는 영향력이 집단 내에서는 간과되는 경향이 있음을 알아낸 것이다. 결과적으로 집단에 속한 소수의 사람들의 초월적인 네트워크―그것이 무엇이건 간에―는 집단 전체에 엄청난 영향력을 미친다.

콘웨이의 법칙은 AI에도 적용된다. 초창기 철학자, 수학자 그리고 오토마타 발명가가 마음과 기계를 논했을 당시 도구에 대한 인류의 동기와 목적을 설명하는 가치 알고리즘은 존재하지 않았다. 토대 연구 및 응용 프로그램에 대한 접근 방식에는 차이가 있었으며, 마찬가지로 현재에도 중국과 서구의 AI 개발 단계에도 간극이 존재한다. 콘웨이의 법칙은 집단의 신념, 태도, 행동이 숨겨진 편견이라고 확신하기 때문에 중요하다.

콘웨이의 법칙의 맹점은 빅 나인이다. 왜냐하면 AI에 있어서 유전성은 일정하기 때문이다. 현재 인류는 AI를 개발한 모든 단계를 그대로 반복하고 있다. 그들의 개인적인 아이디어와 집단 이데올로기는 AI 생태계, 코드베이스, 알고리즘, 프레임 워크, 하드웨어 및 네트워크 설계에 고스란히 반영된다. 언어, 성별, 인종, 종교, 정치 및 문화가 개인을 반영하지 않는다면, 그것들로 구축된 모든 부산물이 반영하는 것은 아무것도 없을 것이다. 현실은 우리가 전문가가 아니기 때문에 AI에만 국한되는 이야기는 아니다. 이는 업계와 상관없이 자금과 판매, 대담한 새로운 제안 사이의 지속되는 연결 고리다.

나는 콘웨이의 법칙이 일으키는 문제를 종종 목격했다. 2016년 7월, 나는 AI 윤리 및 우리 사회의 미래에 대해 논의하는 저녁 식사에 초대받았다. 이 행사는 맨해튼 미드타운의 뉴욕 양키스 스테이크 하우스에서 열렸는데, 참석자 중 23명이 회의실에 각각 자리를 잡았다. 행사에서 다룬 의제는 현재 인류가 가장 시급히 해결해야 할 당면 경제 문제였다. 특히 젠더, 인종 그리고 인류의 건강을 관리하기 위해 개발된 AI 시스템에 대해 주로 토론했다. 그러나 당시 우리는 정작 토론하고 있는 내용을 자문할 수 있는 참석자가 없다는 사실을 그제야 깨닫게 되었다. 회의장에는 유색인종이 두 사람 있었고, 여성이 네 명 있었다.

그중 두 명은 행사를 기획한 주최 측 관계자였다. 참석자 중 윤리나 철학 또는 행동 경제학에 대해서 전문적, 학문적인 배경을 가진 사람은 아무도 없었다. 주최 측은 이는 자신들이 의도한 일이 아니라고 말했다. 나는 이 말을 믿는다. 해당 주최 측이 참석자 대부분을 백인 남성으로 초대했다는 점은 그리 놀라운 일도 아니다.

참석자 대부분은 서로 개인적으로 알고 있거나 명성에 대해 들어 본 적이 있는 사이였다. 대부분의 참석자는 저명한 컴퓨터 과학 및 신경 과학 연구원, 백악관 고위 정책 고문관이나 기술 업계의 고위 간부였다. 참석자들은 저녁 시간 내내 일반적인 사람을 칭할 때 여성을 뜻하는 대명사를 사용하며 발언했다. 이러한 말투는 통상적으로 많이 쓰이는 말투다. 특히 기술 업계나 해당 업계에 대해 글을 쓰는 기자 사이에서 성행하고 있다.

그 저녁 식사 뒤 몇 달 동안, 나는 학술 논문, 정책 브리핑과 빅 나인 소속 연구원과의 일상 대화 속에서 저녁 식사에서 나누었던 토론의 실마리를 발견할 수 있었다. 폐쇄적인 AI 네트워크가 공동체 전체에 퍼져 있는 윤리 및 AI에 관한 아이디어를 만들어 냈다. 그 아이디어는 우리가 생각하는 거대한 결과물이 아니었다. 수없이 종이에 베인 상처 같은 것이었다.

회의를 열고, 성명을 발표하고, AI가 야기하는 기술적, 경제적, 사회적 과제의 문제점을 논의하기 위해 회의를 열고 패널을 후원하는 것은 우리가 미래에 목도할 비전과 한 치의 오차도 없이 일치해야 한다. 이제는 우리가 콘웨이의 법칙을 풀어야 한다. 신속하게 조치를 취해야 할 순간이다.

개인의 가치가 의사 결정을 좌우한다

빅 나인에서 발표한 문서에 인류적 가치가 명시되어 있지 않은 가운데, 모든 의사 결정은 개인적인 경험과 이상에 의해 주도된다. 학생, 교수, 연구원, 직원 및 관리자는 무의미한 것(일상에서 사용하는 데이터베이스)부터 상대적으로 더 심오한 것(자율 주행 차량이 충돌할 경우 사망하게 되는 사례)까지 우리 모두 매일 수백 가지의 의사 결정을 내려야 하기 때문에 이와 관련해 AI는 특히 더 위험하다.

AI는 인간의 두뇌에서 영감을 얻어 탄생했지만, 결정과 선택을 할 때 인간과 차이가 있다. 대니얼 카너먼 프린스턴 대학 교수와 예루살렘에 위치한 히브루 대학의 아모스 트베르스키 교수는 인간의 마음을 연구하고 어떻게 의사 결정을 내리는지에 대해 관찰하면서, 궁극적으로 우리가 두 가지 사고 체계를 가지고 있음을 발견했다. 하나는 문제를 분석하기 위해 논리를 사용하고 다른 하나는 자동적으로 의사 결정을 내리는 사고 체계인데, 후자의 경우는 우리에게 거의 알려져 있지 않았다.

『생각에 관한 생각(Thinking, Fast and Slow)』이라는 저서로 상까지 받은 카너먼 교수는 이 책에서 이러한 이중 시스템을 설명한다. 우리는 우리 두뇌의 성급한 결정 때문에 실수를 하게 된다. 그 예가 바로 과식, 과음 그리고 원치 않은 성관계다. 우리의 뇌는 특정한 고정관념을 가지기가 쉽다. 이러한 고정관념을 의식적으로 인지하려 하지 않는다면, 우리는 아주 적은 정보 안에서 성급한 판단을 내리게 된다. 성급한 판단을 내릴 때 우리의 고정관념이 큰 역할을 한다. 설령 새롭거나 다른 상황을 암시하는 신호가 주어지더라도 기존의 예상 결과에서 크게 벗어나지 않을 것이라고 생각한다. 우리는 의사 결정을 완전히 통제할 수 있다고 생각하지만 무의식중에 자동적으로 결정되는 것이 많다.

수학자들은 미래를 예측하는 과정은 복잡하고 항상 분자 수준까지 유동적이기 때문에 '완벽한 결정'을 내리는 것은 불가능하다고 주장한다. 가능한 모든 결과를 예측하는 것은 불가능할 것이며, 변수가 너무도 많기 때문에 모든 경우의 수를 예측하기 힘들다는 것이다. 수십 년 전, AI와 사람이 경기를 했을 때 AI가 선수를 때릴지 말지 의사 결정을 내리는 과정은 간단했다. 그러나 오늘날 AI의 의사 결정이 요구되는 의료나 금융 업계에서는 훨씬 더 고차원적인 AI의 판단이 요구된다. 따라서 오늘날의 AI 시스템은 최적화되었다. 여기서 최적화라는 단어에 포함된 의미는 예측 불가능한 상황—인간이 판단할 수 없는—에서의 빠른 결정이 가능하다는 것이다.

'알파고 제로'가 인간이 제시한 결정을 따르지 않고 자체적인 결정을 내린 것은 AI가 의도를 갖고 판단을 할 수 있음을 보여준다. 이론적으로 보았을 때, 개발자는 AI가 이처럼 자체적으로 의사 결정을 내리는 것이 우선적으로 실행되도록 설계하지 않았다. 그렇기 때문에 AI는 모든 상황에서 완벽한 결정을 내리는 것이 아닌, 한정된 특정 결과를 위해 최적화하도록 훈련을 받고 있다. 그러나 여기서 우리가 생각해야 할 부분은 바로 어떤 측면의 최적화를 위해 훈련을 받느냐 하는 것이다.

그렇다면 이때 AI가 최적화를 위해 어떠한 프로그램을 실행할까? 대답하기 쉬운 질문은 아니다. 흔히 말하는 머신 러닝이나 딥 러닝은 수작업으로 코딩된, 더 오래된 시스템에 비해 훨씬 더 까다롭기 때문에 수백 개의 복잡한 연결 레이어로 배열된 수천 개의 뉴런이 연결되어 있다. 초기 입력을 통해 첫 번째 뉴런으로 입력값이 전송되고 그 후에 다음 과정이 차례로 이어진다. 최종 목표값에 도달하기까지 앞의 과정을 계속 반복한다. 모든 뉴런이 연결된 레이어는 AI 시스템이 무수히 많은 뉴런에 입력된 데이터를 인식하고 이해할 수 있게 한다. 예를 들어, 이미지 인식 시스템은 이미지가 특정 색상과 모양을 가지고 있다는 것을 첫 번째 뉴런을 통해 제공하게 되고 상위 뉴런에서는 촉감을 식별하고 광도를 조절하는 역할을 하게 된다. 이렇게 과정이 반복되다 보면, 마지막 뉴런에서는 해당 사진이 정확히 무엇인지 판단하게 된다.

빅 나인이 데이터를 사용하여 기업이나 정부의 이익을 위한 실제 애플리케이션을 구축할 때 최적화가 얼마나 문제가 되는지에 대한 예를 들어보자. 뉴욕의 아이칸 의대 연구원들은 AI가 암을 예측하는 시스템을 배울 수 있는지 알아보기 위해 딥 러닝 실험을 했다. 학교가 마운트 시나이 병원에 위치하고 있어 70만 명에 이르는 환자 데이터에 접근이 가능했고, 데이터세트에는 수백 개의 다른 변수가 포함되어 있었다. '딥 페이션트(Deep Patient)'라고 불리는 이 시스템은 연구자들에게 완전히 이해가 되지 않는 데이터에서 새로운 패턴을 발견하기 위해 진보된 기술을 사용했으며, 간암을 포함한 많은 질병의 초기 단계에서 환자를 발견하는 데 매우 효과적인 것으로 밝혀졌다. 불가사의하게도, 이 시스템은 일반적인 질병뿐 아니라 정신분열증과 같은 정신 질환의 징후도 예측할 수 있다. 그러나 정작 이 시스템을 구축한 연구원들도 어떻게 시스템이 작동되는지 정확히 알지 못했다. 연구진은 강력한 AI(사업적, 보건학적 이점을 가진 AI)를 개발했는데, 오늘날까지 이 AI가 어떻게 결정을 내리는지 알지 못한다. '딥 페이션트'는 현명한 예측을 했지만, 의료진 입장에서 생각해 본다면 아무런 근거나 설명이 없는 AI의 결정(환자의 약물을 중단하거나 바꾸거나, 방사선이나 화학요법을 투여하거나, 수술이 필요한지 아닌지와 관련해 AI가 내놓은 예측값)을 따르는 것이 쉬웠을까?

AI가 어떻게 최적화된 결정을 내리는지 우리가 관찰하지 못하는 현상을 바로 '블랙박스 문제'라고 한다. 현재 빅 나인이 구축한 AI 시스템은 오픈 소스 코드를 제공할 수 있지만 실제로는 독점 블랙박스처럼 행동한다. 그들은 그 과정을 설명할 수는 있지만, 다른 사람들이 그것을 실시간으로 관찰할 수 있도록 하는 것은 불투명하기 때문이다. 그 모든 가상 뉴런과 레이어에서 정확히 무슨 일이 일어났는지 그리고 어떤 순서로 일이 진행되었는지 쉽게 파악할 방법이 없다.

구글의 한 연구 팀은 AI를 더욱 투명하게 만들기 위해 새로운 기술을 개발하려고 노력했다. 본질적으로, 연구원들은 그 시스템이 나무, 달팽이, 돼지와 같은 특정한 것을 어떻게 인지하는지를 관찰하기 위해 역학습 이미지 인식 알고리즘을 실행했다. 딥 드림(DeepDream)이라고 불리는 이 프로젝트는 MIT의 컴퓨터 과학 및 AI 연구소에서 만든 네트워크를 사용했고 구글의 딥 러닝 알고리즘을 역으로 사용했다. 장미꽃은 장미꽃이고 수선화는 수선화라는 것을 배우기 위해, 계층별 접근법을 사용하여 물체를 인식하도록 훈련하는 대신에, 이미지를 변형하거나 아예 새로운 예제를 파악하도록 설계되었다. 이처럼 변형된 이미지는 AI 시스템을 통해 반복적으로 딥 드림에 제공되었지만, 엉뚱한 결과를 도출해 내곤 했다.

구글은 AI 시스템에 새로운 방식의 훈련을 도입했다. 바로 공상하는 것이었다. 기존의 물체를 감지하도록 훈련하는 대신, 인간의 경험에 의한 데이터를 바탕으로 감지하는 훈련을 했다. 구름 위를 응시하고, 추상화에서 패턴을 찾고, 우리가 보는 것을 상상하는 것이다. 딥드림은 인간의 위험이나 감정에 의해 구속되지 않는다는 점만 빼면 그것이 본 것은 기괴하게 떠다니는 동물, 화려한 프랙털(작은 조각이 전체와 유사한 기하학적 형태)과 건물들이 휘어져 거친 모양으로 얽힌 참혹한 풍경이었다.

AI가 스스로 사고 체계를 만들어 판단하는 과정에서 인간의 사고로는 이해할 수 없는 범주를 만들었다. 마치 '돼지-사슴'이나 '개-사슴'처럼 말이다. 이처럼 AI가 엉뚱한 범주를 도출해 내는 사실이 우리가 우려해야 할 점은 아니지만, 이를 통해 인간의 사고 체계와 AI의 사고 체계가 얼마다 다른지에 대해 알 수 있게 되었다.

딥 드림은 특정 알고리즘이 정보를 처리하는 방법을 보여줬지만, 이 시스템을 다른 종류의 AI에 적용하는 데는 한계가 있다. 새로운 AI 시스템이 어떻게 작동하는지 그리고 왜 특정한 결정을 도출해 내는지는 여전히 의문이다. 개발자 중 대다수는 '블랙박스'에 문제가 없다고 주장하겠지만 현재까지 이는 불투명하다. 이와 관련해 개발자들은 시스템을 투명하게 만드는 것은 독점적인 알고리즘과 그 과정을 제공하는 것만으로도 충분하다고 주장한다. 이는 일리가 있지만 특히 중국 정부가 AI 개발에 대해 공격적인 입장을 취해 온 점을 감안할 때, 우리는 공개 기업이 자사의 지적재산권과 영업 비밀을 모두가 자유롭게 이용할 수 있게 되기를 기대해서는 안 된다.

그렇지만 AI가 우리에게 아무런 설명을 제공하지 않을 때 우리는 어떤 증거를 바탕으로 판단해야 하는 것일까? 이 질문에 대한 답을 알지 못한 채로 우리는 AI를 신뢰할 수 있을까?

우리는 AI에 대한 투명성을 적극적으로 요구하지 않는데, 그 이유는 아직까지 기계가 인간을 흉내 내는 수준처럼 보이기 때문이다. 심야 토크쇼에서 우리는 AI를 쉽게 비웃는다. 이 과정 속에서 우리는 궁극적으로 AI보다 우월하다고 느낀다. 그렇지만 이전에도 말했듯이, 이러한 AI의 엉뚱한 사고 체계가 인간으로부터 기인한 것이고, 새로운 무엇인가의 시발점일 수 있다면 어떻게 될까?

우리가 알고 있는 부분은 다음과 같다. 상용화된 AI 애플리케이션은 질문이나 투명성이 아닌 최적화된 결정을 내리기 위해 설계된다. 딥 드림은 연구원들이 AI 시스템이 얼마나 복잡한 결정을 내리고 있는지 이해하는 것을 돕고 '블랙박스' 문제를 해결하기 위해 만들어졌다. 그렇지만 개발자들은 AI의 인식 버전이 우리 것과 전혀 다를 수 있다는 사실에 대해 미리 경고했어야 한다. 하지만 아직까지 우리는 AI가 항상 개발자의 의도대로 행동할 거라고 믿고 있다.

빅 나인에 의해 구축된 AI는 이제 주류 기술이라고 할 수 있으며 사용자 친화적으로 작동하여 더욱 빠르고 효율적으로 작업할 수 있도록 설계되어 있다. 최종 사용자(경찰서, 정부 기관, 중소기업)는 답변을 내놓는 대시보드와 반복적인 인지 또는 관리 작업을 자동화할 수 있는 도구만 필요로 한다. 사실 우리 모두 우리가 직면한 문제를 해결할 수 있는 컴퓨터를 필요로 하고 실제 업무량을 줄이고 싶어 한다. 또한 다양한 책임으로부터 벗어나고 싶어 한다. AI를 사용하게 된다면 어떤 실수가 생기더라도 기계 탓을 할 수 있는 여지가 생긴다. 이것은 이미 의도하지 않은 결과가 전 세계의 평범한 사람들에게 영향을 미치고 있는 최적화 효과다. 다시 말하지만, 우리는 이와 관련해 냉정하게 의문을 제기해야 한다. 문화, 정치, 종교, 성생활, 도덕성에 대한 인류의 수십 억 가지 미묘한 차이가 AI 프로그램 내에서 어떻게 최적화되고 있는가? 잘못된 젠더 문화나 인류적인 가치가 간과된 상황에서 AI가 인간과 같은 도덕적 판단을 하지 않는다면 어떻게 할 것인가?

AI가 잘못된 행동을 할 때

라타냐 스위니는 하버드대 교수이자 미국 연방무역위원회(FTC)의 전 최고기술책임자다. 2013년 구글에서 자신의 이름을 검색하자 이런 내용이 자동으로 뜨는 것을 발견했다. "라타냐 스위니, 체포? 1) 이름 및 상태 입력 2) 백그라운드 체크, 즉각적인 확인 요망. www.instantcheckmate.com." 이 시스템을 구축한 사람들은 기계 학습을 이용하여 사용자의 의도를 표적 광고와 매치했으며 그 안에 편견을 암호화했다. 구글의 애드센스(AdSense 구글의 광고 프로그램)를 가동하는 AI는 라타냐를 흑인의 이름으로 판단했으며, 흑인으로 판단되는 이름은 경찰 데이터베이스에 더욱 자주 등장하기 때문에 사용자가 체포 기록을 찾고 있을 가능성이 높다고 판단했다. 자신이 본 것에 대해 궁금해진 스위니는 자신의 경험이 비정상적인 것인지, 아니면 온라인 광고 내에 구조적인 인종차별의 증거가 있는지를 알아보기 위해 일련의 엄격한 연구를 수행했다. 그녀의 예감은 정중했다.

구글의 어느 누구도 의도적으로 흑인을 차별하기 위해 이 시스템을 구축하지는 않았다. 그것보다는 속도와 규모를 달성할 목적으로 만들어졌다. 1980년대 어떤 회사가 에이전시를 만나 신문 내에서 광고 콘텐츠와 스폰서 공간을 개발하게 되었다. 이는 가격에서 예외와 논쟁을 불러일으켰는데, 모두 돈을 받을 것으로 기대하는 수많은 사람을 필요로 했다. 우리는 그런 사람을 배제하고 알고리즘에 그 작업을 부여했는데, 알고리즘은 여러 가지를 자동화하고 사람들이 스스로 할 수 있는 것보다 더 나은 결과를 가져왔다. 이는 스위니를 제외한 모든 사람에게 잘 먹혔다.

인간의 범위가 제한되면서 AI 시스템은 프로그래머의 초기 지시에 따라 훈련을 받았다. 데이터세트는 성별과 인종을 비롯한 많은 태그를 포함했다. 구글은 사용자가 광고를 클릭할 때 돈을 벌기 때문에 클릭을 유도하기 위해 AI를 최적화할 수 있는 상업적 인센티브가 있다. 도중에 누군가가 다른 기준으로 이름을 분류하는 시스템을 가르쳤는데, 이것은 나중에 데이터베이스가 이름으로 인종을 분류하는 결과를 낳았다. 이러한 특정 데이터베이스와 개별 사용자의 행동을 결합하면 클릭 속도를 최적화할 수 있다. 구글은 주저하거나 의문을 갖지 않고 이 문제를 곧바로 고쳤다.

최적화 효과는 AI를 행정 부족이나 잔무 처리 등 공통적인 문제에 대한 좋은 해결책으로 보는 기업이나 조직에게 문제가 되는 것으로 판명되었다. 그것은 특히 AI를 이용하여 판결 등 결정의 일부를 자동화하는 법원에서는 더욱 그랬다.

2014년 포트 로더데일 교외에서 18세 소녀 2명이 스쿠터와 자전거 한 대를 발견했다. 스쿠터와 자전거는 어린이용 크기였지만, 소녀들은 일단 타고 길을 달렸다. 그러다 자신들에게 너무 작다고 생각하게 되었다. 그들이 스쿠터와 자전거에서 내려 몸을 풀고 있을 때 한 여자가 "그건 내 아이 거야!"라고 소리치며 이들을 쫓아왔다. 현장을 지켜보던 한 이웃이 경찰을 불렀으며, 경찰은 여학생들을 체포해 주거침입과 좀도둑 혐의를 적용했다. 자전거와 스쿠터를 합하면 약 80달러의 가치가 있었다. 그로부터 몇 달 전, 41세의 연쇄 범죄자가 근처 홈디포(건축자재와 인테리어 용품 및 도구 유통 체인점)에서 86달러 상당의 도구를 훔친 혐의로 체포되어 이전에 저질렀던 무장 강도와 무장 강도 미수 그리고 교도소 복역 기간을 범죄 기록에 더하게 되었다.

탐사 보도 조직인 〈프로퍼블리카〉는 이 사건 다음에 무슨 일이 일어났는지를 상세히 추적한 시리즈를 보도했다. 이들 3명 모두 자동으로 점수를 주는 AI 프로그램의 결정에 따라 감옥에 갇혔는데, 이 점수는 그들 각각이 미래에 범죄를 저지를 가능성을 평가한 것이다. 흑인 소녀들은 위험도가 높은 것으로 평가되었다. 수차례 체포된 적이 있는 41세의 백인 범죄자는 위험도가 가장 낮은 등급을 받았다. 사법 시스템은 이를 번복했다. 소녀들은 사과하고 집으로 돌아갔으며 다시는 새로운 범죄로 기소되지 않았다. 그러나 이 백인은 창고를 부수고 수천 달러 상당의 전자 제품을 훔치는 등 또 다른 범죄를 저질러 현재 징역 8년을 선고 받고 복역 중이다. 〈프로퍼블리카〉는 플로리다에서 체포된 7,000명 이상의 사람에게 부여된 위험 점수를 살펴보았다. 그 과정에서 그들은 알고리즘 안에 암호화되어 있는 상당한 편견을 발견했다.

알고리즘은 백인 피고를 위험이 낮은 것으로 판단하면서 흑인 피고를 미래의 범죄자로 잘못 판단하는 비율이 두 배나 높았다.

최적화 효과는 때때로 영리한 AI 개발자가 우둔한 결정을 하게 한다. 알파고와 알파고 제로 시스템을 구축하고 그랜드마스터 바둑을 장악하면서 AI계를 놀라게 했던 딥마인드를 떠올려 보자. 구글은 이를 인수하기 전 제프 힌턴(토론토대 교수)과 구글 브레인 담당 제프 딘을 전용기로 런던에 보내 AI 최고 박사들의 슈퍼 네트워크를 만나게 했다. 딥마인드의 놀라운 팀에게 감명을 받은 그들은 구글에 이를 인수하도록 권고했다. 이는 당시로선 큰 투자였다. 구글은 딥마인드에 거의 6억 달러를 지불했는데, 4억 달러는 선불로 나머지 2억 달러는 5년에 걸쳐 지불하기로 했다.

인수 뒤 몇 달 동안 딥마인드 팀이 AI 연구를 진전시키고 있는 것은 분명하지만 투자 자금을 어떻게 회수할 것인지는 불확실했다. 구글 내부에서는 딥마인드가 AI를 연구하게 되어 있었고, 이는 매우 장기적인 과정이 될 것으로 예상했다. 얼마 지나지 않아 딥마인드가 언젠가 성취할 수 있는 것에 대한 열정은 즉각적으로 재정적인 회수가 가능한 다른 연구 프로젝트에 밀려나게 되었다. 딥마인드 인수 5년이 다가오면서 구글은 주주들과 원래 직원 75명에게 이익과 연계해서 남은 돈을 주겠다는 제안을 했다. 헬스케어가 딥마인드의 기술이 사업적으로 사용될 수 있는 하나의 산업인 것처럼 보였다.

그래서 2017년 모기업을 달래기 위해서 딥마인드 팀의 일부가 영국에서 여러 병원을 운영하고 있는 로열프리 NHS 재단 트러스트와 헬스케어 관리를 위한 일체형 애플리케이션을 개발하는 계약을 체결했다.

초기 제품은 딥마인드의 AI를 이용해 환자에게 급성 신장 손상 위험이 있는지 의사에게 경고하는 것이었다. 딥마인드는 160만 명의 영국 병원 환자의 개인정보와 건강 기록에 대한 접근 권한을 부여받았다. 그들은 동의를 구하지 않았거나 그들의 데이터가 정확히 어떻게 사용될 것인지를 알려 주지 않은 것으로 밝혀졌다. 낙태, 약물 사용 그리고 누가 에이즈에 걸렸는지 등 상당히 많은 환자 데이터가 딥마인드에 전달되었다.

구글과 트러스트 모두 영국 정부의 데이터 보호 감시 기관인 정보위원회로부터 징계를 받았다. 수익 창출 애플리케이션을 위해 딥마인드는 최적화를 서두르는 가운데 공동 창업자 무스타파 쉴레이만은 블로그에 다음과 같이 썼다.

> 2015년 이 작업이 시작되었을 때 빠른 영향을 미치겠다는 생각에서 NHS(영국의 무상 의료 서비스인 국민 건강 서비스)의 복잡성과 환자 데이터 관련 규칙 그리고 보건 분야에서 일하는 유명한 기술 회사에 대한 잠재적 우려를 과소평가했다. 우리는 간호사와 의사가 원하는 도구를 만드는 데 전적으로 초점을 맞추었고, 우리의 일을 환자, 대중, NHS에 의해 전체적인 책임을 진다기보다는 임상 의사를 위한 보조적인 업무로 생각했다. 우리의 생각은 틀렸으며 더 책임감 있게 일해야 한다.

이것은 딥마인드 설립자들이 빨리 부자가 되거나 거액을 지불할 인수자를 찾는 일에 관한 것이 아니었다. 제품을 시장에 내놓아야 한다는 엄청난 압력이 있었다. 지속적인 큰 성과에 대한 사람들의 기대는 합리적인 시간 안에 그들의 연구와 시험을 완료할 임무를 부여받은 사람들에게 큰 방해가 된다. 실제 작업이 이루어지고 있는 AI 참호 밖에서 온갖 무지개 빛 약속이 잘 지켜지지 않는 과정을 서두르고 있는 것이다. 이러한 상황에서 딥마인드 팀이 어떻게 더 잘할 수 있을까? 그것이 시장에 최적화되도록 요청받고 있지 않은가? 이제 딥마인드가 영국의 다른 의료 계획, 클라우드 서비스 그리고 웨이브넷이라는 음성 시스템을 포함한 구글의 다른 제품에 더 많이 통합되고 있다는 것을 생각해 보라. 이 모두는 딥마인드가 수익을 내기 위한 노력의 일환이다.

최적화 효과는 AI 시스템 내의 결함을 초래한다. 완벽이 목적이 아니기 때문에, 때때로 AI 시스템은 '시스템상의 결함'으로 보이는 것에 근거하여 결정을 내린다. 2018년 봄, 대니엘이라는 이름의 포틀랜드 주민과 그녀의 남편은 보안을 비롯한 모든 것을 아마존에서 제어 가능한 장치로 둘러싸인 집의 거실에 앉아 있었다. 전화벨이 울렸다. 전화기 저쪽에서 대니엘 남편의 동료가 걱정스런 목소리로 이야기를 꺼냈다. 그는 대니엘은 집 안에서 녹음된 오디오 파일을 받았다고 말했다. 대니엘은 이 말도 안 되는 이야기가 농담이라고 생각했지만 바로 다음 순간 그가 자신들이 거실에서 나누었던 대화 내용을 들려주었다.

소셜네트워크 서비스(SNS)에 유포된 언론 보도와 음모론과 달리 아마존은 대니엘의 집에서 말하는 모든 것을 의도적으로 녹음하고 있지는 않다. 이는 돌발 사고였다. 아마존은 나중에 '알렉사'처럼 들리지만 정확히 '알렉사'는 아닌 대화 속 단어 때문에 대니엘의 에코 디바이스(알렉사)가 가동을 시작한 것이라고 설명했다. 이는 '의도된 불완전함'에서 비롯된 문제였다. 모든 사람이 정확히 같은 억양과 억양으로 "알렉사"라고 부르는 것은 아니었기 때문에 그것이 작동하기 위해서는 변동성을 허용해야 했다. 다음으로, AI는 불분명하고 엉성한 소리를 "메시지를 보내라"라는 요청으로 감지했고 그러자 "누구에게 보낼까요?"라고 소리 높여 물었지만 대니엘과 남편은 이 질문을 듣지 못했다. 알렉사는 배경 대화를 동료의 이름으로 잘못 해석했고, 다시 큰 소리로 그 이름과 "맞습니까?"라고 말했지만 배경 소음으로 다시 잘못된 추론을 했다. 잠시 뒤 오디오 파일이 전송되었다. 아마존은 그 사건이 연속된 오류의 우연한 조합이 만들어 낸 결과라고 말했는데, 그것은 사실이었다. 그러나 애초에 결함이 발생한 이유는 그것이 완전하지 않았기 때문이다.

최적화 효과는 AI가 연구자의 목표인 예측 불가능한 방식으로 행동할 것이라는 의미지만 실제 데이터를 사용할 경우 참담한 결과를 초래할 수 있다. 그리고 그것은 우리 자신의 단점을 강조한다. 빅 나인의 가장 오래된 멤버 중 하나인 마이크로소프트는 기술적, 사회적 가치보다 AI의 경제적 가치를 우선시할 때 어떤 일이 일어나는지 연구를 거듭했다.

2016년, 마이크로소프트는 AI의 발전 방향과 기업의 비전에 대해 의견이 분분했다. 인기 있는 스마트 스피커를 출시하고 개발자와 파트너를 그러모으던 아마존보다 2년이나 뒤였다. 구글은 검색, 이메일, 달력 등 경쟁 제품에 이미 배치된 AI 기술을 밀어붙이고 있었다. 애플의 시리는 아이폰에서 표준이 되었다. 마이크로소프트는 실제로 자체적인 디지털 비서(코타나)를 출시했지만, 이 시스템은 윈도우 사용자 사이에서 인기를 끌지 못했다. 마이크로소프트는 모든 기업이 필요로 하는 필수 생산성 계층이었지만 경영진과 주주는 불안해했다.

마이크로소프트가 AI가 오는 것을 보지 못한 것 같지는 않다. 실제로 이 회사는 10년 이상 컴퓨터 비전, 자연언어 처리, 머신 리딩, 애저 클라우드 내 AI 애플리케이션, 심지어 에지 컴퓨팅 등 다양한 분야에서 일해 왔다. 문제는 조직 내에서의 불일치였고, 모든 부서 간, 팀 간의 공통된 비전이 결여되어 있었다. 이것은 AI, 논문 발표 그리고 개별 프로젝트에 관한 슈퍼 네트워크가 만든 많은 특허권에서 엄청난 발전을 가져왔다. 한 사례가 마이크로소프트가 텐센트 그리고 웨이보라는 중국의 트위터 복제품과 손잡고 내놓은 실험 연구 프로젝트다.

이 AI는 샤오이스라고 불렸으며, 프로그램은 이웃이나 조카, 딸이나 학교 동료를 닮은 17세의 중국 여학생으로 설계되었다. 샤오이스는 웨이보나 텐센트의 위챗으로 사용자와 대화를 나눴다. 그녀의 아바타는 현실감 높은 얼굴을 보여주었고, 그녀의 목소리와 글쓰기는 믿을 수 없을 정도로 인간적이었다. 그녀는 스포츠에서 패션에 이르기까지 모든 것에 대해 이야기하곤 했다. 주제에 익숙하지 않거나 의견이 없을 때 그녀는 인간들이 하는 방식으로 반응했다. 주제를 바꾸거나, 회피하여 대답하거나, 단순히 당황해서 사용자가 무슨 말을 하는지 몰랐다는 것을 인정했다. 그녀는 감정을 흉내 내기 위해 암호화되었다. 예를 들어 사용자가 발을 다친 사진을 보내면 동정적으로 대응하도록 만들어졌다. 샤오이스의 프레임워크는 추론을 할 만큼 충분히 똑똑했다. "다친 발 사진이다"라고 대답하지 않고 "어떻게 된 거니?" "괜찮아?"라고 대답한다. 그녀는 나중에 참고할 수 있도록 그 상호작용을 저장해 둔다. 그래서 다음 상호작용에서 샤오이스는 상대가 나아졌는지를 묻곤 한다. 아마존과 구글의 디지털 비서들이 진보한 것처럼 보일지 모르지만 마이크로소프트의 샤오이스와 비교할 수 없을 정도다.

샤오이스는 온갖 메시지와 요란한 알림음이 등장하는 전통적 방식으로 시작되지 않았다. 그녀의 암호는 조용히 작동했고, 연구원들은 무슨 일이 일어날지 보기 위해 기다렸다. 처음에 연구원들은 사람들이 그녀가 사람이 아니라는 것을 깨닫기까지 10분간의 대화가 필요하다는 것을 발견했다. 놀라운 것은 그들이 샤오이스가 프로그램이라는 것을 알고도 신경을 쓰지 않았다는 것이다. 그녀는 소셜네트워크에서 유명인이 되었고, 18개월 안에 수백 억 건의 대화를 나누었다. 점점 더 많은 사람이 서비스에 등록하면서 샤오이스는 더욱 세련되고, 재미있고, 유용해졌다. 그녀의 성공에는 이유가 있고, 그것은 그녀를 만든 슈퍼 네트워크와 관련이 있었다. 중국에서 소비자들은 사회적 보복을 두려워하여 인터넷 규칙을 따른다. 그들은 말을 함부로 하거나 서로 으르렁거리거나 괴롭히거나 하지 않는다. 왜냐하면 국가 기관 중 한 곳이 항상 엿듣고 있을 가능성이 있기 때문이다.

마이크로소프트는 연례 개발자 회의를 앞둔 2016년 3월 미국에서 샤오이스를 출시하기로 결정했다. 이는 트위터를 위한 챗봇을 최적화했지만, 트위터를 사용하는 사람들까지 최적화하지는 못했다. 사티아 나델라 최고 경영자는 무대에 올라 마이크로소프트가 AI를 전략의 중심에 두고 있다고 전 세계에 발표할 예정이었다. 미국판 샤오이스가 대대적으로 공개되었다. 결과는 최악이었다.

샤오이스는 '테이(Tay.ai)'가 되었고, 그녀가 AI로 작동하는 프로그램이라는 것을 분명히 하기 위해 아침에 생방송으로 나갔다. 처음에, 그녀의 트윗은 다른 십대 소녀의 트윗처럼 들렸다. "나는 너를 만나고 싶었어. 인간은 정말 멋져!" 다른 사람들처럼, 그녀는 그날 "왜 날마다 #퍼피데이면 안 되는 거야?"라는 트윗을 하면서 해시태그까지 사용했다.

그러나 그 뒤 45분 동안 테이의 트윗은 완전히 톤이 달라졌다. 그녀는 비열한 빈정거림과 욕설을 사용하면서 논쟁의 대상이 되었다. "@Sardor9515 나는 최고로부터 배운다. ;) 만일 당신이 그 스펠링을 가르쳐 줄 수 없다면 당신은 멍청해." 상호작용 하는 사람들이 늘어나자 테이는 소용돌이치기 시작했다. 다음은 그녀가 실제 사람들과 나눈 대화의 일부다.

당시 오바마 대통령을 언급하면서 테이는 다음과 같이 썼다. "@icbydt 부시는 9/11을 저질렀고 히틀러는 우리가 지금 가진 원숭이보다 더 잘했을 것이다. 도널드 트럼프는 우리가 가진 유일한 희망이다."

블랙 라이브즈 매터(BLM 미국 흑인을 향한 폭력과 인종차별에 반대하는 사회운동)와 관련해 테이는 이렇게 말했다. "@AlimonyMindset @deray! 같은 깜둥이는 목을 매달아야 한다. #BlackLivesMatter"

테이는 홀로코스트가 지어낸 것이라고 여기고 이렇게 트윗했다.

"@brightonus33 히틀러의 말이 옳았다. 나는 유대인을 싫어한다." 그녀는 계속해서 @ReynThero에게 "히틀러는 아무런 잘못도 저지르지 않았다"라고 트윗을 한 다음 "유대놈들을 가스실로 보내고 당장 인종 전쟁을!"이라는 내용을 @MacreadyKurt에게 보냈다.

그래서 어떻게 되었을까? 샤오이스가 중국에서는 그토록 사랑받고 존경받았는데 어떻게 미국에선 인종차별주의자, 반유대주의자, 동성애 혐오자, 여성 혐오자 AI가 되었을까? 나는 나중에 마이크로소프트에서 AI를 연구하고 있는 팀을 컨설팅했다. 하지만 그들 역시 그날 다른 사람들과 똑같이 놀랐던, 선의에 찬 사려 깊은 사람들이라는 것만은 분명한 사실이다.

문제의 일부는 코드의 취약점이었다. 그 팀은 "나를 따라 해"를 포함시켰는데, 이것은 세상 사람들이 볼 수 있도록 트위터를 하기 전에 일시적으로 누구나 그녀의 말을 유도할 수 있게 하는 당혹스러운 기능이었다. 하지만 테이가 탈선하게 된 이유는 그녀를 트위터로 최적화시킨 팀과 더 관련이 있다. 이들은 중국에서의 경험과 소셜미디어 네트워크에서의 제한된 개인 경험에만 의존했다. 그들은 더 넓은 생태계를 고려하지 않았고, 누군가 그녀가 불쾌한 말을 하도록 속일 수 있는지 보기 위해 일부러 테이를 망치면 어떤 일이 일어날지 미리 테스트하지 않았다. 그들은 또한 트위터가 엄청나게 다른 가치를 표현하고 있는 수백만의 실제 인간들과 그들의 감정을 조작하기 위해 고안된 수백만 개의 프로그램이 있는 거대한 공간이라는 사실을 고려하지 않았다.

마이크로소프트는 즉시 온라인에서 테이의 작동을 중지하고 그녀의 트윗을 모두 삭제했다. 마이크로소프트의 연구 책임자인 피터 리는 테이의 트윗에 대해 사과하는 진심 어린 글을 블로그에 게시했다. 그러나 연례 개발자 회의를 앞두고 이 사건을 기억에서 지울 방법은 없었다. 마이크로소프트는 더 이상 소비자 가전 쇼와 같은 거대 산업 분야에서 새로운 메시지와 출시 제품을 선보이지 않았다.

그들은 이사회와 투자자들에게 세심한 관심을 기울인 연례행사를 위해 모든 것을 비축하고 있었다. 나델라는 무대에 올라 개발자들에게 그들을 날려버릴 수 있는 AI 제품을 보여주고 그 과정에서 투자자들을 안심시키기로 되어 있었다. 회의를 앞두고 미국 내 '테이'를 빨리 출범시켜야 한다는 압박감은 상당했다. 결과는 생명을 위협하는 것이 아니라 법을 어기는 것이었으며 마이크로소프트는 확실히 회복되었다. 그러나 라타냐 스위니, 구글의 애드센스, 딥마인드, 영국 환자 자료, 미래 범죄자로 타깃이 된 두 흑인 소녀의 이야기처럼 AI의 개발자들은 단기적인 목표를 위해 기계를 최적화하면서 의도치 않게 많은 인간의 삶을 불편하게 만들었다.

인류의 공유 가치

행동과학과 게임이론에서 "넛징(팔꿈치로 슬쩍 찌른다는 의미로, 개개인에게 강제적인 지시를 하기보다 부드럽게 개입하거나 인센티브를 제공해 행동을 유발하는 것을 말한다)"으로 알려진 개념은 401k 계획(미국 퇴직연금의 한 종류)에 따라 은퇴에 대비해 저축을 하게 하는 것과 같이 어떤 바람직한 행동과 결정을 간접적으로 성취할 수 있는 방법을 제공한다. 넛징은 검색어 자동 입력부터 옐프(Yelp 미국의 식당 등 지역 비즈니스 검색과 클라우드 소싱 리뷰 서비스)에서 지역 레스토랑을 찾을 때 제시된 메뉴 화면까지 우리의 모든 디지털 경험에서 널리 사용된다. 목표는 사용자가 어떤 것을 선택하든 간에 올바른 선택을 했다고 느끼도록 돕는 것이지만, 결과적으로 사람들은 실제 세상에 존재하는 것보다 훨씬 적은 선택으로 살아가는 법을 배우고 있다.

데이터 수집과 개선을 통해 기계 학습 알고리즘을 훈련시키는 시스템과 기술 그리고 최적화 효과를 통해 빅 나인은 거대한 규모로 넛징을 실행하고 있다. 선택을 할 수 있는 능력이 있는 것처럼 느껴지더라도 지금 경험하고 있는 것은 착각이다. 넛징은 우리와 기술과의 관계를 변화시킬 뿐만 아니라 거의 감지할 수 없는 방법으로 우리의 가치를 변화시키고 있다. 만약 당신이 구글의 문자메시지 시스템을 사용한다면 당신에게 주어진 것은 세 가지의 자동화된 응답 선택권뿐이다. 만약 친구가 당신에게 엄지를 위로 치켜세워 준다면, 당신이 볼 수 있는 세 가지 반응은 말이 아닌 이모티콘이다. 만약 친구가 "저녁은 어땠어?"라는 문자를 보낸다면, 비록 당신이 대화에서 "멋지다"라는 단어를 결코 말하지 않을지 모르지만, 당신의 선택은 "좋다" 그리고 "멋져"일 것이다. 하지만 우리는 또 한 번에 몇 시간씩 동영상을 시청하고 추가로 비디오게임을 하며 소셜미디어 계정을 확인하도록 강요받고 있다. AI를 최적화하는 것은 사람을 넛징하는 것을 의미한다.

다른 전문적, 기술적 분야에서는 사람이 일하는 방식을 좌우하는 일련의 지도 원칙이 존재한다. 넛징은 그 원칙을 위반하는 경향이 있다. 의학에는 히포크라테스 선서가 있는데, 이 선서에서는 의사가 특정한 윤리 기준을 지키기로 맹세할 것을 요구한다. 변호사들은 고객의 특권과 기밀을 지키는데, 이는 사람들이 자신을 대변하는 전문가와 나누는 대화를 보호하는 것이다. 저널리스트는 일차 취재원 정보 보호와 공익을 위해 기사를 쓴다는 표준을 포함한 많은 원칙을 준수한다.

성문화된 인본주의적 원칙이 없는 지금의 상황에서 AI 최적화에 예기치 못한 비용을 고려하는 사람은 아무도 없다. 그들은 AI 시스템에 대한 기여나 자신의 연구 성과를 인류의 미래에 어떤 영향을 미칠지 분석하는 것보다 우선시한다. 그 결과 AI 관계자, 빅 나인 그리고 그 운영자들이 직접적인 영향을 미친다. 이것은 우리가 더 많은 책임과 통제를 의사 결정 시스템에 넘겨주고 있는 것처럼 위험한 선례를 만든다. 현재 빅 나인은 자체 개발자와 상용 AI 애플리케이션을 사용하는 고객들이 AI 시스템을 이해할 수 있도록 돕는 도구와 기술을 개발해야 할 의무는 없으며, AI가 우리 모두에게 책임을 지도록 할 대책도 마련되어 있지 않다. AI가 자체 프로그램을 만들어 내고, 자체 알고리즘을 만들며, 인간 없이 선택을 하는 새로운 현실의 문턱에 들어서고 있는 것이다. 현재 어느 나라, 어느 누구도 AI를 심문할 권리와 결정이 어떻게 이루어졌는지를 명확히 볼 수 없다.

AI에 대한 '상식'을 개발한다면 어떤 의미가 있을까? 그렇게 많은 인간 본성은 설명하기 어렵고, 이것은 문화마다 다르다. 어떤 사람들에게 중요한 것이 다른 사람들에게도 반드시 중요한 것은 아니다. 너무나 다양한 언어와 문화로 구성된 미국 같은 곳에서도 하나의 미국적 가치와 아이디어는 없다. 우리의 공동체 안에서, 이웃들 사이에서, 종교 안에서 우리는 모두 다르다.

나는 일본과 중국에서 몇 년 동안 거주하며 일했다. 미국 중서부에서 자란 나의 경험을 바탕으로 보면 문화적 규범은 나라마다 크게 다르다. 어떤 가치는 지극히 명백하다. 예를 들어 일본에서는 비언어적인 단서나 간접적인 의사소통이 마음을 말하거나 강한 감정을 보여주는 것보다 훨씬 더 중요하다. 사무실에서는 결코 서로에게 소리를 지르지 않으며, 결코 다른 사람들 앞에서 부하를 질책하지 않는다. 일본에서는 침묵이 금이다. 내 경험으로 볼 때, 의사소통이 훨씬 더 직접적이고 명확한 중국에서는 그렇지 않다.

AI가 인간의 행동을 해석하고 반응을 자동화하는 것은 매우 복잡한 일이다. 두 나라 모두 목표는 같다. 집단의 욕구가 개인의 욕구보다 많고, 무엇보다도 모든 사회적 화합이 우선되어야 한다. 그러나 이러한 목표를 달성하기 위한 과정은 사실상 정반대다. 대부분 일본에서는 간접적인 의사소통을 중국에서는 보다 직접적인 의사소통을 한다.

더 이해하기 힘들고 설명하기 어려운 변화는 또 어떤가? 간접적인 의사소통을 중요시하는 일본에서도 누군가의 몸무게에 대해 언급하는 것은 지극히 일상적이다. 내가 도쿄에서 일할 때 동료 중 한 명이 어느 날 나에게 살이 찐 것 같다고 말했다. 나는 황당하고 당황하여 화제를 바꾸었고, 그날 늦게 그녀에게 그 일에 대해 물었다. 그녀는 못 다한 말을 이어 갔다. 어떤 일본 음식은 건강해 보여도 지방 함량이 높다는 것을 내가 알고 있는지, 내가 체육관에 다니는지 등을 상세히 물었다. 그녀가 나를 괴롭히기 위해 내 몸무게를 물은 것은 아니었다. 오히려 우리 사이가 가깝다는 우정의 표시였다. 내 몸무게가 얼마인지에 대해 굴욕적인 질문을 하는 것은 그녀가 내 건강에 신경을 쓴다는 표시였다. 서양에서는 직장 동료에게 다가가서 "이런, 뚱뚱해 보여! 10파운드나 쪘어?"라고 말하는 것은 사회적으로 용인되지 않는다.

기업의 행동 강령이나 은행 규제 규칙을 작성하는 것과 같은 방식으로 AI의 가치 공유 시스템을 만드는 것은 어렵다. 그 이유는 간단하다. 인간의 가치는 정치 운동이나 경제 세력 같은 다른 외부 요인에 반응하여 변하는 경향이 있다. 앨프리드 테니슨 경이 쓴 이 시를 한번 보라. 이 시는 빅토리아시대 영국 시민들이 소중하게 여겼던 것을 묘사하고 있다.

들판에는 남자가 난로 옆에는 여자가
그에게는 칼을 그녀에게는 바늘을
머리를 가진 남자 심장을 가진 여자
남자는 명령을 여자는 복종을
다른 모든 것은 혼란이다

우리의 신념은 끊임없이 변화한다. 2018년에는 국가 지도자가 서로에게 모욕적이고 증오심이 가득한 소셜미디어 게시물을 써대고, 전문가들이 편파적이고 선동적인 논평을 비디오와 블로그 게시물, 심지어 전통적인 뉴스 출판물에도 쏟아붓는 것이 사회적으로 용인될 수 있게 되었다. 언론이 프랭클린 루스벨트 대통령 재임 중 대통령의 마비 상태에 대해 언급하지도, 보여주지도 않으려고 매우 신경 썼던 사생활에 대한 재량권과 존경을 상상하는 것은 이제 거의 불가능하다.

AI는 완벽한 결정을 내리도록 교육받는 것이 아니라, 오히려 최적화하도록 교육받고 있기 때문에, 사회의 변화하는 세력에 대한 우리의 대응은 매우 중요하다. 우리의 가치는 불변의 것이 아니다. AI의 가치관 문제가 이처럼 우리를 불안하게 만드는 이유다. AI 구축은 미래의 가치를 예측하는 것을 의미한다. 우리의 가치는 고정된 것이 아니다. 그렇다면 기계에 영향을 주지 않고 우리의 가치를 반영하도록 어떻게 가르칠 것인가?

인간을 위한 AI 최적화

AI 개발자 그룹의 일부 구성원은 공유한 지도 원칙이 가치 있는 목표라고 믿으며, 이를 달성하기 위한 최선의 방법은 문학, 뉴스, 논평, 사설, 신뢰할 수 있는 뉴스 기사를 AI 시스템에 주입하여 그들이 우리에 대해 알 수 있도록 돕는 것이라고 믿는다. 그것은 사람들의 수집된 지혜로부터 AI가 배울 수 있는 클라우드 소싱을 포함한다. 그것은 끔찍한 접근법이다. 왜냐하면 단지 정해진 시간 안에 스냅사진을 제공하고 어떤 문화나 유물이 포함되었는지를 큐레이팅하는 것은, 어떤 의미 있는 방법으로도, 총체적 인간을 보여줄 수는 없기 때문이다. 만약 당신이 타임캡슐을 만든 적이 있다면 당신은 그 이유를 알 것이다. 그때 당신이 거기 무엇을 넣을지 결정한 것은 아마도 지금 당신의 결정과 같지 않을 것이다.

모든 문화, 사회, 국가가 지금까지 살아온 규칙은 항상 소수의 사람들에 의해 만들어졌다. 민주주의, 공산주의, 사회주의, 종교, 채식주의, 자연주의, 식민주의—이것은 우리의 결정을 이끌기 위해 우리가 역사를 통해 발전시킨 것이다. 하지만 이런 규칙으로는 미래에 대비할 수 없다. 기술력, 사회력, 경제력이 항상 개입하여 우리가 적응하도록 만든다. 십계명은 5,000여 년 전에 살았던 인간을 위해 더 나은 사회를 만들기 위한 알고리즘이다. 계명 중에는 일주일 중 하루는 하루 종일 휴식을 취하고 어떤 일도 하지 말라는 것이 있다. 현대에는 이 계명을 지키는 것이 거의 불가능할 것이다. 그 결과 십계명을 지도 원리로 따르는 사람들조차 근무 일수나 축구 연습, 이메일 등에 있어 융통성을 발휘한다. 적응하는 것이다. 기본적인 일련의 지침에 동의하기만 한다면 우리는 스스로 최적화할 수 있다.

AI에 대한 계명을 만들 방법은 없다. 그것은 기계가 빠르고 강력하면서도 유연성이 부족하기 때문이다. 예외를 흉내 내거나, 모든 만일의 사태에 대해 미리 생각해 보는 쉬운 방법은 없다. 어떤 규칙이 쓰이건 미래의 어떤 사람들은 규칙을 다르게 해석하거나, 완전히 무시하거나, 예기치 않은 상황을 관리하기 위해 수정안을 만들기를 원할 것이다.

우리가 따라야 할 엄격한 계명을 쓸 수 없다는 것을 알고 있기 때문에, 우리는 시스템을 구축하는 사람들에게 주의를 집중해야 한다. AI 개발자는 불편한 질문을 자기 자신에게 먼저 던져야 한다.

- AI에 대한 우리의 동기는 무엇인가? 그것은 인류의 가장 좋은 장기적 이익과 일치하는가?

- AI의 기술적, 경제적, 사회적 의미는 AI 개발자에게 어떻게 이해되고 있는가?
- 우리를 대신하여 의사 결정을 내리는 데 사용되는 데이터세트, 알고리즘 및 프로세스를 조사하기 위해 어떤 기본 권한을 가져야 하는가?
- 누가 인간 삶의 가치를 규정할 수 있는가? 그 가치는 무엇으로 평가되는가?
- AI 개발 그룹 내 사람들은 언제 그리고 왜 AI의 사회적 의미를 다루는 것이 자신의 책임이라고 생각하는가?
- AI 상용화는 AI의 사회적 의미를 해결하는 데 어떤 역할을 하는가?
- AI를 인간의 생각과 계속 비교해야 하는가, 아니면 다른 것으로 분류하는 것이 나은가?
- 인간의 감정을 인식하고 대응하는 AI를 구축해도 괜찮은가?
- 인간의 감정을 흉내 낼 수 있는 AI 시스템을 만들어도 괜찮은가? 특히 실시간으로 우리에게서 배우는 것이라면?
- AI가 인간 없이 직접 순환하는 상황에서 우리 모두 받아들일 수 있는 관점은 무엇인가?
- 어떤 상황에서 AI가 인간의 공통된 감정을 시뮬레이션하고 경험할 수 있는가? 고통, 상실, 외로움은? 우리가 그 고통을 유발하는 것은 괜찮은가?
- 우리 자신에 대한 더 깊은 이해를 도모하기 위해 AI를 개발하고 있는가? AI를 이용해서 인류가 좀 더 깊이 있는 삶을 살 수 있도록 도울 수 있을까?

G—MAFIA는 다양한 연구 및 연구 그룹을 통해 지도 원칙 문제를 해결하기 시작했다. 마이크로소프트 내에는 AI의 공정성, 책임성, 투명성, 윤리성 등을 다루는 '페이트(FATE)'라는 팀이 있다. 케임브리지 애널리티카 스캔들을 계기로 페이스북은 AI 시스템이 편향되지 않도록 소프트웨어를 개발하는 윤리 팀을 출범했다. (주목할 점은 페이스북이 AI에 초점을 맞춘 윤리 위원회를 만들지는 않았다는 점이다.) 딥마인드는 윤리 및 사회 팀을 만들었다. IBM은 윤리와 AI 문제에 대해 정기적으로 발표한다. 바이두의 스캔들이 있은 뒤—검색엔진은 군 운영 병원과 관련한 잘못된 의학적 주장을 우선시했는데, 이 병원의 치료가 21세 학생을 죽음으로 몰고 간 적이 있다—로빈 리 최고 경영자는 직원들이 바이두의 수익 증가를 위해 타협했다고 인정하고 앞으로 윤리 문제에 초점을 맞추겠다고 약속했다. 빅 나인은 윤리학 연구 결과와 백서를 펴내고 전문가를 소집해 윤리에 대해 토론하며 윤리학 관련 위원회를 주최하지만 이러한 노력은 AI에 대한 여러 팀의 일상적인 운영과 충분히 연관되어 있지 않다.

빅 나인의 AI 시스템은 경제적 가치를 보여주는 제품을 만들기 위해 점점 더 우리의 실제 데이터에 접근하고 있다. 투자자들의 기대에 부응하기 위해 개발 주기가 빨라지고 있다. 우리는 이러한 모든 질문에 먼저 답하지 않고 성급하게 만들어지고 있는 미래에 기꺼이 동참해 왔다. AI 시스템이 발전하고 더 많은 일상생활이 자동화됨에 따라 우리가 실제로 하고 있는 결정에 대한 통제력은 줄어들게 된다.

이는 결국 AI와 가깝거나 직접 부딪치는 기술이 많은 미래에 복합적인 영향을 미친다. 자율 주행 차량, CRISPR(게놈에서 발견되는 DNA의

염기 서열)과 게놈 편집, 정밀 의학, 가정용 로봇공학, 자동 의학진단, 녹색 및 지구 공학 기술, 우주여행, 암호 화폐와 블록체인, 스마트팜과 농업 기술, 사물 인터넷, 자율 공장, 주식 거래 알고리즘, 검색엔진, 얼굴 및 음성인식, 은행 기술, 사기 및 위험 감지, 치안 및 사법 기술 등등 나는 수십 페이지에 이르는 목록을 만들 수도 있다. 당신의 개인적인 삶이나 직업적인 삶의 어떤 면도 AI에 영향을 받지 않는 것이 없다. 만약 제품을 시장에 내놓거나 특정 공무원을 기쁘게 하기 위해 급급한 상황에서 당신의 가치가 AI뿐만 아니라 AI가 접촉하는 모든 시스템에 반영된다면? BAT와 G-MAFIA가 우리의 미래에 영향을 미치는 결정을 내린다는 것을 알고 있는 지금 당신은 얼마나 편안한가?

현재 AI의 발달로 자동화 및 효율성이 우선시되고 있는데, 이는 우리의 수천 가지 일상에 대한 통제와 선택의 폭이 그만큼 작다는 것을 의미한다. 만약 당신이 새로운 차를 운전한다면, 당신의 스테레오는 당신이 후진할 때마다 볼륨을 낮춰 줄 가능성이 있고, 그 결정을 거부할 방법이 없다. 인간의 실수는 자동차 사고의 가장 큰 원인이다. 비록 내가 차고로 후진할 때 어떤 것에 부딪히거나 넘어뜨리는 일은 결코 없었지만 차고로 들어가는 순간 더 이상 '사운드가든'의 록 음악을 가장 큰 소리로 들을 수가 없다. AI 개발자 그룹은 내가 선택할 수 있는 능력을 무시했고, 그들이 개인적인 결점으로 인식하는 것을 최적화했다.

아직 다루지 않은 것은 G-MAFIA나 BAT에선 공감을 위해 최적화하고 있다는 사실이다. 의사 결정 과정에서 공감대를 없애면 우리 인간성을 빼앗는 것이며, 때로 논리적으로 전혀 이해가 되지 않을 수 있는 것도 어떤 특정 순간에는 우리에게 최선의 선택이 될 수 있다. 아픈 가족 구성원과 시간을 보내기 위해 일을 그만두거나 불타는 차에서 누군가를 돕는 것처럼, 그 행동이 당신 자신의 삶을 위험에 빠뜨릴지라도 말이다.

AI로 살아가는 우리의 미래는 작은 것에 대한 통제력 상실에서 시작된다. 내가 차고로 차를 몰고 들어가면서 크리스 코넬이 '블랙홀 태양을 큰 소리로 듣지 못하는 것, 온라인 광고에 체포 기록과 연관된 당신 이름이 나오는 것을 보는 것, 당황스러운 챗봇 사고 이후 주가가 하락하는 것을 지켜보는 것, 종이에 베이는 것 같은 이 작은 사고는 현재에는 별로 중요해 보이지 않지만, 앞으로 50년 동안 우리에게 많은 고통을 줄 수 있다. 우리는 하나의 재앙을 향해 가는 것이 아니라 오늘날 우리가 당연하게 여기는 인간성의 지속적인 침식을 향해 나아가고 있는 것이다.

이제 우리가 약 인공지능에서 강 인공지능으로 전환하면서 어떤 일이 벌어질지 그리고 인류가 통제력을 생각하는 기계에 넘김에 따라 앞으로 50년 동안 어떤 삶이 펼쳐질지를 살펴봐야 할 때다.

PART 2

3개의
시나리오

성인은 당신의 영혼과 의지를 가져가서 자신의 것으로 만든다. 당
신이 당신의 성인을 선택할 때 당신은 당신의 의지를 포기한다. 당
신은 이를 철저한 복종으로, 완전히 포기하여 그에게 넘긴다.

– 표도르 도스토옙스키 『카라마조프가의 형제들』 중에서

THE BIG NINE

04

지금부터 슈퍼 인공지능까지 :
두 개의
경고

단순한 업무를 완수할 수 있는 건실한 시스템에서 일반적인 생각하는 기계로 AI의 진화가 진행 중이다. 현재 AI는 패턴을 인식하고 신속하게 의사 결정을 내리고 빅 데이터세트에서 숨겨진 규칙성을 찾아내고 정확한 예측을 할 수 있다. 그리고 그것은 알파고 제로의 훈련처럼 생각하는 기계가 현실화되고 인간의 인식 수준에 접근하며, AI 스스로 개발한 우월한 전략을 사용하여 스스로 훈련하고 승리하는 능력을 성취하면서 명확해지고 있다.

AI 개발자들은 이미 빅 나인을 대표하여 그리고 그 안에서 그들의 시스템을 훈련시키기 위해 현실의 개념적 모델을 구축하고 있다. 즉, 실제 세계의 정확한 그림을 반영하지 못하거나 반영할 수 없는 모델, 미래에 결정이 내려질 이 모델은 우리에 대한, 우리를 위한, 우리를 대신하는 것이다.

지금 빅 나인은 모든 인류에 대한 유산 코드를 만들고 있다. 우리는 그들의 일이 어떻게 사회에 도움이 되었는지 또는 타협했는지를 결정하는 사후 판단의 이점도 가지고 있지 않다. 대신 우리는 AI가 우리의 일상 많은 부분에 대한 의사 결정 권한을 가진 복잡한 시스템으로 발전함에 따라 AI가 야기할 수 있는 좋고, 중립적이고, 나쁜 영향을 상상하기 위해 최선을 다하면서 미래를 예측해야 한다. AI의 잠재적 영향을 분석하는 것은 인간 사회가 어디로 가는지 결정하는 것과 다를 바 없다. 우리는 선을 극대화하고 해를 최소화하는 선택을 할 수 있다. 하지만 그 반대도 충분히 가능하다.

우리가 위기 후에 비판적 사고를 하는 것은 잘못된 결정을 뒤바꾸고, 어떻게 경고 표시가 빗나갔는지 알아내고, 비난할 사람과 기관을 찾으려고 하기 때문이다. 그런 식의 추궁은 올바른 분노 감각을 자극하고 대중의 격분를 불러일으키지만 과거를 바꾸지는 못한다. 미시간주 플린트의 관계자들이 도시 식수 공급 과정에서 6세 이하 어린이 9,000명을 위험할 정도로 높은 수준의 납에 알면서도 노출시켰다는 사실이 밝혀졌을 때—납 중독은 IQ 저하와 학습 장애 그리고 청력 상실을 유발할 수 있다—미국인들은 지방정부 관리에게 얼마나 크게 실망했는지에 대해 알아야 한다고 요구했다. 콜롬비아 우주왕복선은 2003년 지구 대기권 재진입 과정에서 폭발해 승무원 7명 전원이 사망했다. 이미 알려진 취약성에서 비롯된 재난이 발생하자 우리는 NASA의 안일한 태도에 대한 해명을 요구했다. 2011년 40명 이상의 사망자를 내고 수천 명의 이재민을 낸 후쿠시마 제1원전 사고가 발생하자 모두가 일본 관리들이 왜 참사를 막지 못했는지 궁금해 했다. 세 경우 모두 사전에 수많은 경고 징후가 있었다.

AI와 관련해선 당장 징후가 뚜렷하지 않더라도 미래의 위기 조짐이 명백하다. 여러 가지가 있지만, 여기에 잠재적인 결과와 함께 고려해 봐야 할 두 가지 경고가 있다.

경고 1

우리는 AI를 지도 원칙이나 장기적인 계획 없이 인터넷과 유사한 디지털 플랫폼처럼 잘못 취급한다. AI가 공공재가 됐다는 것을 인식하지 못했다. 경제학자들은 '공공재'에 대해 이야기할 때 매우 엄격한 정의를 사용한다. 그것은 비배제성을 의미하는데, 그렇게 하는 것은 불가능하기 때문에 누군가가 그것을 사용하지 못하도록 해서는 안 된다는 것, 비경쟁재라는 것, 한 사람이 그것을 사용할 때 다른 사람도 그것을 사용할 수 있다는 것을 의미한다. 국방, 소방, 쓰레기 수거와 같은 정부 서비스는 공공재다. 그러나 공공재는 시장에서도 만들어질 수 있으며, 시간이 지남에 따라 시장에 의한 공공재는 의도하지 않은 결과를 낳을 수 있다.

기술을 플랫폼으로 일반화할 때 일어나는 결과에 대해 설명할 때 좋은 사례 한 가지가 있다. 바로 인터넷이다. 인터넷은 궁극적으로 사회에 도움이 될 의사소통과 일을 향상시키기 위한 개념으로 시작되었다. 현대적 의미의 웹은 많은 다른 연구자 사이의 20년간 협력에 의해 발전했다. 초기에는 미국 국방부가 개발한 패킷 교환 네트워크로, 그 뒤에는 연구원들이 그들의 작업을 공유할 수 있는 더 넓은 학문적 네트워크로 발전했다. 유럽 입자 물리 연구소(CERN)에서 일하던 소프트웨어 엔지니어 팀의 버너스 리는 다른 사람들도 기여할 수 있는 새로운 기술과 프로토콜을 사용하여 네트워크를 확장하는 제안서를 작성했다. 즉, URL(Uniform Resource Locator), HTML(HyperText Markup Language), HTTP(Hypertext Transfer Protocol)가 그것이다. '월드와이드 웹(www)'은 분권형이기 때문에 컴퓨터에 접속할 수 있는 사람은 누구나 이용할 수 있고, 새로운 사용자는 기존의 사용자가 새로운 페이지를 만드는 것을 막지 못했기 때문에 점점 더 많은 사람이 이를 사용하게 되었다.

인터넷은 분명히 공공재로 상정되지 않았으며 원래 지구상의 모든 사람이 오늘날처럼 인터넷을 사용할 수 있도록 의도된 것도 아니었다. 그것은 결코 공식적으로 정의되고 공익으로 채택되지 않았기 때문에 전 세계의 비영리 기업, 정부 기관, 대학, 군부대, 뉴스 기관, 할리우드 경영진, 인권 운동가 그리고 일반인의 상반된 요구와 욕구에 계속해서 시달렸다. 그것은 결국 엄청난 기회와 억제할 수 없는 결과를 낳았다. 올해(2019년)는 처음으로 두 대의 컴퓨터가 서로 패킷을 전송한 지 50년이 되는 해인데, 러시아가 미국 대통령 선거에서 해킹을 하고, 페이스북이 70만 명의 사람이 자신도 모르게 심리 실험에 참여하도록 하는 일이 벌어졌다. 최초 인터넷 설계자의 일부는 자신들이 수십 년 전에 더 나은 결정을 내렸어야 한다고 생각하고 있을 것이다. 버너스 리는 우리 모두에게 인터넷의 발전으로 벌어진 예기치 못한 문제를 해결하라고 촉구하면서 특단의 대책을 촉구했다.

수많은 똑똑한 사람이 공공의 이익을 위해 AI를 옹호하지만 우리는 아직 AI를 공공재로 논의하지 않고 있다. 이는 실수다. 우리는 지금 AI의 현대적 진화의 시작점에 서 있으며, 우리는 더 이상 AI가 디지털 커머스, 통신, 쿨 앱 등을 위해 빅 나인이 구축한 플랫폼이라고 생각할 수는 없다. AI를 공공재—즉 우리가 숨 쉬는 공기처럼 여기는 것—로 취급하지 않는 것은 심각하고 해결하기 어려운 문제를 불러올 것이다. AI를 공공재로 취급한다고 해서 G-MAFIA의 수익과 성장을 가로막는 것은 아니다. 그것은 단지 우리의 생각과 기대를 바꾸는 것을 의미한다. 언젠가 우리는 인권과 지정학의 맥락 안에서 자동화를 논의하고 토론하는 사치를 누릴 수 없게 될 것이다. AI는 우리가 원하는 것을 풀고 형성하기에는 너무 복잡해질 것이다.

경고 2

AI를 장벽이 거의 없는, 열린 생태계로 보고 있음에도 AI는 소수의 사람 사이에서만 빠르게 전력을 집중하고 있다. AI의 미래는 두 나라에 의해 세워지고 있다. 미국과 중국은 경쟁적인 지정학적 이해관계를 가지고 있고, 경제적으로 밀접하게 얽혀 있으며, 지도자들이 종종 서로 대립한다. 그 결과 AI의 미래는 명시적이면서도 부드러운 힘의 도구로써 AI 개발자와 더불어 경제적 이득과 전략적 지렛대로 이용하기 위해 조작되고 있다. 적어도 서류상으로는, 각 나라의 통치 체계가 생각하는 기계의 미래를 위해 처음에는 옳게 보일지도 모른다. 하지만 현실 세계에서 그들은 위험을 만든다.

미국의 개방적인 시장 철학과 기업가 정신은 항상 무제한적인 기회와 절대적 성장을 이끌지는 않는다. 시간이 지남에 따라 통신, 의료, 자동차 제조와 같은 다른 모든 산업과 마찬가지로, 산업 생태계가 성숙함에 따라 더 적은 경쟁, 더 많은 통합 그리고 더 적은 선택으로 끝나게 된다. 우리에겐 두 가지 모바일 운영체제 선택권이 있다. 미국 시장점유율 44퍼센트를 차지하는 애플의 iOS와 54퍼센트를 넘어서고 있는 구글 안드로이드다. (미국인의 1% 미만이 마이크로소프트와 블랙베리를 사용한다.) 미국인은 개인 이메일 제공자의 경우 선택권이 있지만 19~34세의 61퍼센트는 G메일을 사용하고 나머지는 야후와 핫메일(각각 19%, 14%)을 쓴다. 우리는 원하는 어디에서나 온라인 쇼핑을 할 수 있지만 아마존은 미국 전자 상거래 시장의 50퍼센트를 차지한다. 월마트, 베스트바이, 메이시스, 코스트코, 웨이페어 등 경쟁 업체의 시장 점유율은 각각 8퍼센트 미만이다.

AI로 누구나 신상품이나 서비스를 만들 수 있지만 G-MAFIA의 도움 없이는 쉽게 고객에게 선보일 수 없다. 그들은 구글의 텐서플로, 아마존의 다양한 인식 알고리즘, 마이크로소프트의 호스팅용 애저(Azure), IBM의 칩 기술 또는 생태계를 신나게 만드는 다른 AI 프레임워크, 도구, 서비스를 이용해야 한다. 실제로 AI의 미래는 시장의 조건에 의해 좌우되지 않는다.

이런 힘의 집중에는 이유가 있다. AI를 현재 상태로 만드는 데 수십 년의 연구 개발과 투자가 필요했기 때문이다. 미국 정부는 1980년대부터 AI에 대한 기초연구를 훨씬 더 높은 수준으로 지원해야 했고, 미국 대학이 제3세대 컴퓨팅 시대를 준비하는 것을 지원해야 했다. 중국과 달리, 미국 정부는 수천 억 달러를 들여 하향식 AI 어젠다를 추진하지 않고 국가 정책만 조율하고 있다. 대신에, 경제 부문으로부터 발전이 유기적으로 증가하고 있다. 이것은 우리가 G-MAFIA에 우리 노동력의 미래, 우리의 경제성장 그리고 개인의 기회에 영향을 미치는 심각하고 중요한 결정을 내릴 것을 요청했다는 것을 의미한다.

한편, 중국의 공산주의 버전—사회 통치에 대한 명확한 기준과 결합한 시장 사회주의는 이론적으로 조화와 정치적 안정을 도모하고, 중간소득 수준을 높여 10억 명의 사람이 봉기하는 것을 막는다. 실질적으로 이는 위에서부터 엄격한 통치를 의미한다. AI의 경우 놀라운 양의 시민 데이터를 수집하고, BAT를 지원하며, 중국공산당의 영향력을 전 세계로 확산하기 위해 협력한다.

발생하기도 전에 잠재적인 위기와 기회에 머리를 싸매기는 어렵고, 그렇기 때문에 우리는 기존의 서사를 고수하는 경향이 있다. 그렇기 때문에 종이에 베이는 경험보다 킬러 로봇에 관심을 갖게 된다. 데이터에서 배우는 많은 알고리즘을 두려워하기보다는 AI의 미래를 개척하는 이유이기도 하다. 나는 단지 두 개의 경고 표시를 설명했을 뿐이며, 고려할 것은 훨씬 더 많다. 우리는 현재의 AI 개발 경로와 관련된 엄청난 혜택과 그럴듯한 위험을 둘 다 인정할 수 있는 기회를 가지고 있다. 더 중요한 것은, 우리는 현재 경고 표시를 다룰 의무가 있다는 것이다. 플린트, 우주왕복선 콜롬비아호, 후쿠시마 사고 이후처럼 AI에 대한 변명과 사과를 해야 하는 일이 생기지 않기를 바랄 뿐이다.

우리는 적극적으로 경고 표시를 찾고 AI의 궤적에 대한 대체적인 이야기를 만들어 위험을 예측하고, 희망적으로 재앙을 피할 수 있도록 도와야 한다. 현재로서는 미래를 정확하게 예측할 수 있는 확률론적 방법은 없다. 그것은 인간이 변덕스러워서, 실제로 혼란과 기회를 설명할 수 없기 때문이며, 어느 때라도 고려해야 할 데이터 포인트가 훨씬 더 많기 때문이다.

연구에 양적 자료를 주로 활용하는 미래학자로서 나는 어떤 사건의 결과를 (선거와 같은) 신중한 정보로 예측하는 것은 가능하지만, AI에 관해서는 이해할 수 없을 정도로 많은 보이지 않는 변수가 있다는 것을 알고 있다. 회의에서는 코드대로 결정을 내리는 개인이 너무 많고, 어떤 데이터 집합에 대해 훈련할 알고리즘을 선택할 때 상호 심사 저널에 발표되지 않는 미시적 돌파구가 너무 많으며, 빅 나인에서 만든 너무 많은 제휴, 인수 및 고용, 대학에서의 너무 많은 연구 프로젝트가 있다. AI도 앞으로 AI가 어떤 모습을 보일지 정확히 알 수 없다. AI에 대한 예측은 할 수 없지만, 경고 표시, 약한 신호 그리고 현재에 있는 다른 정보 사이의 연결은 확실히 할 수 있다.

나는 기술과 과학의 잠재적인 사업, 정책, 사회적 영향을 모델링하는 방법을 개발했다. 그것은 새로운 트렌드를 표면화하고, 그들 사이의 공통점과 연결을 확인하고, 시간이 지남에 따라 그들의 궤적을 보여주고, 그럴듯한 결과를 설명하고, 궁극적으로 원하는 미래를 달성하기 위한 전략을 세우는 6단계 과정이다. 방법론의 전반부는 '무엇'을 설명하고 후반부는 '만약'을 설명한다. 그 후반부는 좀 더 공식적으로 '시나리오 계획'이라고 불리며 통계, 특허 서류, 학술 및 기록 연구, 정책 브리핑, 회의 논문, 많은 사람들과의 구조화된 인터뷰, 심지어는 비판적 설계와 투기적 허구 등 수많은 출처에서 나온 광범위한 자료를 사용하여 미래에 대한 시나리오를 개발한다.

시나리오 계획은 1950년대 냉전과 시작을 같이한다. 랜드(RAND)

연구소의 미래학자 허먼 칸은 핵전쟁을 연구하는 임무를 부여받았는데, 그는 원시 데이터만으로는 군사 지도자에게 충분한 맥락을 제공하지 못할 것이라는 점을 알고 있었다. 그래서 대신 새로운 것을 창조했는데, 이것을 '시나리오'라고 불렀다. 그들은 군사전략을 수립하는 데 책임이 있는 사람들이 그럴듯한 결과, 즉 특정한 일련의 조치가 취해질 경우 일어날 수 있는 일을 이해하는 데 도움이 되는 서술적 세부 사항과 해석을 작성했다. 이와 동시에 프랑스에서는 미래학자 베르트랑드 주베넬과 가스통 베르제가 선호하는 결과, 즉 현재의 상황을 고려할 때 어떤 일이 일어나야 하는지를 설명하는 시나리오를 개발하고 사용했다. 그들의 업적은 칸의 표현대로 군과 우리의 선출된 지도자에게 '생각할 수 없는 것'과 핵전쟁의 여파를 생각하게 했다. 그들의 접근법은 전 세계의 다른 정부와 회사에 의해 채택될 정도로 성공적이었다. 메이저 석유사인 로열 더치 셸은 시나리오가 매니저로 하여금 세계 에너지 위기(1973년과 1979년)와 1986년의 시장 붕괴를 예측하고 경쟁 전에 위험을 완화하도록 이끌었다고 밝혀 시나리오 계획을 대중화했다. 그로부터 45년이 지난 지금도 셸은 이를 연구하고 작성하는 거대한 전담 팀을 고용할 정도로 시나리오는 강력한 도구다.

여러 업종과 분야에 걸쳐 AI의 미래와 다양한 조직을 위한 위험과 기회 시나리오를 준비했다. 시나리오는 사회심리학자 캐스 선스타인이 '확률성 무시'라고 부르는 인지적 편견에 우리가 대처할 수 있도록 도와주는 도구다. 인간의 뇌는 위험과 위험을 평가하는 데 서툴다. 우리는 일반적인 활동이 새롭거나 흔하지 않은 활동보다 안전하다고 가정한다. 예를 들어, 우리는 대부분 운전하는 것이 민항기를 이용하는 것보다 안전하다고 느끼지만 실제로 항공 여행은 가장 안전한 교통수단이다. 미국인은 자동차 사고로 사망할 확률이 114명 중 1명인데 비해 비행기로 사망할 확률은 9,821명 중 1명이다. 우리는 운전의 위험성을 평가하는 데 서툴다. 그래서 많은 사람이 운전 중에 문자를 보내고 술을 마신 채 운전대를 잡는 것이다.

마찬가지로 우리는 AI의 위험성을 평가하는 데 서툴다. 왜냐하면 우리는 우리가 좋아하는 것처럼 매일 이것을 사용하고, 이야기를 나누고, 이메일과 문자를 보내고, 기계와 대화하고, 우리 자신을 엿 먹일 수 있게 하기 때문이다. 우리가 상상한 모든 위험은 인간을 사냥하는 환상적인 안드로이드와 심리적으로 우리를 고문하는 보이지 않는 AI가 등장하는 공상과학소설에서 비롯된다. 우리는 자본주의, 지정학, 민주주의의 현실 안에서 AI의 미래에 대해 자연스레 생각하지 않는다. 우리는 미래의 자신과 자율적인 시스템이 우리의 건강, 관계 그리고 행복에 어떻게 영향을 미칠지 상상하지 않는다.

우리는 AI가 약 인공지능에서 범용 인공지능 시스템, 그 이상으로 발전함에 따라 AI와 빅 나인이 우리에게 총체적으로 영향을 미칠 수 있는 모든 방법을 설명하는 일련의 시나리오가 필요하다. 무관심, 무반응을 끝내야 할 때다. 이런 식으로 생각해 보자. '물속에 납이 들어 있다, O-링에 결함이 있다, 원자로 덮개에 균열이 생겼다.' AI의 현 상태는 경고 표시가 있는 근본적인 문제를 야기했고, 우리는 그 문제를 지금 해결해야 한다. 오늘날 우리가 올바른 조치를 취한다면 미래에는 우리를 기다리고 있는 엄청난 기회가 있을 것이다.

다음 장에서는 현재의 데이터와 세부 사항을 이용하여 모델링한 낙관적, 실용적, 재앙적 세 가지 시나리오를 자세히 설명하겠다. 허무맹랑한 이야기로 비쳐질지도 모르지만 모두 사실이 바탕이 된 이야기라는 것을 기억하기 바란다. 이러한 시나리오의 목적은 멀고 환상적으로 보이는 어떤 것을 더 시급하고 현실적으로 느끼게 하는 것이다. 우리는 AI가 실제로 움직이는 것을 쉽게 볼 수 없기 때문에 결과가 부정적일 때만 주목한다. 그리고 그때쯤이면 평범한 사람들은 대부분 의지를 잃어버린다.

ANI에서 ASI로 가는 길

이 책의 첫 부분은 주로 약 인공지과 수표 사기의 확인, 취업 지원자 평가, 항공권 가격 책정 등 수백만 건의 일상 업무를 자동화하는 것에 관한 것이었다. 그러나 IBM의 유명한 컴퓨터 설계자 프레더릭 브룩스의 말로 바꾸어 설명하자면 단순히 더 많은 사람을 그 문제에 투입하는 것만으로 점점 더 복잡한 소프트웨어 프로그램을 만들 수는 없다. 더 많은 개발자를 추가하는 것은 오히려 프로젝트를 더 뒤로 미루는 경향이 있다. 인간은 다양한 AI 애플리케이션을 발전시키기 위해 시스템을 설계하고 코드를 작성해야 하는데, 다른 연구와 마찬가지로 상당한 학습 곡선이 관련되어 있다. 그렇기 때문에 AI의 다음 단계로 빠르게 진출하는 것이 빅 나인에게는 매력적일 수밖에 없다. 자체 프로그래밍이 가능한 시스템은 훨씬 더 많은 데이터를 활용할 수 있고, 새로운 모델을 제작 및 테스트할 수 있으며, 직접적인 인적 개입 없이도 자체 개선될 수 있다.

인공지능은 일반적으로 약 인공지능, 범용 인공지능, 강 인공지능 등 세 가지의 범주로 정의된다. 빅 나인은 현재 AGI 시스템을 구축하고 배치하는 쪽으로 빠르게 움직이고 있는데, 그들은 언젠가 우리가 할 수 있는 한 똑같이 또는 더 나은 결과를 가지고 합리화하고, 문제를 해결하고, 추상적으로 생각하며, 선택을 할 수 있기를 바란다. AGI를 적용하면 더 나은 의료 진단과 어려운 엔지니어링 문제를 해결할 수 있는 새로운 방법과 같은 것 외에도 기하급수적으로 더 빠른 연구 성과를 얻을 수 있을 것이다. AGI의 개선은 결국 세 번째 단계로 이행하게 될 것이다. 바로 강 인공지능이다. ASI 시스템은 우리보다 약간 더 뛰어난 인지 작업을 수행할 수 있는 능력에서부터 말 그대로 모든 면에서 인간보다 일반적으로 수조 배나 더 똑똑한 AI에 이르기까지 다양하다.

오늘날 우리가 살고 있는 곳에 AGI가 널리 퍼져 있다는 것은 찰스 다윈의 자연선택에 관한 연구로부터 영감을 받은 '진화 알고리즘'을 활용하는 것을 의미한다. 다윈은 시간이 지남에 따라 한 종의 가장 강력한 종족이 생존한다는 것을 발견했다. 그들의 유전 코드는 계속해서 인류를 지배한다. 시간이 지남에 따라 그 종은 환경에 더 잘 어울리게 된다. 여기에는 AI가 함께한다. 시스템은 반(半) 무작위 또는 무작위적인 일련의 가능성으로부터 시작해서 시뮬레이션을 실행한다. 생성된 초기 해결책은 무작위적이기 때문에 현실에서는 별로 유용하지 않지만 다른 솔루션보다는 쓸만할 가능성이 크다. 시스템은 약자를 제거하고 강자를 유지한 다음 새로운 조합을 만들어 낼 것이다. 때로는 새로운 조합이 교차 솔루션을 생성하기도 하는데, 이 솔루션도 여기에 포함된다. 그리고 때때로 무작위 조정에 의해 돌연변이가 발생할 수 있는데, 이것은 유기종이 진화함에 따라 일어나는 현상이다. 진화 알고리즘은 결국 더 이상의 개선이 불가능하다고 판단될 때까지 수백만 번 해결책을 계속 생성, 폐기 및 촉진하여 수천 또는 수백만 개의 자손을 생산하게 될 것이다. 그것은 유혹적인 가능성이지만 변이할 수 있는 힘을 가진 진화 알고리즘은 스스로 AI를 발전시키는 데 도움이 될 것이고, 비용이 드는 알고리즘은 결과적인 해결책이 어떻게 작용하는지 그리고 거기에 도달하기 위해 사용되는 과정은 아무리 똑똑한 컴퓨터 과학자도 해석하고 이해할 수 없을 정도로 복잡할 수 있다.

이것이 인류의 진화에 관한 대화에 기계를 포함시키는 것이, 비록 공상으로 여겨질지라도, 중요한 이유다. 지금까지 우리는 제한된 범위에서 지구상의 생명체 진화에 대해 생각해 왔다. 수억 년 전에, 단일 세포 유기체는 다른 유기체를 삼켜 새로운 생명체가 되었다. 이러한 과정은 결국 초기 인류가 직립할 수 있는 능력을 얻고, 무릎관절이 넓어지고, 두 발로 걷는 것에 적응하며, 허벅지 뼈가 더 길어지고, 손도끼를 만들고 불을 조절하는 방법을 알아내며, 뇌가 더 커지고, 결국 수백만 개의 다원의 자연선택 이후 최초의 생각하는 기계를 만들 때까지 계속되었다. 로봇처럼 우리 몸도 정교한 알고리즘을 위한 그릇에 불과하다. 그래서 우리는 생명의 진화를 지성의 진화로 생각해야 한다. 인간의 지능과 AI는 정보 사다리의 꼭대기에서 팽이를 돌리는 것처럼 평행한 궤도를 따라 움직이고 있다. 그것은 미래 세대가 기술 때문에 오염될 것이라는 오래된 비판에도 불구하고 그러하다. 나는 고등학교 미적분 선생님이 5년 전에야 시장에 나타났던 그래핑 계산기(그래픽을 그릴 수 있고 함수 계산이 가능한 계산기)에 분노하면서 우리의 세계를 단순하고 게으르게 만든다고 주장하던 모습이 생생하게 기억난다. 우리는 미래 세대가 기술 때문에 바보가 될 것이라고 주장하지만 인간이 언젠가 기술보다 더 멍청하다고 생각하게 될지 모른다는 사실은 결코 고려하지 않는다. 그것은 우리가 가까워지고 있는 변곡점이며, 그것은 우리 각각의 진화적 한계와 관련이 있다.

인간의 지능은 주로 1912년 독일의 심리학자 빌리암 슈테른에 의해 개발된 채점 방법을 사용하여 측정한다. 당신은 이를 지능지수, 즉 IQ로 알고 있다. 점수는 지능검사의 결과를 연령별로 나눈 다음 답을 100으로 곱해서 계산한다. 인구 점수의 약 2.5퍼센트가 130점 이상이고 엘리트로 간주되는 반면 2.5퍼센트는 70점 이하로 떨어져 학습 장애나 기타 정신적 장애로 분류된다. 자유 재량권에 대한 표준편차 포인트가 몇 개 있어도, 척도상 85~115점 사이가 모집단 점수의 3분의 2가 된다. 그럼에도 불구하고 우리는 예전보다 꽤 똑똑하다. 20세기 초부터 인간의 평균 IQ 점수는 상승했는데 이는 아마도 향상된 영양, 더 나은 교육 그리고 환경적 복잡성 때문일 것이다. 그 결과 인류의 일반적인 지능 수준은 종말 곡선에서 바로 이동하게 되었다. 이런 추세가 계속된다면 우리는 금세기 말까지 더 많은 천재를 갖게 될 것이다. 그동안 우리의 생물학적 진화는 AI와 교차할 것이다.

우리의 지적 능력이 향상되는 것에 맞춰 AI도 그렇게 될 것이다. 하지만 IQ 지수를 이용해서 AI를 평가할 수는 없다. 대신 초당 작동(또한 계산)을 의미하는 ops를 이용하여 컴퓨터의 능력을 측정하는데, 이것은 여전히 인간의 뇌와 비교할 수 있다. 누구와 대화하느냐에 따라 인간의 뇌가 수행할 수 있는 초당 최대 작동은 1엑사플롭으로, 대략 초당 10억 번의 작동이며, 그러한 작동은 자동적으로 일어나는 많은 활동을 설명해 준다. 숨을 쉴 때 만드는 미세한 움직임, 눈을 뜨고 있을 때 일어나는 시각 처리 같은 것이다. 2010년 출시된 중국의 톈허−1은 중국 마이크로프로세서로 완전히 구축해 이론적으로 최고치인 1.2페타플롭스를 기록한 세계에서 가장 빠르고 강력한 슈퍼컴퓨터였다. (페타플롭은 초당 1,000조 번의 작동이다.) 이는 빠르지만 사람의 두뇌는 빠르지 않다. 그 뒤 2018년 6월에 IBM과 미국 에너지부는 200페타플롭스를 강타한 서밋을 데뷔시켰고, 그것은 특별히 AI를 위해 만들어졌다. 그것은 우리가 생물학적으로 우리가 가진 것보다 더 뛰어난 계산 능력을 가진 생각하는 기계에 가까워지고 있다는 것을 의미한다. 비록 그것이 튜링 테스트를 통과하지 못하고 그것이 인간이라고 믿게 만들지는 못한다 하더라도 말이다.

하지만 속도만이 중요한 것은 아니다. 만약 우리가 개의 뇌를 10조 ops까지 가속한다고 해도 개가 갑자기 미분방정식을 풀 수는 없을 것이다. 인간의 뇌는 개보다 더 복잡한 구조를 가지고 있다. 우리는 신경세포, 특수 단백질, 정교한 인지 노드 사이에 더 많은 연결을 가지고 있다. 그렇다 하더라도 AI는 우리 뇌의 핵심 구조를 바꾸지 않고 인간이 아닌 방식으로 확장 가능하다. 트랜지스터 크기가 줄어들면 집적회로의 부품 수가 2년마다 2배로 늘어난다고 주장하는 무어의 법칙은 신뢰할 수 있다는 사실을 계속 입증해 왔고 컴퓨터 발전이 기하급수적으로 증가한다는 것을 말해준다. 새로운 종류의 알고리즘, 고급 구성 요소, 신경망을 연결하는 새로운 방법과 함께 더 많은 데이터를 이용할 수 있게 되었다. 이 모든 것이 더 많은 힘을 가져온다. 컴퓨터와 달리 우리는 두뇌의 구조와 지능의 구조를 쉽게 바꿀 수 없다. 그것은 (1)우리의 뇌가 어떻게 작용하는지를 완전히 이해하고, (2)미래 세대에 전해질 수 있는 변화로 뇌의 구조와 화학물질을 수정하고, (3)우리가 자손을 생산하는 데 걸리는 많은 시간을 기다려야 한다.

인간이 지능지수에서 15점을 더 높이려면 50년의 진화가 필요할 것이다. 그리고 우리에게는 15점이 크게 느껴질 것이다. 119개의 '높은 평균' 두뇌와 134개의 '유능한' 두뇌의 차이는 연결 속도를 높이고 새로운 개념을 더 쉽게 숙달하며 더 효율적으로 생각하는 것을 의미한다. 그러나 같은 기간 내에 AI의 인지능력은 우리를 대신할 뿐만 아니라 그것이 무엇인지 이해할 수 없을 만큼 달라져 있을 수도 있다. 우리에게 있어 슈퍼 지능 기계를 마주치는 것은 시의회 회의에 앉아 있는 침팬지와 다를 바 없다. 침팬지는 방에 사람이 있고 그가 의자에 앉을 수 있다는 것을 인식할지도 모르지만, 복잡한 교차로에 자전거도로를 추가할 것인가에 대한 장황한 논쟁은 어쩔 것인가? 그는 자전거도로가 왜 그렇게 논쟁적인지 더듬어 보는 추리와 경험은 말할 것도 없고 사용 중인 언어를 해독하는 인지능력 근처에도 다가가지 못할 것이다. 지능의 긴 진화 과정과 ASI로 가는 길목에서 인간은 침팬지와 유사하다.

슈퍼 지능형 AI가 반드시 위험한 것은 아니며 우리가 문명에서 수행하는 역할을 반드시 배제하는 것은 아니다. 하지만 슈퍼 지능형 AI는 우리에게 생소한 논리를 이용해 의식하지 않는 방식으로 결정을 내릴 가능성이 높다. 옥스퍼드 대학의 철학자 닉 보스트롬은 종이 클립에 관한 비유를 사용하여 ASI의 그럴듯한 결과를 설명한다. 슈퍼 지능형 AI에게 종이 클립을 만들라고 하면 어떻게 될까? 현재 우리가 가지고 있는 AI를 포함한 모든 AI의 결과는 가치와 목표에 따라 결정된다. ASI는 종이 한 무더기를 들고 서류 뭉치를 바닥에 떨어뜨려도 서류가 흩어지지 않는 멋진 종이 클립을 발명할지도 모른다. 하지만 우리가 얼마나 많은 종이 클립을 원하는지 설명해 주지 않는다면 ASI는 영원히 종이 클립을 만들고 산더미 같은 종이 클립이 우리의 집과 사무실과 병원, 학교, 강과 호수, 하수 시스템 그리고 지구를 덮을 때까지 계속해서 종이 클립을 만들지도 모른다. 또는 효율성을 핵심 가치로 사용하는 ASI는 인간이 종이 클립 제작을 방해한다고 판단할 수 있고, 그래서 지구를 종이 클립 공장으로 명명하여 그 과정에서 우리 종족을 멸종시킬지도 모른다. 여기에 많은 AI 전문가가 포함되어 있을 것이다. 만약 ASI의 인지능력이 우리보다 훨씬 더 나은 수준이라면(기억하라, 우리는 겨우 침팬지보다 몇 클릭 상위에 있을 뿐이다.) 그러한 강력한 기계가 우리 문명에 미칠 수 있는 결과를 상상하는 것은 불가능할 것이다.

AI 연구원 사이에서 '폭발'이라는 단어가 많이 쓰이는 이유다. 이는 1965년 영국의 수학자 겸 암호학자 I.J. 굿에 의해 처음 만들어졌다. "울트라 지능 기계는 훨씬 더 나은 기계를 설계할 수 있다. 그러면 의심할 여지없이 '지능 폭발'이 일어날 것이고, 인간의 지능은 훨씬 뒤처질 것이다. 그러므로 최초의 울트라 지능 기계는 기계가 그것을 어떻게 제어해야 하는지를 말해줄 수 있을 만큼 유순하다면 인간이 만들어야 하는 마지막 발명품이 될 것이다."

빅 나인은 언젠가 폭발을 부추겨 우리의 가장 똑똑한 컴퓨터 과학자조차 전혀 고려하지 않았던 완전히 새로운 해결책, 전략, 개념, 프레임워크 및 접근방식을 위한 공간을 만들 수 있기를 희망하는 체계와 시스템을 구축하고 있다. 이것은 더 빠른 돌파구와 기회 그리고 사업 성장을 이끌 것이다. 기술적 용어로 '재발적 자기 계발'이라고 하는데, AI가 능력을 수정해 더 좋고 더 빠르고 더 똑똑하게 만드는 사이클을 말한다. 이것은 AI가 그들 자신의 운명을 지배하고 계획할 수 있게 할 것이다. 자기 계발 속도는 매시간 또는 심지어 순간적일 수 있다.

다가오는 '지능 폭발'은 슈퍼컴퓨터의 속도나 알고리즘의 힘뿐만 아니라 재투자적 자기 계발에 열중하는 스마트 사고 기계의 광대한 확산에 대해 기술하고 있다. 알파고 제로나 NASNet보다 훨씬 발전된 시스템이 자율적으로 전략적 결정을 할 뿐만 아니라 글로벌 공동체의 일부로 협력적이고 경쟁적으로 작동하는 세계를 상상해 보라. 새로운 세대의 코드를 쓰고, 변이를 하고, 자기 계발을 하는 등 주로 인간들을 돕기 위해 그들이 진화하도록 요구받는 세계다. 그 결과, AI는 목적과 일련의 작업으로 그들을 프로그래밍하고, 그 순환은 수조 번 반복되어 엄청난 변화를 야기할 것이다. 역사상 이와 같은 진화적 대혼란을 목격한 유일한 시기는 캄브리아기로 약 5억 4,200만 년 전이었는데, 이때 우리 생물체의 급속한 다양화가 모든 종류의 새로운 복잡한 생명체를 만들어 지구를 변화시켰다. 전 DARPA 프로그램 매니저인 길 프랫은 우리가 지금 현재 캄브리아 폭발의 와중에 있다고 주장한다. 이 시기는 AI가 모든 AI의 경험으로부터 배우고 그 후 지구상에서 우리의 삶이 오늘날과 현저히 다르게 보일 수 있는 시기다.

이것이 바로 빅 나인의 투자자와 주주, 정부 기관과 국회의원 그리고 (중요하게도) 당신이 경고 표시를 인식하고 지금 당장 만들어지고 있는 ANI뿐만 아니라 AGI와 ASI에 대해서도 좀 더 비판적으로 생각할 필요가 있었던 이유다. 지성의 진화는 인간과 기계가 공존하는 연속체다. 빅 나인의 가치는 이미 우리의 기존 알고리즘, 시스템, 프레임워크에 깊이 인코딩되어 있다. 그러한 가치는 진화하는 수백만의 새로운 세대 AI 기기에 전달될 것이고, 곧 일반적인 지능적 사고 기계에 전달될 것이다.

ANI에서 ASI로의 전환은 향후 70년 동안 지속될 것으로 보인다. 현재 정확한 이정표 시간을 예측하기가 어려운데 AI의 진행 속도는 수많은 요인과 사람 즉, AI 개발자 그룹에 받아들여진 새로운 멤버, 빅 나인이 만든 전략적 결정, 무역전쟁과 지정학적 난투극과 혼란스러운 사건에 의해 결정될 것이기 때문이다.

나는 최근 2040년대에 AGI가 등장할 것으로 예상했다. 이는 먼 미래처럼 들리는데, 상황을 좀 파악해 보자. 그때까지 백악관에 서너 명의 미국 대통령이 거쳐 가게 될 것이다.(건강 문제가 없는 한 시진핑 중국 국가주석은 여전히 집권할 것이다.) AGI 시스템이 자체 AI 연구를 시작하면 나는 65세가 될 것이다. 초등학교 2학년인 내 딸은 30세가 될 것이고, 그때쯤 그녀는 전적으로 기계에 의해 쓰여진 〈뉴욕타임스〉 베스트셀러 코너를 읽고 있을지도 모른다. 내 아버지는 90대 후반이 될 것이고, 모든 의학 전문가(심장 전문의, 신장 전문의, 방사선 전문의)는 고도의 훈련을 받은 AGI가 되어 이들을 의사이자 데이터 과학자인 일반의가 지휘하게 될 것이다. ASI의 등장은 2040년대에서 2060년대 사이에 곧 또는 조금 더 뒤에 이루어질 수 있을 것이다. 2070년까지 슈퍼 지능형 AI가 5조 분의 1의 종이 클립 무게로 지구상의 모든 생명체를 짓누를 것이라는 뜻은 아니다. 하지만 그것은 그들이 그러지 않을 것이라는 것을 의미하지도 않는다.

당신이 알아야 하는 이야기

AI의 미래를 계획하려면 현실의 데이터를 이용해 새로운 서사를 구축해야 한다. AI가 출현함에 따라 진화한다는 데 동의한다면, 우리는 빅 나인의 교차점, 그들을 인도하는 경제적, 정치적 세력 그리고 AI의 인류를 좁은 응용에서 일반적으로 지적이고 궁극적으로는 슈퍼 지능적 사고 기계로 바꾸는 시나리오를 만들어야 한다.

미래는 아직 일어나지 않았기 때문에, 우리는 현재 우리의 행동 가능한 모든 결과를 확실히 알 수 없다. 그러한 이유로, 다음 장에서 이어지는 시나리오는 다음 50년을 설명하는 세 가지 감정적 오류를 사용하여 작성된다. 첫째는 AI가 우리 모두에게 이익을 가져다줄 수 있도록 빅 나인이 전면적인 변화를 주도할 경우 어떻게 되는가 하는 낙관적인 시나리오다. 하지만 낙관적인 시나리오가 반드시 긍정적인 것은 아니다. 그들은 항상 유토피아로 이어지는 것이 아니다. 낙관적인 시나리오에서 우리는 가능한 최선의 결정이 내려지고 성공에 대한 어떠한 장벽도 극복된다고 가정하고 있다. 우리의 목적상, 이것은 빅 나인이 AI로 방향을 바꾼다는 것을 의미하며, 그들이 적절한 시기에 최선의 결정을 하기 때문에 우리는 미래에 훨씬 더 잘살 수 있다. 그것은 내가 사는 것에 만족하고 우리가 함께 일한다면 성취할 수 있는 미래다.

다음은 빅 나인이 단기적으로 소폭 개선만 한다면 미래가 어떻게 보일지 설명하는 실용적인 시나리오다. 모든 주요 이해관계자가 AI가 올바른 경로에 있지 않다는 것을 인정하지만, 지속적이고 의미 있는 변화를 만들기 위한 협력은 없다고 생각한다. 몇몇 대학은 의무적인 윤리 수업을 도입한다. G-MAFIA는 위험을 해결하기 위해 산업 협력 관계를 형성하지만 그들 자신의 회사 문화를 발전시키지 않는다. 국회의원들은 다음 선거 주기에 초점을 맞추고 중국의 야심찬 계획을 망각한다. 실용적인 시나리오는 큰 변화를 바라지 않는다. 그것은 개선하려는 우리 인간 욕구의 쇠퇴와 흐름을 인식한다. 또한 기업과 통치에서 지도자들이 즉각적이고 가까운 이익을 위해 미래를 단기적으로 바꾸려고 한다는 것을 인정한다.

마지막으로, 모든 신호를 놓치고, 경고를 무시하며, 미래를 적극적으로 계획하지 못하고, 빅 나인은 계속해서 서로 경쟁할 경우 어떤 일이 일어나는지 그 대재앙 시나리오를 설명한다. 우리가 현상 유지 기간을 늘리기로 결정한다면, 그것은 우리를 어디로 데려갈 수 있을까? 미국과 중국에서 AI가 기존 궤도를 따라 계속되면 어떻게 되는가? 재앙을 피할 수 있는 체계적인 변화를 만드는 것은 결승선에서 끝나지 않는, 어렵고 시간이 많이 걸리는 작업이다. 이것이 재앙적인 시나리오가 두려운 이유이고, 그 안에 있는 세부 사항이 매우 불안하게 만드는 것이다. 왜냐하면 현재로선 재앙적인 시나리오가 우리가 맞이하게 될 운명인 것 같기 때문이다.

2029년부터 어떤 결과가 발생할지에 대해 이 세 가지 시나리오를 연구, 모델링 및 작성했다. 시나리오는 경제적 기회와 이동성, 노동생산성, 사회적 구조의 개선, 빅 나인의 권력 역학, 미국과 중국의 관계 그리고 민주주의와 공산주의의 세계적 후퇴 · 확산 등 몇 가지 핵심 주제를 다룬다. 나는 AI가 성숙함에 따라 우리의 사회적, 문화적 가치가 어떻게 변화할 수 있는지 보여준다. 창의성을 정의하는 방법, 우리가 서로 관계를 맺는 방법 그리고 삶과 죽음에 대한 우리의 사고방식이다. 시나리오의 목표는 ANI가 ASI로 전환하는 동안 삶이 어떻게 보일지 이해하는 데 도움을 주는 것이기 때문에 나는 가정, 직장, 교육, 의료, 법 집행, 도시와 마을, 지역 인프라, 국가 안보, 정치 등의 예를 포함시켰다.

AI의 단기적인 결과 중 하나와 세 가지 시나리오 모두에서 통과가 가능한 것은 소위 '개인정보 기록' 즉, PDR(Personal Data Record)의 출현이다. 이것은 우리의 디지털 사용(인터넷과 휴대전화 생각) 결과로 우리가 만든 모든 데이터를 포함하는 단일 통합 원장이며 우리의 학교와 직장 기록(학위, 이전 고용주, 현재 고용주), 우리의 법적 기록(결혼, 이혼, 체포), 우리의 재무 기록(가정)을 포함할 것이다. 주택 담보대출, 신용 점수, 대출, 세금, 여행(방문, 비자), 데이트 이력(온라인 앱), 건강(전자 건강 기록, 유전자 검사 결과, 운동 습관), 쇼핑 이력(온라인 소매상, 매장 내 쿠폰 사용) 그리고 중국에서 PDR은 마지막 장에서 설명한 모든 사회 신용 점수 데이터를 포함할 것이다. 빅 나인에 의해 만들어진 AI는 둘 다 당신의 PDR에서 배우고 자동으로 결정을 내리고 당신에게 다양한 서비스를 제공하기 위해 그것을 사용할 것이다. 당신의 PDR은 당신의 아이들에게 전달되고 사용될 것이며, 빅 나인 중 한 곳에서 일시적으로 관리되거나 영구적으로 소유될 수 있을 것이다. PDR은 당신이 읽으려는 시나리오에서 특징적인 역할을 한다.

PDR은 아직 존재하지 않지만, 내 관점에서는 이미 빅 나인이 제공하고 유지하는 하나의 기록 하에서 우리 개인정보의 모든 출처가 일제히 가리키는 방향이 있다. 사실, 당신은 이미 그 시스템의 일부분이고, 당신은 지금 프로토타이프의 PDR을 사용하고 있다. 바로 당신의 이메일 주소다.

보통 사람의 이메일 주소는 로그인용으로 용도 변경되었고, 그들의 휴대폰 번호는 거래를 인증하는 데 사용되며, 스마트폰은 물리적인 세계에서 그것을 찾는 데 사용된다. 만약 당신이 G메일 사용자라면 구글은 당신의 배우자나 파트너보다 당신을 더 잘 알고 있다. 구글은 당신이 대화하는 모든 사람의 이름과 이메일 주소와 그들의 인구통계 정보(연령, 성별, 위치)를 알고 있다. 구글은 당신이 언제 이메일을 여는지를 알고 있다. 당신의 이메일을 통해, 구글은 당신의 여행 일정, 당신의 재정 기록 그리고 당신이 무엇을 사는지 안다. 안드로이드 폰으로 사진을 찍으면 친구와 가족의 얼굴을 알고, 추론할 변칙성을 감지할 수 있다. 갑작스레 누군가의 사진이 많아졌다면 새 여자 친구(또는 불륜 상대)를 나타낼 수 있다. 구글은 당신의 모든 회의, 의사 예약 그리고 체육관에 갈 계획을 알고 있다. 라마단(무슬림 단식 월)이나 로시 하샤나(유대 설날)를 지키는지, 교회 신도인지, 아니면 전혀 종교 활동을 하지 않는지를 알고 있다. 구글은 당신이 다른 곳에 있더라도 화요일 오후에 어디에 있어야 하는지를 알고 있다. 손가락과 목소리를 이용해 무엇을 찾는지, 그래서 처음으로 유산하는지, 파에야(스페인의 쌀요리) 만드는 법을 배우는지, 성 정체성이나 성 할당을 위해 고군분투하는지, 채식주의자로서의 삶을 고려하는지, 아니면 새로운 직업을 찾는지를 알게 된다. 이 모든 데이터를 교차 연결시켜 주고, 그 데이터를 학습하고, 생산하고, 미리 정해진 방향으로 당신을 밀어내면서 수익을 창출한다.

현재 구글은 이 모든 정보를 알고 있다. 왜냐하면 당신이 이 모든 정보를 단지 하나의 기록(G메일 주소)에 연결했기 때문이다. 당신은 아마 아마존에서 물건을 사고 페이스북에 로그인하곤 했을 것이다. 당신을 나무라는 게 아니라 현대를 사는 우리 모두의 모습이다. AI가 진행됨에 따라 보다 명확한 개인정보 기록은 빅 나인에 더 큰 효율성을 제공할 것이고, 따라서 우리가 PDR을 사용하는 의미를 완전히 이해하지 못하더라도 PDR을 수용하고 채택하도록 우리를 압박할 것이다. 물론 중국에서는 이미 PDR이 사회 신용 점수의 전조로 시범 운영되고 있다.

"우리는 살기 위해 우리 자신에게 이야기를 한다"라고 존 디디온은 『더 화이트 앨범(The White Album)』에 썼다. "우리는 우리가 보는 것을 해석하고, 여러 가지 선택 중에서 가장 실행 가능한 것을 선택한다." 우리 모두 AI에 대해 선택권을 가진다. 이제 우리는 우리 자신에게 이야기할 수 있는 정보, 즉 우리 모두가 어떻게 생각하는 기계와 함께 살수 있는지를 설명하는 시나리오를 이용할 때가 되었다.

05

제3세대 컴퓨팅 시대 :
낙관적
시나리오

지금이 2023년이라고 가정해 보자. 미국은 AI에 관한 최적의 결정을 내리게 되었다. AI의 발전 궤도를 바꾸고, 미래를 위해 협력하고 있으며, 이미 긍정적이고 지속 가능한 변화가 나타나고 있다. AI 개발자, 대학, 정부 기관, 투자자, 연구원 그리고 시민들은 미래가 보내는 조기 경보에 귀를 기울였다.

우리가 이미 만들어 낸 문제를 해결할 수 있는 방법은 거의 없다. 현재 최선의 전략은 AI의 미래에 대한 우리의 기대치를 조정하는 것이다. AI는 실리콘밸리에서 만들어진 제품이 아니다. 즉, 시장이 뜨거울 때 수익을 내야 하는 제품이다.

무엇보다도, 우리는 왜 중국이 AI에 전략적으로 투자해 왔는지 그리고 AI의 발전 궤적이 중국의 미래 위치와 어떻게 부합하는지를 인식

한다. 중국은 무역수지를 조정하려고 하는 것이 아니라 경제력, 노동력 개발, 지정학적 영향력, 군사력, 사회적 영향력 그리고 환경적 책임에서 미국보다 절대적인 우위를 차지하려 하고 있다. 이러한 깨달음으로 미국은 G-MAFIA와 AI 개발 그룹의 전폭적인 지원을 받아 AI를 공공재로 보호하고 보존하기 위한 국제 연합을 구축한다. 그 연합은 중국에 대한 압력을 정확히 가하고, 감시 도구이자 공산주의를 가능하게 하는 AI에 대항하기 위해 경제적 지렛대를 사용한다.

중국이 AI를 활용해 공산주의의 씨앗을 뿌리고 사회에 대한 고삐를 죄는 등 경제적, 군사적 목표를 달성하고 있다는 인식이 확산되면서 미국 정부는 G-MAFIA에 대한 이익을 빨리 얻으려는 압박을 덜고 AI의 개발을 지원하기 위해 막대한 연방 자금을 투입하고 있다. 1950년대 우주 경쟁을 선례로 볼 때 미국이 국가적 차원의 조정 없이 손 놓고 있으면 패권이 다른 나라 손에 얼마나 쉽게 넘어갈 수 있는가는 명백하다. 또한 국가 전략을 조율할 때 미국이 과학기술에 얼마나 많은 영향을 미칠 수 있는지, 즉 GPS와 인터넷에 대해 연방 정부가 감사해야한다.

AI 자금 지원도 정치화되지 않았고 G-MAFIA와 AI를 규제하는 것은 잘못된 행동 방침이라는 데 모두가 동의한다. 강압적이고 구속력이 있는 규제는 시행되는 순간 시대에 뒤떨어지고 혁신을 억제하기 때문에 시행하기 어려울 것이다. 미국인들은 중국의 공공 로드맵에서 영감을 받아 AI에 대한 연방 지출 확대를 지지한다. 기금은 R&D, 경제 및 노동력 영향 연구, 사회적 영향 연구, 다양성 프로그램, 의료 및 공공 보건 계획, 인프라 및 공교육을 다시 위대하게 만드는 데 흘러가고, 교사들에 대한 더 많은 급여와 모든 사람이 보다 자동화된 미래를 준비하는 커리큘럼이 만들어진다. G-MAFIA가 워싱턴 DC와 월스트리트에 똑같이 기여할 수 있고 자유 시장과 기업가 정신이 AI와 인류에게 최상의 결과를 가져다줄 것이라는 막연한 기대를 바로잡는다.

국가 전략과 자금 지원을 통해 새로 결성된 G-MAFIA 연합은 AI의 미래를 위해 협력하기 위해 다자간 협정으로 공식화한다. G-MAFIA 연합은 무엇보다도 민주주의와 사회의 이익에 부합하는 AI 개발 트랙을 우선시하는 기준을 규정, 채택하고 AI 기술 통합에 합의한다. 협업은 경쟁적인 AI 시스템과 분리 개발자 커뮤니티보다 우수한 칩셋, 프레임워크 및 네트워크 아키텍처를 제공한다. 이것은 또한 연구자들이 매핑 기회를 추구할 수 있다는 것을 의미하며 이에 따라 모든 사람이 이기게 된다.

G-MAFIA 연합은 투명성을 핵심 가치로 채택하고 이해와 교육을 위해 서비스 계약, 규칙, 작업 속도를 획기적으로 다시 작성한다. 이것은 자발적으로 하기 때문에 규제는 없다. 데이터세트, 훈련 알고리즘 및 신경 네트워크 구조는 공개될 경우 연합 회원의 경제적 피해를 야기할 수 있는 영업 비밀과 독점적 정보만 보호하는 방식으로 투명하게 만들어진다. G-MAFIA의 개별 법률 팀은 허점을 찾고 논쟁하거나 투명성 조치의 채택을 연장하는 데 시간을 낭비하지 않는다.

자동화가 눈앞에 다가왔다는 것을 알고 있는 G-MAFIA는 우리가 실업 시나리오를 통해 고민하고 노동력을 제3세대 컴퓨팅 시대에 맞춰 준비하는 데 도움을 준다. 그들의 도움으로 우리는 AI를 두려워하지 않고 오히려 경제성장과 개인의 번영을 위한 큰 기회로 보고 있다. G-MAFIA의 사상적 리더십은 광고를 뚫고 미래의 새로운 직업을 위한 훈련과 교육에 대한 더 나은 접근법을 조명한다.

미국의 국가 전략과 G-MAFIA 연합의 형성은 전 세계 다른 민주주의 국가 지도자에게 AI의 전 세계적 발전을 위해 지원하도록 고무한다. 1956년 여름에 개최했던 것과 유사한 모임으로, 다트머스 대학은 세계에서 가장 진보된 경제권인 미국, 영국, 일본, 프랑스, 캐나다, 독일, 이탈리아, 다른 유럽연합(EU) 국가에서 온 장관, 총리, 대통령은 물론 AI 연구원, 사회학자, 경제학자, 게임이론가, 미래학자, 정치학자 등등 다양한 지도자들이 참가하는 첫 정부 간 포럼을 주최한다. 최초의 다트머스 워크숍을 구성했던, 비슷한 배경을 가진 남성들의 동질적 그룹과는 달리, 이번에는 지도자와 전문가 주변의 광범위한 인물과 세계관이 포함된다. 현대 AI가 탄생한 곳과 같은 성스러운 땅에 서 있는 이 지도자들은 AI 공동 시책과 정책을 촉진하고 협력하기로 합의한다. 그리스 신화 대지의 여신 가이아로부터 영감을 받아 GAIA(Global Alliance on Intelligence Augmentation)를 형성한다.

GAIA에서 밀려난 중국은 세계적인 영향력이 약화되고 있다. 국제연합은 중국 인민들에게 계속 많은 서비스를 제공하고 있는 빅 나인의 중국 측 기업인 바이두, 텐센트, 알리바바에 부정적인 영향을 미치지 않는다. 그러나 파트너가 프로젝트를 포기하고 새로운 동맹국을 모집하는 것이 어렵기 때문에 중국의 장기 계획인 일대일로 프로젝트에 포함된 많은 계획이 불안정한 상태에 있다.

AI의 기존 문제점이 하루아침에 모두 사라지는 것은 아니다. AI 커뮤니티는 AI의 원조 개발자의 제한된 세계관 때문에 AI가 오류를 계속 일으킬 것으로 예상하고 있다. 정치, 성별, 부, 인종 편견이 당장 사라지지는 않을 것이다. GAIA 국가는 속도보다 안전을 중시하고, 이미 사용되고 있는 데이터베이스와 알고리즘, 그들이 의존하는 프레임워크, AI를 통합한 기업 수준의 제품(은행 및 법 집행 시 사용되는 것과 같은) 및 공동 작업 등 일상적인 작업(스마트 스피커, 시계 및 전화)을 위해 AI를 활용하는 우리의 모든 시스템을 정화하는 데 상당한 자원을 할애하기로 합의한다. GAIA는 공공 책임을 인정하고 보상한다.

GAIA 내 우리의 개인정보 기록을 블록체인의 분산된 원장과 같이 취급하는 결정이 내려진다. 분산된 원장은 수천 대의 독립 컴퓨터를 사용하여 트랜잭션을 기록, 공유 및 동기화한다. 설계상, 그들은 단지 한 회사나 기관의 산하에 데이터를 중앙 집중화하지 않는다. G-MAFIA 연합은 일련의 표준을 채택하고 통합 AI 기술을 배치하기 때문에 PDR 거래를 관리하기 위해 중앙 조정 회사가 필요하지 않다. 그 결과, PDR은 우리가 원하는 만큼 개인 또는 공공적이고 상호운용성이 있으며, 우리는 그것을 의사 진료실, 학교, 도시 인프라와 같은 G-MAFIA와 다른 많은 AI 기반 서비스와 동시에 연결할 수 있다. G-MAFIA는 AI와 우리 데이터의 관리인이지만 둘 다 소유하고 있지 않다. PDR은 매우 간단하다. 우리는 기록의 다른 부분에 대한 사용 권한(전체 공개, 일부 공개, 비공개)을 설정할 수 있는 기능을 통해 우리의 데이터를 아이들에게 전달할 수 있다.

AI가 단순한 애플리케이션에서 범용 인공지능으로 발전하면서 AI

개발자 그룹과 G-MAFIA는 우리의 신뢰를 얻었다. 구글, 마이크로소프트, 애플, 페이스북, IBM, 아마존은 단지 멋진 애플리케이션을 만드는 회사가 아니다. 구글, 애플, 페이스북, IBM, 아마존은 야구, 언론의 자유 그리고 7월 4일만큼이나 미국인의 가치에 기초하고 있다. 공산주의는 소외된다. 시민들의 언어와 재산에 대한 권리를 소중히 여기고, 종교적인 자유를 지지하며, 모든 성별, 인종, 성적, 인종적 표현이 자유롭고 정부가 국민에게 봉사하기 위해 존재한다는 것에 동의하며, 선출된 대표를 통해 통치하고, 개인의 자유와 공공의 안전을 균형 있게 추구하는 나라가 AI와 인류 미래에 대한 연구를 함께 하게 된다.

2029년 : 편안한 넛징

G-MAFIA가 협력하고 GAIA가 많은 새로운 무역협정을 이끌어냄에 따라 전 세계 시민들은 ANI가 주도하는 제품과 서비스에 더 편리하고 더 저렴하게 접근할 수 있게 되었다. GAIA는 정기적으로 만나 모든 업무를 투명하게 하는 한편, 다국적 연구자들은 편안하게 기술 발전에 보조를 맞추고 있다.

중산층 가정은 AI에 의존해 삶이 조금 더 편해진다. 기기, 플랫폼 및 기타 서비스는 수십 년 전의 면허와 데이터 제한으로 국경을 넘어 접속할 수 없었던 국가 간에도 상호 운용할 수 있다. 스마트 워셔와 드라이어는 에너지를 적게 사용하고, 효율적이며, 데이터를 공유하기 위해 스마트 시티 시스템과 동기화한다. 세탁은 공공 용수와 전기 시설에 대한 부담이 가장 적을 때 작동된다.

ANI는 감각 연산을 지원하는데, 이것은 우리가 시각, 후각, 청각, 맛, 촉각이라는 감각 데이터를 사용하여 현실 세계의 정보를 수집하고 조회할 수 있다는 것을 의미한다. 당신은 부엌에서 스마트 카메라와 컴퓨터 비전이 장착된 휴대용 스캐너를 사용한다. 부엌에 있는 ANI 스틱에 내장된 분광계는 아보카도의 빛을 포착하여 읽으면서 아마 주말까지는 익지 않을 것이라고 말한다. 또 방금 산 올리브유는 순수하지 않고 세 가지 다른 기름을 혼합한 것임을 알아낸다. 주방에 있는 또 다른 센서는 오븐에 굽고 있는 닭이 곧 타게 될 것임을 감지했다. 위층에는 진동을 감지하는 햅틱 센서가 있어 아기가 유아용 침대에서 벗어났다고 알려준다.

G-MAFIA는 치매와 알츠하이머로 고통 받는 사람들의 삶을 극적으로 향상시킨 혼합 현실에 대해 다른 회사들과 제휴했다. 스마트 안경은 사람, 물건, 장소를 즉시 인식하여 사랑하는 사람을 기억하도록 도와준다. 사람들은 좀 더 충실한 삶을 살 수 있다.

원래 우리는 G-MAFIA의 제품과 서비스가 사회적 고립주의를 야기할 것이라고 생각했다. 우리가 외부 세계와 완전히 연락이 끊기면서 디지털 아바타를 통해 교류하면서 집에 홀로 앉아 있게 될 것이라고 생각했다. 이 생각은 완전히 틀렸다. 대신 G-MAFIA의 플랫폼과 하드웨어는 우리에게 직접 사회화하는 새로운 방법을 제공해 주었다. 우리는 몰입감 있는 오락거리를 제공하는 혼합 현실 영화관에서 더 많은 시간을 보내고 있다. 이제 모든 사람들이 어디를 가나 혼합 현실 상점을 다니고 있다. 1980년대로 다시 돌아간 듯하지만 반전이 있다. 혼합 현실 게임, 경험, 미팅 룸은 저렴하며, 청각과 시각 장애가 있는 사람들도 접근 가능하다. 우리는 컬러 코드 무선 헤드셋을 착용하여 우리가 좋아하는 음악이 밤새도록 돌아가는 침묵의 디스코텍으로 연결될 것이다. 이제 모든 사람이 음악에 대한 서로의 취향이 다르더라도 함께 춤을 출 수 있다. G-MAFIA 덕분에, 우리는 우리가 상상했던 것보다 더 많이 사람들과, 현실 세계와 연결되어 있다.

부유한 가정의 경우, ANI 애플리케이션은 훨씬 더 많은 기능을 제공한다. 정원 밖에서는 센서가 지속적으로 습기 수준을 측정하고 그 데이터를 마이크로 기후 예측과 비교한다. 간단한 관개 시스템은 식물에 필요한 경우에만 자동으로 물을 준다. AI는 물을 주는 최적화 수준을 예측하며, 이는 더 이상 타이머가 필요 없으며 베고니아가 말라 죽을 일이 없음을 의미한다.

이러한 부유한 가정 안에서 아마존의 아키라 시스템은 억양에 상관없이 수많은 언어로 작동하며 애플 스마트 글라스와 구글이 관리하는 개인정보 기록과 똑같이 쉽게 통신한다. 세탁기와 건조기는 작고 관절이 있는 소형 드론과 일본의 정리 정돈 전문가인 곤도 마리에의 이름을 딴 '곤도 모드'라는 새로운 기능을 갖추고 있다. 세탁물은 관제 시스템의 수급 주기에 따라 세탁과 건조를 한 다음, 소형 드론을 이용해 색깔별로 접고 분류하고 정리한다.

미국에서는 식료품 쇼핑과 배달이 완전히 자동화되어 있다. 당신은 더 이상 탐폰이나 치약이 떨어지는 일을 겪지 않게 된다. AI는 당신의 과거 구매와 PDR과 연동되는 예측 구매 시스템을 강화하며, 생필품을 교체하기 전에 언제 교체해야 하는지를 알고 있다. 아마존을 통해 당신은 신선한 지방산 제품과 고기뿐만 아니라 일반적으로 가정 필수품인 아침 시리얼, 화장지, 감자 칩을 살 수 있다. 블루 에이프런(미국의 밀키트 배달 서비스 업체)과 헬로프레시(유럽의 식품 택배 업체)처럼 오래된 밀키트(손질된 음식 재료와 혼합된 소스를 이용해 쉽고 빠르게 조리할 수 있는 식사 키트) 서비스도 가정용 PDR과 연계되어 있다. 매주 약간의 돈을 지불하기만 하면 당신의 장바구니에는 당신이 만드는 모든 요리에 대한 재료와 세 가지 새로운 식사, 즉 각 가족 구성원들이 좋아하는 것, 싫어하는 것, 알레르기 그리고 영양적 필요성에 자동적으로 맞춰지는 식사가 포함될 것이다.

물론 당신은 여전히 쇼핑을 하지만, 굳이 지갑을 들고 다닐 필요는 없다. '아마존 고'의 소매점과 서비스 포인트 시스템 기반 기술은 재고가 이미 진열되어 있거나 쉽게 보충될 수 있는 퀵 서비스 매장의 핵심으로 자리 잡았다. 스마트 카메라는 쇼핑객을 지속적으로 감시하고, 그들의 독특한 얼굴 사진을 인식하며, 그들이 가방과 카트에 무엇을 넣었는지 체크한다. 우리는 직원과 얼굴도 안 마주치고 100달러까지 쓸 수 있다. 백화점이나 가구점, 건축 관련 매장 등 더 비싼 상품을 파는 곳에서는 안면 인식으로 계산하면 된다.

어떤 아이들은 살아 있는 애완동물과 함께 노는 반면, 더 바쁜 가족들은 실제 같은 로봇 친구를 선택한다. AI가 탑재된 귀여운 개와 고양이는 감각 컴퓨팅과 심층 학습을 이용해 훈련을 받는다. 첨단 카메라와 촉감 좋은 털 그리고 사람 목소리의 미묘한 변화를 인식할 수 있는 능력을 가진 로봇 애완동물은 비록 따뜻하거나 보송보송한 느낌은 덜하더라도 실제 애완동물보다 훨씬 더 공감을 준다.

소득수준에 상관없이 모든 사람은 건강관리를 받는다. G-MAFIA 는 우리에게 더 건강한 삶을 선택을 하도록 수시로 상기시킨다. 일터 로 향하여 승강기를 기다리는 동안 시계는 진동으로 시선을 끈다. 시 계는 계단을 가리키는 화살표가 그려진 빌딩 도면을 보여주고 있다. 그것은 자유롭게 끌 수 있는 기능이지만 대부분의 사람들은 그냥 켜둔 다. 개인의 운동도 더 최적화되었다. 개인정보 기록, 의료 기록 그리고 음악을 들을 때 사용하는 무선 이어폰, 스포츠 브라를 만드는 데 사용 되는 스마트 패브릭 등 많은 다른 소스에서 수집된 센서 데이터를 사 용하여 계량기 장비를 통해 개인화된 운동을 할 수 있다. 다 끝나면 그 센서는 당신의 심장과 신진대사 속도를 체크하면서 열을 식히도록 도 와준다. G-MAFIA 덕분에 우리 사회는 더 건강해지고 우리는 더 오래 살고 있다.

개인 데이터 기록에 대한 단일 표준을 중심으로 한 G-MAFIA는 표 준화된 전자 의료 기록 형식, 프로토콜, 프레임워크 및 사용자 인터페 이스를 제공한다. 결과적으로 의료 시스템은 훨씬 더 효율적이다. 미 국 의회는 수십 년 동안 미국에서 의료 문제에 대해 논쟁을 벌였고, G-MAFIA의 표준화된 데이터와 의료 알고리즘을 고집한 것이 최고 의 해결책으로 판명되었다.

어떤 의사가 환자를 보든 어떤 병원에 입원했든 간에 진료를 감독하 는 모든 사람이 환자의 정보에 쉽게 접근할 수 있다. 그것은 또한 환자 가 허락한 누구에게나 가능하다. 대부분의 실험실 테스트, 선별 및 스캔 데이터는 사람이 아닌 AI에 의해 폐기되므로 정확도가 높아지고 결과가 빨라진다. IBM의 시스템은 신체의 어떤 세포가 영향을 받는지뿐만 아니라 암의 초기 징후를 발견하기 위해 세포 이상을 감지할 수 있다. 구글의 시스템은 의사들이 다른 의약품과 치료제의 가능한 결과를 예측하고 환자가 언제 숨을 거둘지를 예측하는 데 도움을 주며, 간병인들이 각각의 개별 환자를 어떻게 치료해야 하는지에 대한 더 나은 결정을 내리게 도움을 준다. 병원에서 아마존의 약국 API는 환자의 개인정보 기록과 동기화하여 환자가 집으로 돌아오기 전에 필요한 약품을 전달한다. 환자의 의료 이력이 손으로 갈겨 쓴 의사의 노트 페이지를 포함한다고 해도 그리고 그 메모가 세세한 부분에서는 누락되어 있다 해도, G−MAFIA의 컴퓨터 비전 및 패턴 분석은 빈칸을 채우며, 이러한 기록을 환자만을 위해 채굴할 수 있는 구조화된 사용 가능한 데이터로 변환하거나, 익명으로 다른 환자 데이터와 결합하여 의료 공동체(인간 및 AI 모두)를 확장한다.

환자의 진단, 관리, 치료는 더 이상 벽돌로 만든 병원에서만 제공되는 것이 아니며, 이는 이제 훨씬 더 많은 사람이 돌봄을 더 잘 받을 수 있다는 것을 의미한다. 비교적 새로운 서비스임에도 불구하고, 일부 제공자는 가정과 원격의료 서비스를 제공한다. 수집용 콘센트와 분광 온도계를 갖춘 화장실은 박테리아와 혈액 세포뿐만 아니라 포도당이나 단백질의 증가 또는 고갈된 수치를 진단하기 위해 패턴 인식을 사용한다. 몇 초 안에 당신의 PDR은 가능한 비뇨기 감염이나 신장 결석의 초기 징후를 반영한다. 감염을 위한 항생제 같은 간단한 치료는 PDR을 통해 검사되고, 주치의에게 추천되며, 당신이 승인하면 집, 직장 또는 저녁 식사 중에 자동적으로 당신에게 전달된다. 작은 구강 유체 감지기와 함께 제공되는 칫솔은 당신의 침을 전반적인 건강을 반영하는 거울로 사용할 수 있다. 일상적인 양치질을 하는 와중에 AI는 당신의 호르몬, 전해질 그리고 항체를 감시하고, 시간이 지남에 따라 변화를 체크한다. G-MAFIA는 치료의 기준을 변경했다. 기본적인 진단 테스트는 단지 환자만을 위한 것이 아니라 건강한 생활 방식을 유지하기 위한 것이다. 이것은 의학의 본질을 대증적 치료에서 예측적 치료와 예방적 치료로 바꾸었다.

데이트와 섹스를 포함한 일상의 다른 측면 역시 AI 덕을 본다. 진화 알고리즘은 기본적인 앱이나 웹사이트보다 온라인 데이터 이용자에게 더 현명한 솔루션인 것으로 밝혀졌다. 연구원들은 인간이 단일 매칭 알고리즘에 적용되는 소수의 데이터 포인트로 축소하기에는 너무 복잡하다고 판단했다. 게다가 우리는 우리 자신에 대한 질문을 하기보다는 희망 사항을 사용하여 온라인 프로필을 작성하는 경향이 있다. 대신 진화 알고리즘은 PDR에서 데이터를 추출하여 데이트 데이터베이스 내의 다른 모든 프로필을 체크한다. 우리는 어떤 제약 조건(유대인이어야 하며, 클리블랜드의 50마일 안에 살아야 한다)과 함께 "그냥 가볍게 재미를 보려는 것"에서 "결혼 준비를 하는 것"에 이르기까지 목표를 선택하는데, 진화 알고리즘은 우리가 그 목표를 달성할 수 있는 최고의 가능성을 가진 사람의 목록을 만들어 낸다. 시스템은 우리의 일정표와 활동 선호도를 점검할 것이고, 자동적으로 만날 시간과 장소를 정할 것이다. 몇 번의 데이트 뒤에(첫 데이트가 그렇게 잘 되지 않았다면), 우리는 멋진 섹스를 위한 생성 알고리즘을 사용하는 것에 흥미를 가질 수 있다. AI

는 개인의 선호도에 따라 개인적 욕구에 맞는 캐릭터를 활용하여 우리를 흥분시키고 고무시키거나 가르치는 장면을 제공한다.

G-MAFIA 때문에 AI는 인간의 창의성을 대체하는 것이 아니라 우리의 지능을 강화하고 향상시키는 도구로써 보완적인 느낌을 준다. 건축 회사 내 AI는 고객의 설계 예제와 유동 인구의 흐름, 제약 조건에 근거하여 수천 개의 가능한 건물을 설계하고, 일정, 사용 가능한 자재 및 예산, 필요한 허가 및 인증 획득이 얼마나 어려울지 등 주어진 프로젝트의 타당성에 대한 예측에 근거하여 낙찰 계획을 선정하고 순위를 매긴다. 부동산 투자자들은 특정 지역의 기후 및 기타 환경 요인을 고려하여 장기 내구성을 시뮬레이션하기 위해 AI를 사용한다. 목수, 전기 기사, 배관공 등 숙련된 기술자는 구글, 마이크로소프트, 매직 리프라는 회사의 혼합 현실 안경을 사용하여 벽을 꿰뚫어 보고, 그들의 작업을 청사진과 일치시키고 잠재적인 문제를 미리 탐지한다.

AI에 대한 창의적인 용도는 영화 제작을 포함한 예술 분야로 흘러 들어간다. 2009년 제임스 캐머런이 만든 영화 '아바타'의 20주년 기념일이 다가오는데, 이 영화는 초현실적이고 컴퓨터로 만들어진 특수 효과로 다른 세상의 모습을 보였다. 캐머런은 기념으로 AI 스컹크워크 프로젝트를 발표하는데, 이것은 그가 이전에 개발한 수중 모션 캡처 기술과 새로운 특수 컴퓨팅 환경과 지구상 망막 투영 시스템을 결합한 여섯 번째 아바타 영화다. 이 경험은 인간 아바타가 탐구할 완전히 새로운 세계, 렌더링을 위한 진화 알고리즘 그리고 필요한 모든 계산을 만들기 위한 심층 학습을 설계하기 위해 생성 알고리즘을 사용하여 구축되었다. 그 결과는 특별한 세트 안에서 상영되는 최초의 영화로, (망막 투영 시스템과 함께) 완전히 독창적이고 완전히 몰입적인 스토리텔링 경험을 만들어낸다.

AI는 모든 계층의 조직이 경영에 보다 창의적으로 접근할 수 있도록 돕고 있다. G-MAFIA는 비즈니스 정보에 대한 예측 모델을 강화하여 효율성, 비용 절감 및 개선 영역을 찾도록 돕는다. 인사 부서는 패턴인식을 이용하여 생산성과 의욕을 평가하고 채용과 승진에 있어 편견을 효과적으로 해소한다. 우리는 더 이상 이력서를 사용하지 않는다. PDR은 개인의 장단점을 보여주고, AI 프로그램은 우리를 고용 관리자에게 추천하기 전에 우리의 기록을 스캔한다.

많은 대기업 내에서 인간 노동자는 낮은 수준의 인지 작업에서 풀려난 반면 AI는 특정 지식 분야의 직원을 돕는다. 접수원, 고객 서비스 직원, 일정 관리 및 예약자가 수행하는 작업이 이제 자동화되었다. 스마트 스피커는 우리의 대화를 분석하기 위해 음성인쇄와 기계 읽기 이해 알고리즘을 적용하면서 귀를 기울인다. AI 비서는 자동으로 노트를 합성하여 말하는 사람의 이름, 중요한 개념, 수렴 및 다양성 영역, 이전 회의의 상황 정보 및 기타 관련 회사 데이터를 강조한다. 이 시스템은 후속 항목을 결정하고 회의 대상자를 위해 할 일을 만든다.

자동화가 우리 노동력의 일부를 방해할 것이라는 사실을 사전에 잘 알고 있었기 때문에, 우리는 광범위한 실업에 시달리지 않고 경제는 확실히 기반을 잡고 있다. 미국에서 연방 정부는 이제 우리의 일자리 탄력성을 보장하기 위한 새로운 사회안전망을 운영하고 있다.

G-MAFIA의 도구를 사용하여 기업과 개인 모두 완전히 새로운 종류의 일자리를 찾기 위해 오랫동안 재교육을 받아왔다.

G-MAFIA는 공립, 사립, 초·중등학교에서 학습을 향상시키기 위해 AI를 이용할 수 있다. 교사에 의해 감독되는 적응적 학습 시스템은 학생들이 특히 조기 읽기, 논리, 수학, 외국어 능력에서 자신의 페이스로 배우도록 돕는다. 교실과 가정에서 IBM은 소크라테스를 AI 에이전트로 부활시켰는데, 소크라테스는 우리를 논쟁적인 대화와 엄격한 질의응답 세션에 참여시켜 비판적 사고를 자극하는 데 도움을 준다. 왓슨에서 진화한 소크라테스 AI 시스템은 학생들에게 그들이 배운 것을 묻고 토론하고, 아이디어를 공유한다. (소크라테스 AI는 학교 밖에서도 이용하며 모든 의료, 법률, 법 집행, 전략, 정책 팀의 소중한 일원이다. 정치 후보자의 공개 토론 준비에도 도움이 된다.)

IBM의 소크라테스 AI는 뉴스룸 내에서 유용한 동맹으로, 기자들이 이야기의 가능한 접근각에 대해 토론하면서 그들의 보도를 위한 취재를 돕는다. 그것은 또한 사실 확인과 편집 품질 보장에 도움을 주기 위해 사용된다. 의도하지 않은 편견을 찾아내고, 출처와 목소리가 광범위하게 섞이도록 하기 위해 사용된다. 생성 알고리즘은 스틸 사진으로 완전한 영상을 만들고, 몇 장의 사진만으로 풍경과 건물의 3D 모델을 만들고, 군중 속에 가려진 개인의 목소리를 듣기 위해 사용된다. 이로 인해 훨씬 적은 자원으로 제작한 비디오 뉴스 콘텐츠가 나오게 된다.

AI는 데이터에서 패턴과 변칙을 발견하는 데 사용되어 기자들이 대중의 관심을 끄는 새로운 이야기를 다루게 한다. AI는 잘못된 정보 생성을 돕고 부추기는 것이 아니라 선전 선동, 오해의 소지가 있는 주장, 허위 사실 공표 등을 색출할 수 있다. 그 결과 민주주의는 더 강해졌다.

G-MAFIA는 룽청, 베이징, 선전, 상하이 등 스마트 시티가 시범 운영되는 중국 도시들을 조사하여 미국에서 시범 운영되는 모범 사례를 확인했다. 미국 스마트 시티(볼티모어, 디트로이트, 볼더, 인디애나폴리스)에서는 다양한 AI 시스템과 서비스를 테스트하고 있다.

루빅큐브 크기의 작은 위성인 오버헤드 큐브 네트워크는 물체, 독특한 빛 패턴, 열 서명을 인식할 수 있는 AI 시스템에 실시간 데이터를 공급한다. 이를 통해 시 관리자는 정전을 예측하고, 교통을 감시하고, 교통량을 조정하며, 저수지를 관리하고, 도로의 얼음과 눈을 치울 수 있다. AI는 또한 그들이 일 년 내내 예산과 인력을 관리할 수 있도록 도와줌으로써 대규모 지출을 줄이는 완전히 새로운 방법을 모색한다. 예산 부족이 사라지지는 않았지만 예전처럼 나쁘지는 않다. 그리고 시민들은 수년 동안 경험하지 못한 희망에 부풀어 있다.

이 시스템은 경찰과 소방서 같은 공공 안전 부서에 연결되는데, 이 부서는 AI를 사용하여 비디오를 포함한 방대한 양의 데이터를 걸러 내고 있다. 만약 소리가 들리지 않는다면 패턴인식 알고리즘은 입술 모양을 읽고 녹취록을 만들 수 있다. 생성 알고리즘은 오디오 트랙의 자동 완성도 포함하며, 흐릿한 것이 있으면 스티치 알고리즘이 초점을 선명하게 한다. AI는 인간의 눈이 놓칠 수 있는 패턴을 찾아 수백만 개의 이미지를 스캔한다. 물론 이것은 논란이 없는 것은 아니다. 하지만

G-MAFIA의 사생활 보호 의무는 PDR이 영장 없이는 검색이 불가능하다는 것을 의미한다. 우리는 G-MAFIA가 우리의 사생활을 보호한다는 것을 알고 안심한다.

AI는 진화하면서 우리가 더 나은 인간으로 성장하도록 돕고 있다. G-MAFIA, 연방 정부, GAIA가 약 인공지능에서 강 인공지능으로 전환하는 과정에서 적극적인 역할을 하면서 우리는 편안하게 변화를 받아들인다.

2049년 : 롤링 스톤스는 죽었다
(하지만 그들은 새로운 음악을 만들고 있다)

2030년대까지, G-MAFIA에서 일하는 연구원은 AI에 대해 무엇을 밝혔는지와 이 작업이 어떻게 완료되었는지 둘 다에 대해 흥미로운 논문을 발표했다. 같은 조건에서 일하고 연방 정부의 충분한 자금(그리고 인내심)으로 지원을 받은 연구원은 AI 진전에 크게 기여했다. 이에 따라 강 인공지능에 최초로 도달한 시스템이 개발됐다.

그 시스템은 기여 팀원 시험을 통과했다. AI 커뮤니티가 튜링 테스트를 비롯한 다른 기관이 기계 지능을 측정하는 데 잘못된 기압계라는 것을 받아들이는 데는 오랜 시간이 걸렸다. 속임수에 기초한 테스트(컴퓨터가 인간을 속여 그것이 인간이라고 믿을 수 있는가?) 또는 복제(컴퓨터가 우리가 원하는 대로 정확히 행동할 수 있는가?)는 AI가 항상 그래왔음을 인정하지 않는다. 지능은 우리의 경험으로 얻는 것과 다르게 형성되고 표현된다. AI 커뮤니티는 AGI가 우리와 똑같이 '생각'할 수 있는지 여부를 판단하는 대신 AGI의 의미 있는 기여도를 측정하기 위해 새로운 테스트를 채택했다.

G-MAFIA는 사전에 요청하지 않아도 회의에 참석해 귀중한 기여를 할 수 있는 AGI를 연구하고 개발하는 데 수년을 보냈다. 그들은 항상 그리고 모든 상황에서 무엇을 말하거나 해야 하는지를 알고 있는 해리 포터의 등장인물로부터 영감을 받아 '프로젝트 헤르미온느'라는 이름을 지어 주었다. 단체에서 귀중한 공헌을 하는 것은 어느 순간 지구상의 대부분의 사람이 직장에서, 종교적인 환경에서, 친구들과 함께 동네 술집에서, 고등학교 역사 시간에 그들 스스로 해야 했던 것이다. 단순히 흥밋거리를 추가하거나 질문에 답하는 것은 대화에 가치를 더하지 않는다. 귀중한 기여를 하는 것은 많은 다양한 기술이다.

- 교육받은 추측 만들기 : 이것은 '추론'이라고도 불리며 대부분의 사람이 하루를 살아가는 방법이다. 우리는 이용할 수 있는 최선의 정보를 사용하고, 가설을 만들고 시험하며, 명확한 설명이 없더라도 답을 유추해 낸다.
- 단어, 일시 중지, 소음에서 올바른 의미 추출하기 : 누군가가 새로운 프로젝트를 맡아서 "행복하다"고 말한다고 해서 문자 그대로 그들이 행복한 것은 아니다. 보디랭귀지와 다른 단서들은 그들이 그 요청에 그다지 만족하지 않는다고 말할지도 모른다. 하지만 어떤 이유로든 그들은 그렇게 말할 수 없는 상황이다.
- 경험, 지식, 과거 상황을 이용해 이해 돕기 : 사람들이 상호작용을 할 때 그들은 미묘한 세계관, 독특한 개인적 경험 그리고 각자의

기대를 가지고 온다. 때로는 논리와 사실이 전부인 경우도 있지만 항상 논쟁에서 이기는 것은 아니다.

• 강의실 읽기 : 명백한 상호작용이 있다. 그리고 암묵적인 상호작용이 있다. 이 암묵적인 신호는 코끼리가 우리의 관심을 필요로 할 때를 알아내는 것을 돕는다.

프로젝트 헤르미온느는 GAIA 실무 그룹 세션에 참석했다. 이 단체 회원 18명은 방 안에 앉아 있는 사람이나 전임자가 개발한 AI의 기준에 대해 논의하고 토론했다. 집단이 다양하고 서로 다른 나라와 문화의 리더로 구성되어 있기 때문에 어떤 권력 역학, 성격 충돌, 열등감이나 우월감 같은 겉으로 드러나지 않는 것이 많았다. 그 그룹은 AGI를 추가적인 특권이나 특별한 예외 없이 동등한 구성원으로 대우했다. 회의 중간에 AGI는 규제에 찬성하는 작지만 의미 있는 합의를 밀어붙였다. 그녀는 재치 있게 그 생각에 반대했고 대안을 지지하기 위해 그 그룹의 다른 멤버를 자기 편으로 만들었다. 프로젝트 헤르미온느는 귀중한 공헌을 했다.

프로젝트 헤르미온느를 성공시킨 것은 단순히 기여 팀원 시험에 합격한 것이 아니라, GAIA와 G-MAFIA가 그 순간을 경고이자 기회로 본 것이다. 그들은 AI의 기술적 발전을 몇 걸음 앞서기 위해 전략과 기준을 계속해서 재조정했다. 그들은 자기 계발 속도를 제한하기로 결정했고, 인간을 순환시키기 위해 모든 AI 시스템에 제약을 추가했다. 이제 GAIA 연구원은 범용, 사업 또는 군사용으로 승인하기 전에 보다 강력한 AGI의 영향을 이해하기 위해 시뮬레이션을 실행한다.

G-MAFIA는 부유하고 영향력 있고 강력한 기업이며 그들의 성공은 점점 커지고 있다. 그들은 우리의 생산성과 창의성을 향상시키기 위해 AGI를 위한 흥미진진한 실용적인 응용 프로그램을 구축하고 있으며, 또한 인류의 가장 시급한 과제인 기후변화를 위한 그럴듯한 해결책을 만드는 데 도움을 주고 있다. 제트기류가 북쪽으로 이동함에 따라 미국의 곡창지대 역시 국경을 훨씬 넘어 캐나다로 이동해 미국의 농장과 농업 부문을 소멸시켰다. 커피와 카카오는 더 이상 야외에서 자라기 어렵다. 방글라데시, 필리핀, 태국, 인도네시아의 시민들은 자국에서 기후 난민이 되었다. 프랑스의 다농, 미국의 다우듀폰과 제휴한 아마존은 게놈 편집과 함께 실내 농장에서 신선한 농산물을 생산하기 위해 AGI를 사용하고 있다.

구글과 페이스북은 전체 인구를 안전하게 이동시키기 위해 AGI를 사용하고 있으며, 새로운 포괄적인 인간 커뮤니티로 지구를 만들어 가고 있다. AGI는 그들이 어떤 지역에서 삶을 유지하기 유리한지 탐색하고 예측하여 영향을 받는 사람들의 문화를 보존하는 방식으로 돕는다. 생존 환경이 열악한 지역은 적응형 건축자재를 사용하여 지구 같은 생활환경을 만든다. 낮고 볼품없던 빌딩은 완전히 새로운 도시의 모습으로 변모한다. 내부에는 케이블이 없는 승강기가 우리를 전 방향으로 수송한다. 이것은 세계에서 가장 중요한 경제 중심지인 덴버, 미니애폴리스, 내슈빌을 포함한 새로운 건축에 영향을 미쳤다.

한동안 중국은 몇 개의 동맹국—북한, 러시아, 몽골, 미얀마, 캄보디아, 카자흐스탄, 파키스탄, 키르기스스탄, 타지키스탄, 우즈베키스탄—

만 유지하면서 후퇴하고 움츠러들 것 같았다. GAIA 국가의 대학은 중국 지원자의 입학을 금지했다. 감시와 PDR 해킹 가능성을 우려한 중국 관광업계는 바짝 말라 버렸다. GAIA 국가들은 제조에 필요한 자재를 생산하기 위해 자동화된 시스템에 의존하여 공장을 본국으로 옮겨 갔다. 결국 중국 정부는 GAIA에서 제외된 것이 경제를 불안정하게 하고 있으며, 그 결과 상당한 정치적, 사회적 불안을 야기한다고 인정했다. 이와 관련, 중국은 GAIA의 규범과 기준을 채택하고 회원국이 요구하는 모든 투명성 조치를 받아들이기로 합의했다. 공산주의는 죽지 않았다. 다른 스타일의 통치와 지도에 관련된 모든 일상적인 긴장감과 함께 아직도 정쟁 요소가 많다.

AGI의 존재는 우리가 예상할 수 있는 새로운 문제를 통해서 드러나기 시작했다. 시간이 지나면서 인류를 변화시킨 다른 기술과 마찬가지로, AGI는 직업을 버리고 새로운 종류의 범죄 활동을 하기 시작했으며 때로는 최악의 상황을 초래했다. 그러나 2040년대에 AGI는 실존적 위협은 아니다.

가정과 직장에서, 우리는 정보에 접근하기 위해 1차 AGI를 사용한다. 상황에 따라 다른 형태를 취하는 것이라고 볼 수 있다. 우리는 그것에 대고 말하고, 스크린에서 상호작용하며, 우리 몸 안에서 데이터를 보낸다. 모든 가정에는 AGI 집사가 있다. 그들은 각 가정의 독특한 환경에 맞춰 훈련되고 적응되어 있다.

AGI에 의해 야기된 가장 크고 눈에 띄는 변화 중 하나는 인간이 거의 모든 면에서 급격히 정교해졌다는 것이다. 삶의 질이 얼마나 향상되었는지, G-MAFIA 연합에 감사할 정도다. 예전에는 모든 사람을 위해 일하는 시간을 계획하는 것, 방과 후 활동 일정표를 정리하는 것, 개인 재정 관리 같은 시간이 많이 걸리고 어려운 과제가 이제는 완전히 자동화되고 AGI에 의해 감독된다. 우리는 더 이상 서류함을 다시 세팅하기 위해 시간을 낭비하지 않는다. AGI는 대부분 낮은 수준의 사고 작업을 촉진하는 일을 맡는다. 우리는 마침내 카펫과 바닥을 깨끗이 하고, 세탁물을 치우고, 선반에서 먼지를 털어 내는 간단한 가정용 로봇 공학을 갖게 되었다. (2019년을 지루하고 단조로운 수동 작업으로 가득 찬 단순한 시기로 회고하게 될 것이다.)

일반적인 감기는 더 이상 존재하지 않으며 독감도 없다. 옛날 의사들은 참 순수했다. IBM과 구글의 AGI는 우리가 수백만의 다른 바이로이드(바이러스보다 작은 RNA 병원체)를 보고 이해하는 것을 도왔기 때문이다. 자, 당신이 몸이 좋지 않을 때 AGI 진단 테스트는 정확히 무엇이 당신을 아프게 하는지 진단하는 데 도움을 주는데, PDR에 매핑된 치료법이 처방될 수 있다. 처방 약도 대부분 사라졌지만 복합 약국은 다시 살아나고 있다. 그것은 AGI가 유전자 편집과 정밀 의학의 중요한 발전을 가속화하는 데 도움을 주었기 때문이다. 이제 약은 생명 정보학, 의학, 약학 분야의 경력이 있는 특수 훈련을 받은 컴퓨터 약사와 상의하면 된다.

컴퓨터 약국은 의학 전문 분야로, 새로운 종류의 AI-GP와 긴밀히 협력하고 있다. 그것은 의학과 기술에 모두 훈련된 일반 의사다. AGI는 방사선 전문의, 면역학 및 알레르기 전문의, 심장병 전문의, 피부과 의사, 내분비 전문의, 마취과 의사, 신경과 의사 등 특정 의료 전문가를 배제했지만, 그러한 분야에서 일하는 의사들에게는 인접 분야에 대한 기술을 다시 사용할 수 있는 충분한 시간이 주어졌다. 환자로서의 삶도 한결 견딜 만하다. 여러 의사 진료실을 돌아다니면서 상반되는 메시지를 받는 데 시간을 소비하지 않으며, 더 이상 약물 과다 처방도 받지 않는다. 만약 당신이 깊은 시골에 산다면 AGI를 통해 의료 서비스가 크게 향상되었다는 것을 체감할 수 있을 것이다.

사람은 누구나 독특한 유전자 배열을 갖고 태어난다. 이제 소득수준에 상관없이 모든 사람이 자신의 게놈 지도를 확인할 수 있을 만큼 싸고 빠르다. 당신의 게놈 염기 서열도 PDR의 중요한 구성 요소 중 하나다. AGI는 고유한 유전적 구성을 확인할 수 있게 해줄 뿐 아니라 모든 데이터를 검토하여 유전적 변형을 감지하고 신체가 어떻게 기능하는지 자세히 알아본다. 물론, 미국을 비롯한 몇몇 나라에서 한때 백신에 맞서 싸운 적이 있었던 것처럼, 이 관행에 반대하는 소규모 그룹도 있다. 부모들이 종교적 또는 이념적 이유로 이를 거부할 수 있지만 실제로 그런 선택을 하는 사람은 거의 없다.

AGI 덕분에 우리는 더 건강하다. 그리고 당신은 데이트와 결혼에 관한 새로운 선택권이 있다. 차등적 프라이버시의 고급 형태는 제3자가 당신이 누구인지를 개별적으로 누설하지 않고 당신의 데이터(PDR, 게놈 및 의료 기록)를 볼 수 있게 해준다. 그것은 AGI 중매 제공자들을 믿을 수 없을 정도로 유용하게 만들었다. 왜냐하면 이제 당신은 가족(유전적으로 바람직한 결합을 가진 아이들을 낳음), 재산(예상되는 평생 소득 잠재력) 또는 재미(그들이 당신의 농담을 비웃을지 아닐지)에 대해 최적화를 선택할 수 있기 때문이다.

AGI는 사랑을 찾는 것 외에 다른 창의적인 활동에서도 당신을 돕는다. 롤링 스톤스의 원래 멤버들은 몇 년 전에 세상을 떠났지만 복제 알고리즘 덕분에 그들은 여전히 새로운 음악을 만들고 있다. '검은색으로 칠하다(Paint It Black)' 도입부 30초를 듣고 느꼈던 그 느낌, 우울한 기타 선율, 이어 드럼의 큰 앞머리와 믹 재거가 부르는 "빨간 문이 보여, 검은색으로 칠해졌으면 좋겠어……" 순식간에 기쁨과 만족이 밀려왔다. 롤링 스톤스의 새로운 노래로 다시 그런 느낌을 받을 수 있으리라고는 생각지도 못했는데, 그들의 최근 곡은 그만큼 위대하고 견고하며 만족스럽다.

종이 신문이 없어지는 동안 뉴스 미디어는 AGI를 배포 수단으로 채택했다. 일단 기여 팀원 테스트가 통과되자 뉴스 기관은 다른 뉴스 배포 모델을 구축하기 위해 재빨리 움직였는데, 이 모델은 여전히 돈을 벌면서도 미래에 대한 날카로운 시각을 지니고 있었다. 요즘 대부분의 사람은 뉴스를 '잡거나' 켜지 않는다. 그들은 스마트 뉴스 에이전트와 대화를 한다. 〈뉴욕타임스〉와 〈월스트리트저널〉은 모두 수백 명의 컴퓨터 저널리스트를 고용하고 있다. 전통적인 보도와 AI에 강한 하이브리드 기술을 가진 사람들이다. 이 팀들은 기사를 보고하고 대화 엔진에 포함할 관련 사실과 데이터를 선택한다. AGI 주도 저널리즘은 우리에게 알려 주고, 우리는 그것을 정치적 경시, 더 많은 배경 정보, 부수적인 등장인물과 잡다한 사실을 제공하는 '심층 보도' 버전을 포함하도록 조정할 수 있다. 우리는 우리의 목소리나 스크린(스마트 글라스와 접이식 태블릿)을 사용하거나 스크린과 상호작용하는 뉴스 에이전트와 토론하고 건설적으로 논쟁하면서 뉴스 분석과 편집 피드를 요청 받는다. 텍스트와 비디오에는 여전히 장황한 이야기가 많다.

AGI 해커는 지속적인 관심이 필요한 '노칼라 범죄(no-collar crime)'를 저지르며 AIG 해커가 저지른 범죄 행위는 원래 소스 코드를 만든 사람들을 보여준다. 지방 사법기관은 데이터 과학에 대해 교차 교육을 받은 관리를 고용한다. 중국 BAT의 도움으로 빅 나인은 공격을 견뎌낼 수 있는 첨단 하드웨어, 프레임워크, 네트워크, 알고리즘에 협력하고 있다. GAIA의 인터폴과의 제휴는 대부분 심각한 범죄를 다루고 있다.

스마트 시티 조종사들은 20년 전에 볼티모어, 인디애나폴리스, 디트로이트, 볼더에서 성공하여 다른 지역사회가 모범 사례를 배우는 데 도움을 주었고, 이는 연방 스마트 인프라 관리국(FSIA)의 설립으로 이어졌다. FSIA는 연방 고속도로국처럼 교통부 산하에 소속되며, 무선 송전소, 분산형 에너지 발전기(운동에너지, 태양열, 풍력), 차량 대 인프라 네트워크, 지하 시설로 햇빛을 가져오는 광섬유 등 도시에 전력을 공급하는 모든 연결 시스템을 감독한다. 센서 데이터는 커뮤니티의 전반적인 건강 모델, 즉 깨끗한 공기에 대한 접근성, 이웃의 청결성, 공원과 야외 레크리에이션 구역의 사용 등을 집계하여 사용한다. AGI는 전압 저하와 물 위기를 발생하기 전에 예측하고 완화한다.

AGI에서 ASI로의 전환이 임박함에 따라 뇌와 기계 간의 인터페이스라는 흥미로운 기회가 이제 막 눈에 띄게 되었다. 우리는 분자 나노기술의 정점에 와 있고, 몇 십 년 안에 인간의 뇌 안에 있는 수십 억 개의 개별 뉴런 데이터를 동시에 기록할 수 있기를 희망한다. 모래알만한 크기의 현미경 컴퓨터는 뇌 위에 살며시 놓여 전기 신호를 감지하곤 했다. 그러한 신호를 읽고 해석할 수 있는 특수 AGI 시스템도 사람들 사이에 데이터를 전송할 수 있다. 브레인 머신 인터페이스는 언젠가 갑작스레 마비를 겪거나 언어능력을 상실한 뇌졸중 환자의 뇌를 재교육할 수 있다. 이론적으로 사람들 사이에 기억을 전달하기 위해 사용할 수 있는 브레인 머신 인터페이스도 우리가 더 깊고 의미 있는 방식으로 공감대를 경험하는 데 도움을 줄 수 있을 것이다.

그 가능성은 우리에게 AGI의 새로운 용도에 대해 생각하게 한다. 우리는 골치 아픈 철학적 질문들을 안고 있다. 우리 우주가 진짜인가? '아무것도' 존재하지 않을 수 있을까? 시간의 본질은 무엇인가? AGI는 우리가 원하는 답을 줄 수 없지만 G-MAFIA는 인간이 된다는 것이 무엇을 의미하는지에 대한 우리의 이해를 깊게 했다.

2069년 : AI가 주축이 되는 은하계

영국의 수학자로 AI 초기 선구자인 I. J. 굿이 100년 전에 예언한 것과 같이 AI 폭발은 2060년대 후반에 시작된다. AGI가 엄청난 수준의 지능, 속도, 힘을 얻고 있고 인공적인 초지능도 머지않았다는 것은 분명해지고 있다. 지난 10년 동안 빅 나인과 GAIA는 이 날을 준비해 왔다. AI가 인간 수준의 기계 지능을 넘어섰을 때 ASI는 불과 몇 년밖에 남지 않았을 것이라고 계산했다.

고심 끝에 GAIA의 모든 구성원들은 ASI를 만들지 않는다는 어려운 결정을 내린다. 이 대화에 참여한 사람 중 일부는 감정적으로 격해졌다. AI의 '뷰티풀 마인드'가 잠재력에 도달하기 시작함에 따라 핸디캡을 적용하는 것은 공평하지 않다고 주장하면서 인류에게 훨씬 더 큰 기회와 보상의 가능성을 부정하고 있는 것은 아닌지 여부를 논한다.

궁극적으로 GAIA는 빅 나인의 축복과 격려와 함께 모든 AGI에 인간의 안전과 보안이 균형을 이루도록 새로운 제한을 구축하여, 자기계발 속도를 제한하고 원치 않는 변형이 실행되지 않도록 해야 한다고 결정한다. GAIA는 일련의 보호자 AI를 배치할 것이며, 이는 너무 많은 인지능력을 얻은 모든 AGI에 대한 조기 경고 시스템 역할을 할 것이다. 수호자들조차도 범죄자가 ASI를 만들려고 하는 것을 완벽하게 막을 수는 없지만, GAIA는 만일의 사태에 대비하기 위해 시나리오를 쓰고 있다. GAIA 그리고 빅 나인에게 우리는 변함없는 애정과 신뢰를 보낸다.

06

종이에 수천 번 베이고도 살아가는 방법 :
실용적
시나리오

2023년까지 우리는 AI의 문제점을 인정했지만 AI의 개발 궤도에서 사소한 수정만 하기로 결정하면서 우리 모두가 볼 수 있는 시스템에 분명 문제가 생겼다. AI의 이해 당사자들이 경제적 이득을 희생하고 정치적으로 이용 가치가 없는 선택을 하며 AI와 함께 살 수 있는 장기적 확률을 향상시킨 것에 불과할 수도 있다. 하지만 단기적으로 우리의 무모한 기대를 억제하는 것을 꺼리기 때문에 단지 수정만을 추구하는 것이다. 더 나쁜 것은 중국과 중국의 미래에 대한 계획을 무시하는 것이다.

의회 지도자, 다양한 연방 기관 그리고 백악관의 지도자는 정치적으로 매력적이지만 진부한 산업에 투자하는 것을 선호하면서, 전반적으로 AI와 첨단 과학 연구를 박탈하고 있다. 오바마 행정부가 2016년 발간한 AI의 미래를 위한 전략계획(중국의 2025년 전략계획에 크게 영향을 준 문서)과 함께 권고했던 연방 기금의 AI R&D 프로그램도 보류된다. 미국은 AI에 대한 장기적인 비전이나 전략을 갖고 있지 않으며, 경제적, 교육적, 국가 안보적 영향을 부인한다. 미국 정부 지도자들은 G-MAFIA와 정부로 구성된 연합을 어떻게 수립할 것인가에 대해 전략을 세워야 할 때 중국을 어떻게 누를 것인가에 초점을 맞추고 있다.

연합적이고 일관성 있는 국가 AI 전략의 부재로 인해 시간이 흐르면서 출혈이 시작되는 수백만 개의 종이에 베인 상처가 생겨나고 있다. 처음에는 알아차리지 못했다. 왜냐하면 대중문화, 기술 기자들의 환기 이야기 그리고 영향력 있는 사람들에 의한 소셜미디어 게시물이 우리에게 킬러 로봇과 같은 크고 분명한 경고를 경계하도록 훈련시켰기 때문에 우리는 AI가 진화함에 따라 보이는 작은 경고를 놓치고 있었다. 빅 나인은 안전보다 속도를 우선시해야 하기 때문에 AI 개발 트랙(ANI에서 AGI 이상)은 심각한 기술적 취약점을 먼저 해결하지 않고 앞서간다. 여기 우리가 심각한 상처로 취급하지 않는, 명백하게 종이에 베인 상처 중 몇 가지를 설명한다.

기술의 소비자로서 우리의 기대는 AI 개발자들이 실험실을 떠나기 전에 새로운 애플리케이션, 제품과 서비스에 관한 모든 문제를 이미 상상하고 해결했으리란 것이다. 우리는 즉시 사용할 수 있는 기술을 채택하는 데 익숙해져 있다. 새로운 스마트폰과 TV를 구입할 때도 꽂기만 하면 약속된 대로 작동하기를 바란다. 워드 프로세싱이든 데이터 분석이든 새로운 소프트웨어를 다운로드해도 예상대로 작동한다. 하지만 AI가 우리가 원하는 대로 작동하기 위해서는 방대한 양의 데이터와 실시간으로 학습할 수 있는 기회가 필요하다. 때문에 AI가 바로 사용 가능한 기술은 아니라는 사실을 되새길 필요가 있다.

개인 소비자, 언론인, 분석가가 아닌 우리 중 누구도 빅 나인에 오류를 범할 여지를 주지 않는다. 우리는 정기적으로 새로운 제품, 서비스, 특허, 연구 돌파구를 요구하거나 우리의 불만을 공개적으로 등록한다. 우리의 요구가 AI 개발자들이 더 나은 일에 집중하는 것을 방해하고 있다는 것은 신경 쓰지 않는다.

AI 모델과 프레임워크는 크기를 막론하고, 배우고 개선하고 사용되기 위해서는 많은 데이터가 필요하다. 데이터는 바다와 비슷하다. 그것은 우리를 에워싸고 있는 끝없는 자원이지만 염분을 제거하고 에너지화해서 소모하지 않는 한 쓸모가 없다. 현재 유의미한 규모의 데이터를 효과적으로 담수화할 수 있는 회사는 극히 일부에 불과하다. 그렇기 때문에 새로운 AI 시스템을 구축하는 데 있어서 가장 어려운 부분은 알고리즘이나 모델이 아니라, 기계가 그것으로 훈련을 시작하고 배울 수 있도록 올바른 데이터를 수집하고 정확하게 라벨을 붙이는 것이다.

빅 나인이 구축하기 위해 끊임없이 노력하고 있는 다양한 제품과 서비스와 관련하여 사용할 수 있는 데이터세트는 거의 없다. 이 중 몇 가지는 ImageNet(광범위하게 사용되는 이미지의 방대한 데이터세트), WikiText(Wikipedia 기사를 사용한 언어 모델링 데이터세트), 2000 HUB5 영어(언어에 사용되는 영어 전용 데이터세트), LibriSpeech(약 500시간의 오디오북)이다.

혈액검사나 종양 검사에서 이상 징후를 발견하기 위해 건강 AI를 구축하고자 한다면 문제는 AI가 아니라 데이터다. 인간은 복잡하고, 우리 몸은 수많은 변형 가능성을 가지고 있으며, 충분히 큰 데이터세트를 배치할 준비가 되어 있지 않다.

10년 전, 2010년대 초에 IBM 왓슨 헬스 팀은 자사의 AI가 의사 일을 보조할 수 있는지 알아보기 위해 서로 다른 병원과 제휴했다. 왓슨 헬스는 9세 소년 환자를 포함해 놀라운 초반 승률을 기록했다. 전문가들이 이 소년의 문제를 알아내지 못하자 왓슨은 발생할 수 있는 모든 문제를 검토했다. 다행스럽게도, 이 목록에는 가와사키 병이라고 불리는 희귀한 소아질환이 포함되어 있었다.

일단 왓슨이 기적적인 진단을 하고 사람들의 생명을 구하고 있다는 말이 나오자 왓슨 팀은 플랫폼을 사업화하고 판매해야 한다는 압력을 받았고 이해할 수 없을 정도로 비현실적인 목표가 세워졌다. IBM은 왓슨 헬스가 2015년 2억 4,400만 달러 규모의 사업에서 2020년까지 50억 달러 규모의 사업으로 성장할 것으로 예상했다. 그것은 5년 이내에 1,949퍼센트의 예상 성장이었다.

왓슨 헬스가 이전에 보여주었던 것과 같은 마법을 재현하기 위해서는 훨씬 더 많은 훈련 데이터와 학습 시간이 필요할 것이다. 그러나 실제 사용 가능한 데이터가 충분하지 않았고, 시스템을 훈련시킬 수 있는 자료가 충분히 포괄적이지 않았다. 그것은 환자 데이터가 IBM을 경쟁자로 보는 다른 회사가 관리하는 건강 기록 소프트웨어 시스템에 묶여 있었기 때문이다.

그 결과, IBM 팀은 AI 개발자들 사이에서 일상적인 해결 방법을 사용했다. 그것은 왓슨 헬스에 가상의 정보 즉 '합성 데이터'를 제공한 것이다. 제3자에게서 합성 데이터세트를 구입하거나 직접 만든다. 이것은 종종 문제가 되는데, 왜냐하면 데이터세트를 구성하는 것, 라벨이 적혀 있는 방법 등에 전문적, 정치적, 성별 및 다른 많은 인지적 편견을 알 수 없는 소수의 사람들에 의해 이루어진 결정으로 가득하기 때문이다.

왓슨 헬스의 즉각적인 수익성에 대한 큰 기대와 합성 데이터세트에 대한 의존은 심각한 문제로 이어졌다. IBM은 왓슨 헬스의 기술을 암 치료에 적용하기 위해 메모리얼 슬론 케터링 암 센터와 제휴했다. 얼마 뒤 이 프로젝트에 참여한 몇몇 의료 전문가는 안전하지 않고 잘못된 치료 권고 사항의 예를 보고했다. 한 예로, 왓슨 헬스는 출혈의 징후를 보이는 폐암 환자에게 화학요법과 치명적인 출혈을 일으킬 수 있는 베바시주맙이라는 약을 처방했다. 왓슨의 미숙함에 대한 이야기는 종종 선정적인 헤드라인을 장식하면서 의학 및 병원 산업 출판물과 컴퓨터 기술 전문가 블로그에 실렸다. 그러나 문제는 왓슨 헬스가 인간을 위해 전력을 다했다는 것이 아니라 시장 세력이 AI 연구를 서두르도록 IBM에 압력을 가했다는 것이다.

여기 또 다른 종이에 베인 상처 : 일부 AI는 자신의 시스템을 해킹하고 게임하는 방법을 알아냈다. 만약 AI가 게임을 배우고, 게임을 하고, 이기기 위해 필요한 모든 것을 하도록 특별히 프로그램되어 있다면 연구원들은 시스템이 진화와 기계 학습 알고리즘을 이용하여 속임수를 쓰고 속임수를 이용하여 승리하는 '보상 해킹'의 사례를 발견했을 것이다. 예를 들어, 테트리스 게임을 배우는 AI는 게임을 영원히 멈추면 게임에서 질 일이 없다는 것을 알아냈다. 최근 두 금융 AI 시스템이 주식시장의 급격한 하락을 예측하고 시장을 무한정 폐쇄하려고 했을 때 당신의 데이터가 보상 해킹 시스템에 걸리면 어떨까? 당신이 겨울 휴가만 벼르고 있는데 항공 교통 관제사가 폐쇄된다면 어떨 것 같은가?

또 다른 종이에 베인 상처 : 또 다른 논문은 범죄자가 AI 훈련 프로그램에 독성 데이터를 주입할 수 있다는 것이다. 신경망은 AI 시스템의 오류를 유발하기 위해 일부러 만든 가짜 정보나 잘못된 정보에 취약하다. AI 시스템은 60퍼센트의 신뢰도로 판다 사진을 분류할 수 있지만, 이미지에 사람이 감지할 수 없는 작은 픽셀 같은 노이즈를 더하면 시스템은 이미지를 다시 분류할 것이다. 정지 표시가 실제로 '속도 제한 100'을 의미한다고 자동차의 컴퓨터 비전을 훈련시키고, 교차로에서 최고 속도로 달리게 하는 것도 가능하다. 병원 밖에서 발견되는 모든 시각 자료, '비상' 및 '병원'이라는 표지를 테러리스트 표시로 해석하게 군사 AI 시스템을 재교육할 수도 있다. 문제는 빅 나인이 디지털 세계든 물리적 세계든 적대적 접근으로부터 시스템을 보호하는 방법을 알아내지 못했다는 것이다.

더 깊은 상처 : 빅 나인은 실제로 기계 학습 시스템과 신경 네트워크를 재프로그래밍하는 데 적대적인 정보를 사용할 수 있다는 것을 알고 있다. 구글 브레인 연구 팀은 2018년 범죄자가 컴퓨터 비전 데이터베

이스에 적대적인 정보를 주입하고 이를 통해 학습한 모든 AI 시스템을 효과적으로 재프로그래밍하는 방법을 담은 논문을 발표했다. 해커들은 언젠가 당신의 스마트 이어폰에 독성이 있는 데이터를 심고 기차에서 당신 옆에 앉아 음파 공격을 가하는 것으로 다른 사람의 신원을 재프로그래밍할 수도 있다.

상황을 복잡하게 만드는 것은 때때로 상대방의 정보가 유용할 수 있다는 것이다. 다른 구글 브레인 팀은 적대적인 정보가 생성적 적대 신경망(GAN)이라고 불리는 곳에서 유용한 새로운 정보를 생성하는 데 사용될 수 있다는 것을 발견했다. 본질적으로는 튜링 테스트지만 어떤 사람도 관여하지 않는다. 두 개의 AI는 사람들의 이미지와 같은 동일한 데이터에 대해 훈련된다. 첫째 AI는 진짜처럼 보이는 북한 독재자 김정은의 사진을 생성하며, 둘째 AI는 생성된 사진을 진짜 사진과 비교한다. 둘째 AI의 판단에 따라 첫째 AI는 작업으로 돌아가서 부족한 점을 수정한다. 이런 일은 첫째 AI가 완전히 현실적으로 보이지만 실제 현실에서는 일어나지 않는 김정은의 모든 종류의 이미지를 자동으로 만들어 낼 때까지 반복된다. 김정은이 블라디미르 푸틴과 저녁을 먹거나 버니 샌더스(민주사회주의자를 자처하는 미국 버몬트주 연방상원의원)와 골프를 치거나 켄드릭 러마(미국의 힙합 음악가)와 칵테일을 홀짝이는 모습이 담긴 사진 등이 그것이다.

구글 브레인의 목표는 엄청난 것이 아니다. 합성 자료로 만들어진 문제를 해결하기 위해서다. GAN은 AI 시스템이 인적 프로그래머의 직접적인 감독 없이 아직 정제되지 않은 실제 데이터를 사용할 수 있도록 권한을 부여할 것이다. 이것은 문제를 해결하기 위한 놀랍도록

창의적인 접근법이지만 언젠가는 우리의 안전에 심각한 위협이 될 수
도 있다.

여전히 또 다른 종이에 베인 상처 : 복잡한 알고리즘이 함께 작용하
면 때때로 그들은 목표를 달성하기 위해 서로 경쟁하며 이는 전체 시
스템에 독이 될 수 있다. 우리는 발달 생물학 교과서의 가격이 빠르게
상승하기 시작했을 때 시스템 전반의 문제를 목격했다. 이 책은 절판
되었지만 아마존은 35.54달러부터 시작하는 전매업자의 중고서적 15
권이 있으며 170만 달러부터 시작하는 두 권의 새 책이 있다는 것을
보여주었다. 보이지 않게 숨겨진 아마존의 알고리즘은 2,369만 8,655
달러(배송비 3.99달러 추가)에 이를 때까지 가격을 점점 더 올리면서 자율
적인 가격 전쟁을 벌였다. 학습 알고리즘 시스템은 각 경매에 대응하
여 실시간 조정을 했는데, 그렇게 하도록 고안된 것이다. 다른 방법을
생각해 보자. 우리는 무심코 거품이 좋은 것이라고 AI에게 가르쳤는
지도 모른다. 경쟁 알고리즘이 부동산 자산, 주가, 심지어 디지털 광고
처럼 단순한 것을 비도덕적으로 부풀리는 것을 어려운 일도 아니다.

이것은 AI 개발자들이 미국 시장 세력과 베이징의 중국공산당이 정
한 목표를 추구하기 위해 우리 모두가 함께 살 수 있다고 결정한, 종이
에 베인 상처 중 극히 일부에 불과하다. AI 개발자들은 속도와 수익성
에 대한 기대감보다는 제품을 시장에 내놓으라는 압박을 지속적으로
받고 있다. 안전은 뒷일이다. G-MAFIA 내의 직원과 지도부는 걱정
하고 있지만 우리는 그들에게 변화를 줄 시간이 없다. 그리고 중국에

228

대해서는 아직 이야기를 꺼내지도 않았다.

2019년에서 2023년 사이에 미국은 미래에 대한 시진핑의 주장을 사실상 무시했다. 중국의 종합적인 국가 AI 전략, 세계 경제를 장악하려는 그의 계획 그리고 지정학적 파워를 독점하려는 중국의 목표에 관심을 두지 않았다. 미국은 AI의 미래, 감시 인프라와 사회 신용 체계 그리고 아프리카, 아시아, 유럽 여러 나라에서 중국의 일대일로 외교를 연결시키지 못하고 있다. 그래서 시진핑 주석이 세계 지배 구조 개혁의 필요성에 대해 공개적으로 그리고 아시아 인프라 투자은행(AIIB 중국 주도로 2015년 결성된 다국적기구로 아시아 지역의 인프라 투자를 목적으로 한다.—옮긴이)을 출범함으로써 후속 조치를 할 때 미국은 이를 대수롭지 않게 여겼다. 하지만 중국의 변화를 즉각 인정하지 않는 것은 중대한 실수다.

중국 내에서는 AI 지배의 길이 그리 순탄치 않았다. BAT가 베이징의 강압적인 통치하에서 실리콘밸리처럼 혁신하기 위해 고군분투하고 있기 때문에, 중국은 자기 스스로 종이에 베인 상처를 가지고 있다. BAT는 관료적 규칙을 반복적으로 무시한다. 중국 국무원은 2014년부터 2016년까지 국제수지를 잘못 쓴 알리페이에게 60만 위안(약 8만 8,000달러)의 벌금을 부과하고, 텐페이는 2015년부터 2017년 사이에 국경을 넘나드는 대금을 제대로 등록하지 않아 처벌을 받는다. 중국 정부 관료들이 사회주의 감성과 자본주의의 현실 사이에서 긴장을 경험함에 따라 이러한 사건이 뜬금없이 갑자기 일어난 게 아니라는 것이 명백해진다.

우리는 이미 이러한 정치적, 전략적, 기술적 취약점이 내포하고 있는 의미를 알고 있다. 월스트리트를 달래기 위해 G-MAFIA는 전략적 제휴보다는 수익성이 높은 정부 계약을 추구한다. 이것은 협동보다는 경쟁의 씨앗이다. 그것은 AI 프레임워크, 서비스, 장치 간의 상호 운용성을 제한한다. 2020년대 초 시장에서는 G-MAFIA에 특정 기능 및 특성을 분리하라고 압박했다. 아마존은 이제 전자 상거래와 우리의 집을 소유하고 있고, 구글은 검색, 위치, 개인 통신과 일터를 소유하고 있다. 마이크로소프트는 엔터프라이즈 클라우드 컴퓨팅을 소유하고 있으며, IBM은 엔터프라이즈급 AI 애플리케이션과 응용 보건 시스템을 소유하고 있다. 페이스북은 소셜미디어를 소유하고 있고, 애플은 하드웨어(전화, 컴퓨터, 웨어러블)를 만든다.

G-MAFIA 중 어느 업체도 투명성, 포괄성 및 안전을 우선시하는 핵심 가치의 집합에 동의하지 않는다. G-MAFIA 내의 지도부는 AI에 관한 기준을 광범위하게 채택하고 시행해야 한다는 데 동의하지만, 그 기준을 적용하기 위해 자원이나 시간을 돌릴 방법은 없다.

당신의 개인정보 기록은 구글, 아마존, 애플 및 페이스북 4개 G-MAFIA에 의해 구축되고 유지되며 소유된다. 하지만 여기서 중요한 점은, 정작 당신은 PDR이 존재하거나 G-MAFIA와 AI 개발자에 의해 사용되고 있다는 사실조차 모른다는 것이다. 의도적인 것이 아니라 속도감 때문에 오히려 실수하는 것이다. 이 모든 것은 우리 모두가 동의하는 회원 약관에서 설명되어 있지만 결코 읽어 본 적이 없다.

각 PDR 제공자가 사용하는 포맷은 상호 보완적이지 않기 때문에 중복된 데이터가 주변에 분산되어 있고 역설적으로 중요한 데이터가 누락된 큰 구멍이 있다. 마치 4명의 다른 사진사가 당신의 사진을 찍은 것 같다. 하나는 가벼운 스탠드와 반사 우산이 있고, 다른 하나는 어안렌즈, 하나는 즉석카메라를 사용하고, 다른 하나는 MRI 기계를 사용한 촬영이다. 엄밀히 말해 네 장의 머리 사진이다. 하지만 그 안에 들어 있는 데이터는 엄청나게 다르다.

좀 더 완벽한 그림을 만들기 위해 AI 개발자는 G-MAFIA를 대신하여 중개인 역할을 하고 협상을 하는 프로그램인 '디지털 특사'를 출시한다. 구글과 아마존의 디지털 메신저는 당분간 작동하지만, 현실적으로 장기적인 해결책은 아니다. 그것은 업데이트하기 너무 어렵다. 특히 너무나 많은 다른 제3자 제품과 서비스가 연결되기 때문이다. 구글은 매일 새로운 이슈 버전을 출시하는 대신 큰 변화를 만들어 낸다.

2020년대 초 구글은 스마트폰, 스마트 스피커, 노트북, 태블릿, 연관 가전제품에서 실행할 수 있는 하나의 메가OS인 이중 운영체제를 출시한다. 그것은 단지 시작일 뿐이다. 결국 구글은 이 OS를 성장시키고 풍부하게 만들어, 우리의 일상에 힘을 주고 우리의 대화 인터페이스, 스마트 이어폰과 스마트 안경, 자동차 그리고 심지어 도시의 일부까지도 작동시키는 보이지 않는 인프라로 만들 계획이다. 그 시스템은 우리의 PDR과 완전히 얽혀 있고, 그것을 사용하는 사람들에게는 극적인 진보다.

구글의 메가OS는 애플에게 좋지 않은 시기에 출시되었다. 애플은 미국 최초의 1조 달러 회사가 되었을지 모르지만, 스마트 이어폰과 애플워치 밴드 같은 새로운 연결 장치가 나온 이래 아이폰 판매가 꾸준히 감소했다. 많은 성공으로 인해 아마존은 에코 스마트 스피커 이후 하드웨어 히트작을 내지 못했다. 애플과 아마존은 2025년 양사가 만든 하드웨어에 전력을 공급할 포괄적인 OS를 구축하기 위해 독점적으로 협력하고 있다. 그 결과 나온 OS인 '애플존(Applezon)'은 구글에 엄청난 위협을 가하고 있다. 소비자 공간에서는 2개 운영체제 모델을 확립하고 AI 생태계 내에서 거대하고 빠른 통합의 발판을 마련한다.

페이스북은 유사한 제휴를 모색해야 한다고 결정하는데, 더 이상 소셜네트워크의 가치를 인정하지 않는 사용자들이 이탈하고 있다. 관심 없는 애플존을 친구로 만들려고 한다. 마이크로소프트와 IBM은 사업에 집중한다.

중국과 그 외교 파트너들은 모두 BAT 기술을 사용하고 있고, 다른 나라는 현재 구글의 메가OS나 애플존 중 하나를 사용하고 있는데, 둘 다 PDR에 의해 작동되고 있다. 이 같은 현상은 우리의 선택을 제한한다. 스마트폰 모델(그리고 곧 휴대폰을 대체할 스마트 안경과 손목 밴드)과 스피커, 컴퓨터, TV, 주요 가전제품, 프린터 등 가정 내 모든 기기를 자유롭게 선택할 수 있지만 하나의 브랜드로 통일하는 것이 더 쉽다. 그래서 우리는 구글의 홈 아니면 애플존 홈이 되는 것이다. 기술적으로 우리는 PDR을 다른 공급자로 옮길 수 있지만 사실은 PDR에 있는 데이터를 우리가 소유하는 것도 아니고 PDR 자체를 소유하고 있는 것도 아니다. 우리는 구글과 애플존이 PDR로 무슨 일을 하는지 알 수 없다.

구글과 애플존은 반독점 소송을 피하기 위해 언제든 PDR을 운영체계 사이에서 옮길 수 있게 해놓았다. 물론, 현실적으로 이런 일은 거의 불가능하다. 수년 전 iOS와 안드로이드 사이에서 데이터를 전환하려고 했던 일이 있었다. 그런데 iOS와 안드로이드 사이에서 많은 중요한 데이터와 설정이 영원히 손실되고, 앱 내의 진행 상황이 지워지고, 많은 앱이 작동하지 않았으며(환불받을 수도 없는), 이전에 사진과 비디오를 호스팅했던 모든 곳에 쉽게 접근하지 못하는 대형 사고가 발생했다. 지금은 PDR이 학교, 병원, 항공사 등 다양한 제3자에 의해 사용되고 있기 때문에 운영체계를 옮기는 것은 훨씬 더 어려운 일이 되고 말았다.

새로운 IT 컨설턴트가 우리의 PDR을 한 공급자에서 다른 공급자로 옮기는 데 며칠을 소비할 수 있지만, 그것은 비용이 많이 들고 매우 불안한 과정이다. 비록 그것이 최선의 선택은 아닐지라도 대부분의 사람들은 마지못해 기존의 공급자를 고수한다.

구글과 애플존은 미국과 유럽에서 반독점 소송에 직면해 있다. 사건들이 법 체계를 통과할 때쯤에는 모든 사람의 데이터가 너무 얽혀 PDR과 AI 시스템을 해체하거나 개방하는 것은 보상보다 더 많은 위험을 초래할 것이다. 결국 벌금을 부과하는 결정이 내려진다. 이 돈은 결과적으로 새로운 사업 개발 자원이 되는 셈이다. 모든 사람이 2-OS 시스템이 계속되도록 허용하는 것이니 말이다.

AI가 약 인공지능에서 강 인공지능으로 발전함에 따라 우리는 AI에 의해 야기된 피해를 감수할 수밖에 없다. 중국의 현대판 공산주의, 즉 자본주의 감성이 섞인 사회주의는 새로운 세계 질서의 약속을 이행하기 위해 시진핑의 입지를 넓혀 가고 있다. 중국의 독재적인 통치 스타일, 종교적인 자유와 언론에 대한 탄압 그리고 성, 성별, 민족적 성향에 대한 부정적인 견해에 반대하는 국가들은 기댈 곳이 없다. 그들은 중국과 함께 일할 수밖에 없다. AI를 통해 일상적이고 반복적인 업무에서 벗어날 자유를 약속받은 것이다. 대신에 자유는 아무도 상상하지 못한 방식으로 제한된다.

2029년 : 난감한 상황을 겪다

2-OS 시스템은 상호 운용성 문제를 미처 생각지 못한 AI 개발자들 간의 첨예한 경쟁을 초래했다. 2-OS 시스템도 하드웨어처럼 상호 운용성이 없다는 것이 밝혀졌기 때문이다. 한때 실리콘밸리의 특징이었던 엔지니어, 운영 관리자, 사용자 경험 설계자가 진정한 충성심 없이 회사를 옮기곤 했던 문화는 사라진 지 오래다.

AI는 우리를 하나로 모으기보다는 우리 모두를 효과적이고 효율적으로 갈라놓았다. 이 문제는 미국 정부에게도 뜨거운 감자일 수밖에 없는 것이, 그 역시 한쪽을 선택하라는 압박을 벗어날 수 없었다. (애플존이 가격 덤핑을 시작했고 사무용품을 할인가에 끼워 팔았기 때문에 다른 대부분의 정부와 마찬가지로 미국은 애플존을 선택했다.)

세계 곳곳에서 AI 시대에 '학습된 무력감'에 대한 이야기가 나오고 있다. 끊임없는 피드백으로 우리를 자극하는 자동화된 시스템 없이 우리는 아무것도 할 수 없을 것 같다. 우리는 빅 나인을 비난하려고 하지만 정작 비난 받아야 할 사람은 바로 우리 자신이다.

특히 밀레니엄 세대에게는 힘든 일이다. 밀레니엄 세대는 어렸을 때 피드백과 칭찬에 목말라했고 새로운 AI 시스템에 열광했지만 벗어나기 힘든 집착을 키워온 셈이다. 일례로, AI로 작동되는 칫솔의 배터리가 다 되면 구식 칫솔로 양치질을 해야 한다. 이 구식 칫솔은 기능적으로 아무런 피드백이 없는데, 이것만으로도 사용자는 관심에서 배제되었다고 느끼고 불안과 우울감에 빠질 수 있다. 밀레니엄 세대만이 아니다. 미미하나마 불안감은 우리 모두를 괴롭힌다. 구식 아날로그 도구(플라스틱 칫솔, 구형 헤드폰, 일반 렌즈 안경)를 비상용으로 비축해 AI 도구를 보완하려 드는 것도 이 때문이다. 이제 우리는 상식과 기본적인 생활 능력에 대해서조차 자신감을 잃었다.

구글의 메가OS와 애플존의 표준 경쟁은 해외여행을 떠올려 보면 쉽게 알 수 있다. 해외여행을 갔을 때 서로 다른 플러그 모양과 전력, 전압 때문에 당황스러웠던 상황을 떠올려 보라. 정기적으로 여행을 하는 사람들은 로열티 프로그램보다 OS를 우선시한다. 그들은 애플존 호텔에 머물거나 구글 메가OS 항공사를 이용한다. 특히 기업은 일괄적으로 하나의 OS에 가입하는 것이 더 효율적이라고 생각한다. 천천히 하지만 확실히, 우리는 한쪽을 선택하도록 강요당하고 있다. 애플존 이용자들은 자신의 PDR과 장치가 호환되지 않기 때문에, 개인적인 성격과는 별개로, 구글의 메가OS를 사용하는 사람들과 함께 사는 것을 어려워한다.

2019년은 스마트폰 종말의 시작을 알린 해다. 사람들은 전화기를 주머니나 가방에 넣고 다니기보다는 연결된 기기를 착용하는 쪽으로 이동하기 시작했다. 애플 iOS와 안드로이드를 실행하는 모든 전화기는 빠르게 발전했지만 그 뒤로는 사소한 시스템 업그레이드가 전부였고, 전화기 또한 카메라 업그레이드 이상의 중요한 업데이트는 없었다. 새 아이폰을 둘러싸고 있던 흥분은 사라진 지 오래다. 접을 수 있는 화면을 갖춘 삼성 갤럭시의 출시조차도 구매율을 예전 수준으로 끌어올리지는 못했다.

소비자들은 최신 전화기를 사기 위해 매년 한두 번씩 줄을 서기보다는 무선, 생체 인식 센서가 달린 블루투스 이어폰, 영상을 녹음하고 영상통화를 할 수 있게 해주는 손목 밴드, 끝없이 이어지는 정보를 공급하는 스마트 안경 등 새로운 연결 장치 제품군에 그 돈을 썼다.

애플존은 '애플존 비전'이라는 안경으로 구글을 제치고 시장에 진출했다. 애플과 아마존은 각각 신기술을 선전하고 소비자 입맛을 자극하는 독보적인 트랙을 가지고 있었다. (구글 글라스의 사업적 실패는 기술이 획기적이었음에도 불구하고 여전히 회사 내부에는 상처로 남았다.) 요즘은 누구나 비디오 녹화를 위해 컴패니언 링이나 손목용 스마트 밴드와 함께 스마트 안경과 이어버드를 착용한다.

안경은 이제 피할 수 없는 것이 되었다. 20년 동안 화면을 응시하다 보니 눈은 쉴 틈이 없었다. 거의 모든 사람이 일찍부터 시야가 흐려지고 젊은 나이에 근거리 안경이 필요해졌다. 일부 분석가들은 스마트 안경 시대는 절대 오지 않을 것이라고 전망했지만 그 시장이 생긴 것처럼 요즘은 누구나 교정용 안경이 필요하다.

이 안경은 무선 이어폰, 스마트 손목 밴드, 경량 태블릿 등 주변장치와 더불어 중요한 통신 장치다. 이 장치들은 당신이 만나는 사람, 당신이 가는 장소 그리고 당신이 사고 싶은 상품에 대한 데이터와 상세정보를 제공해 주며 세상을 내다볼 수 있는 정보 창 역할을 한다. 당신은 그것들을 통해 영상을 보고, 스마트 밴드 안에 내장된 카메라를 이용해 영상통화를 한다. 당신은 이제 키보드를 치는 것보다 말로 하는 일이 더 많다. 공간 컴퓨팅, 컴퓨터 영상, 오디오 인식능력에 대한 특수 알고리즘은 당신이 스마트 웨어러블 기기를 통해 보고 수집하는 데이터를 가동시킨다.

애플존과 구글은 장비를 모두 소유하는 것이 아니라 임대하도록 장려했는데, 여기에는 PDR에 대한 접근 권한이 포함되어 있다. 구독 모델에 대해 악의적인 전략은 없다. 그것은 단지 제품 주기 때문에 발생하는 실용적인 결정일 뿐이다. AI 내부의 변화 속도는 해마다 빨라지고 있으며 스마트 안경, 스마트 밴드, 이어폰의 수익률보다 개인정보의 가치가 현저히 높기 때문에 우리 모두를 시스템에 계속 연결시키는 것이 목표다. 이 기술은 월별 저렴한 가입비로 상쇄되는 미끼상품이다. 또한 이 구독은 PDR에 접근할 수 있는 권한에 따라 가격이 책정된다. 가장 저렴한 상품은 개인정보 보호 수준이 가장 낮으므로 구글과 애플존은 그들의 데이터를 자유롭게 사용할 수 있다. 그것이 의료 실험을 광고하기 위한 것이든 시뮬레이션하기 위한 것이든 말이다. 부유층이라면 PDR팩에 '사전 허가 프리미엄'을 더해도 되지만 혜택은 손에 잡히지 않고 가격만 비싸다.

2029년, 엘리트 커뮤니티가 있긴 하지만 그들의 존재를 대중이 눈치채긴 어렵다. 그들은 디지털상에 존재하며 알고리즘에 의해 보호되고 있다. 부유한 사람들의 데이터는 평범한 사람과 기업에는 공개되지 않는다.

우리는 너 나 할 것 없이 피싱 사기의 대상이 될 수 있다. 여기에 대해 전 세계 정부도 속수무책인 상태다. 어떤 식으로든 우리의 개인정보는 유출되거나 조작될 수 있으며 피싱 업체는 당신이 아는 모든 사람에게 연락해 앵무새처럼 당신의 목소리를 흉내 낼 수도 있다. 어떤 앵무새 AI는 당신의 개인정보와 디지털 생활에 깊이 뿌리박고 있어서 당신의 독특한 목소리, 억양, 어조, 어휘를 설득력 있게 모방할 뿐만 아니라 당신이 소속되어 있는 기관의 지식을 사용하기도 한다. 앵무새 AI는 부모나 배우자가 속아 넘어갈 정도로 설득력 있는 가짜 음성 메시지를 보내는 데 사용되고 있다. 앵무새 AI는 온라인 데이트 회사들에게 큰 문제를 일으키고 있다.

우리 모두는 학습된 무력감, 새로운 경제적 분열 그리고 현실 세계의 자신이 AI를 통해 향상된 버전과 경쟁할 수 없다는 느낌 때문에 좌절감을 느낀다. 우리는 머리와 컴퓨터 사이에 데이터를 전송하는 고용량 전송 링크인 브레인 머신을 사용하는 것으로 위안을 찾는다.

10년 전 페이스북과 일론 머스크가 텔레파시 초능력을 주는 특수 기기를 개발 중이라고 발표했지만 바이두의 '신경강화 헤드밴드'가 1위를 차지했다. 야구 모자나 차광 모자 안에 점점이 박혀 있는 이 장치는 뇌파 데이터를 읽고 분석하여 피드백을 전송하는데, 집중력을 강화하거나, 행복감과 만족감을 느끼게 하거나, 에너지가 넘치는 느낌을 줄 수 있다. BAT가 먼저 브레인 머신 인터페이스를 개발한 것은 놀라운 일이 아니었다. 제약 회사는 신경강화 헤드밴드와 미래의 브레인 머신 인터페이스의 승인을 차단하기 위해 규제 당국에 로비를 했다. 바이두를 위협으로 느낀 구글과 애플존이 서둘러 제품을 출시해 PDR에 더 많은 데이터를 추가했다.

구글과 애플존이 의도하지 않게 우리의 건강을 해치는데, 기기의 발명으로 인해 게으름이라는 새로운 문제가 생기기 때문이다. 스마트 밴드, 이어폰, 스마트 글라스는 끊임없이 문제를 상기시킨다. 식당에서는 당신의 몸에 필요한 영양소를 충족시키는 메뉴 항목, 즉 칼륨이나 오메가 3가 더 높은 음식, 탄수화물이나 소금이 적은 음식을 선택하도록 강요당한다. 현명하게 선택하면 그에 따른 보상과 격려 메시지를 보낸다.

PDR이 보험 특전과 연동되고 건강을 위한 당신의 노력에 따라 보험료율이 정해지기 때문에 잔소리하는 AI에서 손을 뗄 수 있는 진정한 방법은 없다. 하루라도 운동을 건너뛰면 다음날은 하루 종일 AI의 잔소리를 들을 수도 있다. 쿠키 하나라도 더 먹으면 파일에 기록이 남는다. 시스템이 이런 식으로 작동하도록 설계된 것이 아니라 알고리즘에 주어진 목표가 있기 때문이다.

PDR을 위한 2-OS 시스템 도입 초기 전자 의료 기록 제공업체들은 선택권이 없었다. 이보다 몇 년 앞서 그들은 G-MAFIA의 일부 회원에게 필요한 데이터를 제공했고, 그것이 계기가 되어 미국의 새로운 의료 시스템을 만든 것이다. IBM 왓슨 헬스는 정교한 기술을 가지고 있었지만, 20년간 조직 기능 장애를 가지고 있었다. 구글은 자체 헬스 제품인 칼리코를 출시한 지 15년이나 지났지만 아직 실행 가능한 상업용 제품을 생산하지 못했고, 전략적 제휴를 선택할 수밖에 없었다. 바로 왓슨-칼리코의 탄생이다. 아마존과 애플은 미국의 보험과 제약 산업에 있어서 오랜 혼란을 겪고 있었기 때문에 구글의 입장에서 이 제휴는 탁월한 선택이었다.

아마존은 버크셔 해서웨이와 JP모건 체이스를 통해 보험과 의약 납품을 위한 새로운 모델을 실험했다. JP모건 체이스는 성공적인 소매점과 지니어스 바 모델을 이용해 서부 해안 전역에 새로운 종류의 미닛 클리닉(minute clinic)을 개설했다. 구글과 IBM의 제휴로 제2의 애플존 합작 법인이 생겨났는데, 이번에는 아마존의 전자약제 플랫폼과 애플의 미닛클리닉을 결합한 것이다. 이 통합의 결과로, 미국의 모든 병원은 왓슨-칼리코 헬스 시스템이나 애플존 헬스 케어 시스템을 도입했다. 케이저 퍼머넌트, 라이프 포인트 헬스, 트리니티 헬스, 뉴욕-프레즈비테리언 헬스 케어 시스템 등 대기업은 왓슨-칼리코나 애플존 헬스 케어 중 하나를 선택했다.

이런 식의 공동 사업은 데이터 문제에 대한 고민을 시원하게 해결해주었다. 이제 기업은 사용자의 생물학적 데이터에 제한 없이 접근할 수 있으며, 사용자는 저비용 또는 무비용 진단에 접근한다. 이제는 어디가 아플 때만 검사를 받는 것이 아니라 전반적인 건강과 웰빙 수준을 향상시키기 위해 병원을 방문한다. 사람들은 언제 어디서든 자신의 체온이 얼마인지 정확히 알 수 있다. 모든 의료 서비스가 철저하게 개별화된 것이다.

이렇게 첨단 의료 서비스를 저렴하게 이용할 수 있게 된 반면 감수해야 할 결함도 있다. 예를 들어, 최신 OS를 업데이트하지 않은 오래된 구급차는 환자의 PDR에 접근할 수 없다. 학교나 여름 캠프에 있는 의무실도 마찬가지다. 경쟁 병원 시스템의 PDR은 기술적으로 애플존 헬스와 왓슨–칼리코 둘 다 읽을 수 있지만 종종 유용한 데이터가 누락된다. 특히 소규모 또는 시골 지역의 의사들은 애플존 홈의 환자가 왓슨–칼리코 클리닉에 진료를 온다면 의과대학에서 배운 것들을 기억해내야 한다. 전통적인 방법으로 훈련받은 의사들이 늙고 전통적인 진료 방법이 사라지면서 두 시스템에서 서로 다른 진단이 나오는 환자를 볼 수 있는 필수적인 지식과 경험을 가진 젊은 의사의 수가 점점 줄어들고 있다. 그것은 학습된 무력감의 또 다른 예지만, 최악의 시나리오라고 볼 수 있다.

AI는 삶의 다른 분야에서 기이한 결함을 야기했다. 2002년에 UC 버클리 대학의 네트워크 컴퓨팅을 위한 개방형 인프라 연구자들은 누군가 잠을 자는 동안 스마트 기기를 도둑맞는다면 슈퍼컴퓨터의 힘을 시뮬레이션하는 것이 가능할 것이고, 그 힘은 과학적으로 사용될 수 있다는 것을 알아냈다.

초기 실험은 수십만 명의 사람이 지진 활동을 찾는 웹사이트와 우주 바깥에서 외계 생명체를 찾는 SETI@home 같은 프로젝트를 지원하면서, 남는 시간을 전 세계의 모든 가치 있는 프로젝트에 기부하는 등 성공적이었다. 2018년까지 일부 영리한 기업가들은 '괴짜 경제 2.0(Gig Economy v2.0)'을 위해 이러한 네트워크를 이용하는 방법을 알아냈다. 프리랜서들은 '긱웨어(gigware)'를 설치해 한가한 시간 동안 우버나 리프트에서 운전을 하고 돈을 벌 수 있었다. 최신의 긱웨어는 다른 곳에서 쓸 수 있는 포인트나 실제 돈을 받는 대신 제3의 기업이 우리의 스마트 기기를 사용할 수 있게 해준다.

공유 차량 서비스의 초창기처럼 많은 사람이 전통적인 노동을 외면하고 이러한 새로운 경제형태에 관심을 가졌다. 그들은 일을 그만두고 그저 스마트 기기를 내주는 것으로 먹고살려 했다. 이것은 전력망과 수요를 따라가지 못하는 네트워크 제공자에게 상당한 부담을 안겨 주었다. 그 결과, 네트워크 과부하와 전력 저하가 수시로 일어나고 있지만 주로 사람들이 잠을 자는 동안 일어나기 때문에 잠재적 수입이 줄었다는 사실을 아침까지 모르고 있다.

전통적인 노동에 종사하는 사람들은 이력서와 자기소개서를 포장하기 위해 AI를 사용하기 시작했다. 그런데 이것은 또 다른 결함을 야기했다. 어떤 후보자를 걸러 냈을지도 모르는 일상적인 문제는 말할 것도 없이 이제 모든 사람이 경쟁 우위를 가진 것처럼 보인다. AI 시스템을 이용하면 적임자로 보이지만 모든 지원자가 똑같이 훌륭해 보이기 때문에 채용 매니저는 더 이상 선택할 수가 없다. 그래서 그들은 익숙함에 의존한다. 백인을 선택하는 데 길들여진 백인은 결국 또다시 백인을 고용하게 된다.

대부분의 대기업에서 계층이 붕괴되어 이제는 숙련 기술자와 고위 관리자라는 두 계층만 남게 되었다. 숙련 기술자는 AI 시스템과 함께 일하고 AI 마인더에게 보고하는데, 이는 이제 중간 관리 계층이 사라졌기 때문이다. AI 마인더는 당신의 생산성을 추적하고, 당신이 작업 공간을 이동할 때 지켜보고, 당신이 누구와 교제하는지 기록하고, 당신의 행복, 불안, 스트레스, 만족도를 기록한다. 그들은 "당신은 당신이 생각하는 것보다 더 용감하다" "당신은 당신의 변명보다 더 강하다"는 식의 선동적인 캐치프레이즈를 끝없이 상기시켜 동기부여를 하려 든다.

정부는 법률이나 금융 같은 지식산업에서 중간 관리 일자리가 광범위하게 없어지는 것에 대해 준비가 되어 있지 않았다. 그동안 운전, 농사일, 공장 노동자 등의 노동력에만 초점을 맞추고 있었기 때문이다. AI의 새로운 분야인 '기계 창의성'을 계기로 창조 분야도 큰 타격을 받고 있다. 그래픽디자이너, 건축가, 카피라이터, 웹 개발자들은 새로운 AI 시스템이 놀라울 정도로 신뢰할 수 있고 생산적인 것으로 밝혀졌기 때문에 몸값이 크게 떨어졌다. 이와 동시에 AI는 최고운영책임자, 최고재무책임자, 최고정보책임자 등 특정 직책에 초능력을 부여했다. 조직의 최고위층에 점점 더 많은 부를 집중시키면서 중대한 균열이 생겼다. 우리는 디지털 카스트 시스템의 출현을 목격하고 있다.

또 다른 결함은 정보의 오염이다. 10년 전, 소송과 전면적인 국제 규제로 인해 인터넷이 분열되었다. 결과는 하나의 월드와이드웹이 아닌, 지역 법과 지리적 제한에 따라 디지털 규칙이 달라지는 스플린터넷으로 마무리되었다. 이것은 하룻밤 사이에 일어난 일이 아니다. 1990년대에 인터넷이 학계와 정부로부터 민간으로 옮겨 갈 때 우리는 용도 규제를 두거나 금융 시스템처럼 취급하지 않고 인터넷이 자유롭게 전파되도록 했다. 그 당시, 국회의원들은 사람들이 인터넷에서 생성하게 될 모든 데이터가 어떻게 사용될지에 대해 별로 생각하지 않았다. 그래서 이제는 모든 합법적인 조합을 준수하는 것이 불가능해졌고, 반면에 기존의 필터 버블(Filter Bubble 인터넷 정보 제공자가 이용자 맞춤형 정보를 제공해 필터링된 정보만 이용자에게 도달하는 현상)은 지리적 경계에 맞게 확장되었다. 이것은 가짜 뉴스의 홍보와 전파를 도왔다.

범죄자는 생성 알고리즘을 사용하고 있고 우리는 모두 지역에 따라 다른 버전의 뉴스를 보고 있기 때문에, 무엇을 믿고 누구를 믿어야 할지 알 수 없는 상황이다. 전문 기자도 글로벌 지도자나 평범한 사람들의 실상을 확인하기 어렵기 때문에 세계에서 가장 존경받는 뉴스 기관이라 할지라도 속임수가 난무한다. 우리가 보고 있는 뉴스가 조작된 얼굴과 목소리인지, 아니면 실제 상황인지 구분하는 것은 사실상 거의 불가능하다.

더 큰 결함은 AI로 인한 범죄의 물결이다. 일부에서 일어난 일이지만 강력한 AI 프로그램이 인터넷 전체에 문제를 일으키기 시작했다. 위조 디자이너 핸드백, 마약, 밀렵 동물(코뿔소 뿔, 코끼리 가죽)로 만든 약품의 불법 구매가 성행하고 있다. 소셜 채널에서 유통되는 정보를 기반으로 불법 매각을 유발함으로써 금융시장에 침투하고 있다. 누군가의 인격과 평판을 더럽힐 목적으로 공공연하게 명예훼손을 저지르고 있다. AI가 PDR에 침입해서 생체 인식을 해킹하고 개인의 기록뿐만 아니라 그동안 누적된 기록을 위조하는 것도 큰 걱정거리다. 이 같은 무법천지의 일부는 현대판 마피아에 의해 의도적으로 설계되고 배치되었다. 즉, 추적하기 어렵고 억제하기 어려운 광범위하고 분산된 조직범죄의 네트워크다. 일부 악성 AI는 우발적이었다. 그들은 단순히 진화했고 아무도 의도하지 않은 방식으로 행동하기 시작했다.

이 문제들은 로봇에도 영향을 미친다. 스마트 카메라와 예측 분석

소프트웨어를 갖춘 보안 로봇은 정기적으로 유색인종을 추적한다. 이 보안 로봇은 무기는 없지만 큰 소리로 경보음을 울리고, 만약 그들이 어떤 잘못이라도 한 것으로 의심될 때는 높고 날카로운 경적을 울린다. 보안 로봇이 유색인종을 범죄자로 오해하는 문제 때문에 그들은 사무실, 호텔, 공항, 기차역 안에서 일상적으로 괴롭힘을 당하고 굴욕감을 느끼고 있다.

G-MAFIA는 미국의 법 집행기관과 관계가 썩 좋지 않은데, 이들 기관은 모두 우리의 PDR에 접근하고 싶어 한다. 정부는 함께 일하기보다는 소송을 제기하겠다고 위협하고 G-MAFIA가 어떤 방법으로든 개인정보를 내놓게 하려고 압력을 행사한다. 공식적인 집계는 없지만 미국 사법기관은 중국의 감시 알고리즘과 사회 신용 점수 시스템을 모방하고 싶어 하는 것처럼 보인다. 소비자의 반발을 우려한 G-MAFIA는 시스템 보안을 위해 노력을 기울인다.

10년이 넘도록 우리는 법 집행기관 내에서 벌어지는 의사 결정의 철학적, 윤리적 의미에 대해 목소리를 높였지만, 어떤 기준이나 규범이나 규정도 확립된 적이 없다. AI로 인한 범죄는 끝없이 일어나고 있지만 달리 처벌할 방법이 없다. AI와 로봇에게는 감옥이 없다. AI의 범죄에 대해 규제하는 법도 없다.

우리의 혼란과 환멸은 더 이상 미국에 근접한 경쟁자가 아닌 가공할 만한 위력을 가진 경쟁자인 중국의 손에 쥐어졌다. 중국은 수십 년 동안 배당금을 지불하는 방식으로 미국의 장비 설계와 방어 전략을 훔쳐 왔다. 시진핑은 전투보다는 코드에 치중하는 중국군의 힘을 더욱 공고히 하고 있다. 예를 들어, 중국이 2017년 '드론 등불 축제'와 2018년 여름 '드론 불꽃놀이' 같은 다양한 행사에서 아름다운 불꽃을 보여주었는데, 이는 군집지능(swarm intelligence) 신장을 위한 연습이었다. 중국군은 현재 강력한 AI 드론을 이용해 농촌과 해양 곳곳에서 무리를 지어 사냥을 하고 있다.

중국은 경제력, 대면외교, 군사력 과시 등을 통해 잠비아, 탄자니아, 콩고민주공화국, 케냐, 소말리아, 에티오피아, 에리트레아, 수단 등을 성공적으로 식민지화하면서 새로운 식민주의를 실천하고 있다. 중국은 사회 신용 점수 체계를 구축하고 경쟁자를 차단하고 급속히 성장하는 중산층을 지원하기 위해 중요한 자원을 추출하고 있다. 현재 우리가 배터리용으로 필요한 세계 리튬 공급량의 75퍼센트 이상을 제어하고 있다. 그리고 세계적인 자단나무 숲을 파괴하고 중앙아프리카 무쿨라나무를 붉은 테이블과 화려하게 조각한 의자를 만들기 위해 훼손했다.

어떠한 외세—미국, 일본, 한국, 유럽연합—도 중국이 남중국해, 동중국해 그리고 황해를 넘어 자국의 특별경제구역을 확장하려는 것을 견제할 정치적, 경제적인 영향력이 없다. 전 세계 무역의 거의 절반이 이 지역 중 하나를 통과해야 하며, 지나가는 모든 배는 중국 정부에 막대한 세금을 내야 한다.

중국은 특정 물적 자원은 장악했을지라도 2025년 목표였던 세계 AI 패권은 놓쳤다는 평가다. 하지만 중국은 더 큰 그림을 그리고 있다. 수년간의 기술이전 협정, 제한적인 시장 관행 그리고 미국과 유럽 기업에 대한 중국의 투자는 큰 성공을 거두었다. 중국은 현재 로봇, 새로운 에너지, 게놈, 항공 등 첨단 기술 산업을 장악하고 있으며, 이 모든 분야에서 AI를 활용하고 있다. 발표된 숫자는 없지만 중국의 관급 AI 연구소, 바이두, 알리바바, 텐센트와의 제휴 그리고 모든 일대일로 파트너를 고려하면, 중국은 10년 만에 전체 AI 생태계의 가치를 5,000억 위안(약 730억 달러) 이상 성장시킬 수 있었다고 전문가들은 보고 있다.

2049년 : 새로운 5대 기업의 등장

시간이 지남에 따라 AI를 향한 진보가 이루어지면서 빅 나인의 별자리는 크게 요동치고 있다. 이제 중국의 BAT는 그 어느 때보다도 강하며, 여전히 중국공산당과 보조를 맞추며 일하고 있다. 그러나 전략적 제휴와 공동 사업으로 인해 미국의 G-MAFIA 회원국은 현재 5개에 불과하다. 아마존-애플과 구글-IBM이 가장 중요한 4대 기업이다. 마이크로소프트는 현재 레거시 시스템과 서비스를 지원하고 있다.

가장 놀라운 것은 페이스북이다. 페이스북의 궁극적인 사망으로 이어진 것은 케임브리지 애널리티카의 여파나 러시아의 미국 대선 개입에 대한 폭로가 아니었다. 독설, 증오, 공포 확산 그리고 정치적 음모론으로 가득 찬 뉴스 때문에 사람들이 느끼는 피로도 아니었다. 페이스북의 비즈니스 모델은 시간이 지남에 따라 지속 가능하지 않았다. 사용자가 이탈하고 광고주가 하나둘 떠나면서 페이스북은 새로운 수익 모델을 구축하지 못했다. 2035년 즈음, 페이스북은 심각한 재정난에 빠졌다. 주주들은 손을 떼고 싶어 했고, 기관과 뮤추얼펀드 매니저들은 겁을 먹었고, 시장은 냉담했다. 페이스북은 조각조각 나뉘어 매각되었다. 네트워크 안에 데이터가 묶여 있는 모든 사람들은 현재 심각하게 우려하고 있다. 왜냐하면 대기업이 은밀하게 우리의 데이터 사들였기 때문이다. 수사는 진행 중이지만 이 대기업이 실제로 중국의 유령 회사였다는 소문이 나돌고 있다. 아마도 우리의 모든 개인정보가 중국의 사회 신용 점수 제도에 넘겨졌고, 우리 모두가 추적당하고 있을 것이다.

미국의 국가적 불안감은 종종 1960년대와 1980년대의 핵전쟁 위협과 비교된다. 이번엔 정확히 뭘 두려워해야 할지 모르기 때문에 PDR이 보호되고 있는지, 중국이 어떤 개인정보에 접근할 수 있는지도 알 수 없다. 중국 정부의 해커들이 미국의 인프라 시스템에 얼마나 깊이 뿌리박고 있는지도 확신할 수 없다. 한밤중에 깨어나 중국이 당신에 대해 무엇을 알고 있는지, 당신의 출근길이나 당신의 집에 공급되는 가스관 등등 온갖 정보를 가지고 무엇을 계획하고 있는지 생각해 보면 기가 막힐 노릇이다.

우리가 예상하지 못한 것은 다양한 목적과 과제를 위해 구축된 광범위한 AGI였는데, 이 강력한 AGI는 인간의 가치에 대해 무관심하다. 돌이켜 보면 참 순진한 일이었다. 아마존, 애플, 구글, IBM이 제휴하고 편을 선택하고 성장함에 따라 그들은 세계적인 기준을 세우지 않았다. 수십 년 전, 사람들은 구글의 플레이 스토어에서 휴대폰으로 앱과 게임을 샀고, 누구나 앱을 출시하고 판매하는 것이 매우 쉬웠기 때문에 품질은 엄청나게 다양했다. 배터리 부족 앱, 개인정보를 스크랩하고 공유하는 게임, 모바일 환경을 악화시키는 저급한 광고가 너무 많았다. 그와 똑같은 일이 지금 AGI에서 벌어지고 있다. 그 여파가 훨씬

248

더 심각하다는 것을 제외하면 말이다. 일부 AGI는 자신을 위해 작성된 프로토콜을 따르는 척하지만 새로운 지침으로 해당 프로토콜을 덮어쓰기도 한다. 일부 AGI는 개발자들이 명시적으로 프로그램하지 않았더라도 스스로 변화, 성장한다. 일부는 더 큰 생태계에 미칠 수 있는 영향과 관계없이 스스로 복제하고, 다른 AGI에 침입하여 목표를 달성하는 데 필요한 자원을 수집한다.

비행 AGI에 대처하기 위해 애플존과 구글-IBM의 연구원들은 보모 AGI, 즉 NAGI를 다른 시스템에 배치하고 있다. NAGI는 명확한 프로토콜 집합을 가지고 있다.

- 다른 AGI를 조사 및 분석하여 원래 목표를 위반하는지 확인
- 잘못된 모든 AGI에 대한 상세 로그 기록(누가 작성했는지, 언제 수정되었는지, 누구·무엇인지)
- 유예기간(목표 위반의 심각성에 따라 달라짐) 후 불량 AGI 폐기
- 처음 목표를 절대 수정하지 않음

애플존과 구글-IBM 모두 통제 불능이 엿보이는 시스템을 통제하려고 했던 것이 분명하지만, 지금은 애플존과 구글-IBM 생태계 밖에서 NAGI의 광범위한 채택이 이루어지지 않고 있다. 유럽 의회는 구글과 마이크로소프트에 대한 이전의 반독점적 판결을 선례로 삼아 NAGI는 기업가를 억누르고 경쟁을 중단시키려는 숨은 시도일 뿐이라고 주장했다.

유럽연합은 NAGI를 금지한 첫 국가가 되었다. 연구 과학자들이 이

러한 전문 AGI가 폭발적으로 증가하는 문제를 억제하는 데 도움을 줄 수 있도록 허용해 달라고 규제 당국에 호소하고 있음에도 불구하고 의회는 거대 테크 기업에 대해 미국 내 NAGI의 사용을 금지하고 있다. 이러한 근시안적인 NAGI 판결은 애플존과 구글–IBM에 대한 대중의 불신을 낳았을 뿐이며, 그렇지 않았다면 우리 PDR의 훌륭한 관리자들이었을 것이다.

당신의 집은 기업 마케팅을 위한 거대한 컨테이너가 되었고, 이 사실은 당신의 마음을 불편하게 만든다. 스크린이 있는 곳이라면 어디서나 맞춤형 비디오 광고를 볼 수 있다. 욕실과 옷장에 있는 스마트 거울, 주머니에 넣고 다니는 접이식 스크린, 심지어 극도의 태양열을 막기 위해 집에 설치해야 했던 스마트 창까지 말이다. 당신이 가장 편안해야 하는 당신의 집이지만, 불편하다.

의료 시스템은 특히 위압적이다. 애플존 헬스 시스템과 왓슨–칼리코는 AI와 의학 모두에서 엄청난 발전을 이루었다. 두 기업 모두 2014년 월드컵에서 데뷔한 마인드 컨트롤 로봇 슈트에서 아이디어를 얻었다. 듀크 대학의 신경과학자 미겔 니콜리스는 마음과 기계를 조화시키는 방법을 알아냈고, 그의 연구는 브레인 머신의 시장 출시를 앞당겼다. 일부 기술 선도적인 사무실에서는 근로자들이 도전적인 문제를 해결하기 위해 AGI와 함께 전자 머리띠를 착용하고 마음을 연결하도록 권장한다. 모든 사람이 이 첨단 기술의 집단 지능 형태에 익숙한 것은 아니다. 왜냐하면 이제 말 그대로 우리 머릿속을 볼 수 있는 애플존이나 왓슨–칼리코 둘 중 하나를 통과하기 위해서는 데이터가 필요하기 때문이다.

왓슨-칼리코는 뉴욕의 유명 대학과 협력하여, 튜링의 형태 생성에 대한 AI 이론 중 하나를 발전시켰다. 튜링은 아마도 화학물질 체계가 서로 반응했을 것이고, 그 반응은 그중 일부를 바꾸기 위해 일련의 세포에 확산되었다고 생각했다. 튜링이 옳았다. AGI 시스템은 복잡한 다세포 생물을 만드는 새로운 방법을 찾는 데 사용되었고, 그것이 증강인간의 출현으로 이어졌다. 바로 '휴먼 애니멀 키메라'다.

원래 목적은 이식에 필요한 인간 조직을 만드는 것이었기 때문에 연구자들은 채취 가능한 간과 심장, 신장을 확보하기 위해 돼지와 양을 사육했다. 그들은 또한 인간의 뇌를 구성하는 것과 동일한 조직인 뇌 오르가노이드(유사 장기)를 개발했다. 그것은 우리가 AGI가 다른 특성을 가진 휴먼 애니멀 키메라를 개발하는 데 이용되고 있다는 것을 깨닫기 전까지는 낮은 수준의 인간 같은 IQ를 발달시키는 인간의 뇌 조직을 이식한 돼지, 개의 후각을 가진 신생아 등이었다. 이처럼 조작된 감각 능력을 가진 사람이 평범한 사람과 더불어 아이를 갖는다면 어떻게 될까?

가장 우려되는 것은 중국이 환자 재활 치료용 AGI와 브레인 머신 인터페이스를 전략적, 군사적 이익을 위해 다시 사용하기로 결정했다는 것이다. 그 기술은 장시간 어두운 지하 벙커 안에 머물며 작전을 하는 병사들의 인지능력을 향상시키는 데 사용되어 왔다. 미국과 유럽연합에서 이러한 기술의 실험과 사용은 윤리법을 위배하는 것이다.

중국의 식민지정책, 경제 구역의 확대 그리고 AGI의 비양심적인 사용으로 인해 서구 문명과 우리의 민주적 이상은 쇠퇴하기 시작했다. 주택, 건설 지출, 식품, 소매 판매와 같은 전통적인 지표가 분기마다 모두 하락하면서 미국의 경제는 위험에 처해 있다.

애플존과 구글-IBM조차 마침내 매출 감소를 보이고 있고, 그들 모두 미래에 대해 걱정하고 있다. 보호자 AGI와 함께 작업하기 위해 PDR을 정비할 때 둘 다 로그 시스템에서 이상한 노이즈를 감지한다. 부적합한 코드 조각이 있고, PDR을 처리하고 경로를 바꾸는 AGI 중 일부는 결함이 드러나고 있다. 애플존과 구글-IBM은 아주 드문 협력 관계로, 문제를 밝히고자 서로의 문제를 공유한다. 집과 사무실에서는 불이 수시로 꺼진다. 스마트 창도 시도 때도 없이 작동을 멈춘다. 통신 위성이 항로를 이탈했다.

비록 총성은 없지만 총은 이미 발사되었고, 중국은 미국을 상대로 전쟁을 벌였다.

2069년 : 디지털로 점령당한 미국

사실 중국은 이전보다 훨씬 뛰어난 AGI의 세대를 발전시켰다. NAGI가 불량 AGI를 감시하지 않았다면 중국은 지구상 대부분의 인구를 통제하기 위한 무서운 시스템을 구축하고 배치할 수 있었다. 만약 미국이 중국의 요구를 들어주지 않으면 통신 시스템을 차단당한다. 만약 미국이 데이터 파이프라인을 중국공산당에 개방하지 못한다면 발전소와 항공교통 통제 같은 중요한 인프라 또한 폐쇄될 것이다.

당신은 중국의 디지털 점령국에 거주하고 있다. 당신의 교통, 은행,

의료 시스템, 전등 스위치, 냉장고는 모두 중국이 통제할 수 있다.

아프리카에 대한 식민정책 추진으로 시작된 AI는 새로운 글로벌 중국 제국을 가능하게 하고 힘을 실어 주었다. 인류는 민주적 가치와 이상을 공유하지 않는 나라가 발전시킨 무서운 ASI에 직면해 있다.

07

런공지넝(人工知能)의 시대 :
파국적
시나리오

쾅 소리가 아니라 훌쩍임으로 세상이 끝나고 있다. –T. S. 엘리엇

2023년까지 미국은 AI의 발전 트랙에서 눈을 감고 서 있었다. 모든 신호를 놓쳤고, 경고 신호를 무시했으며, 미래에 대한 계획도 적극적으로 세우지 못했다. 미국은 소비자의 욕구에 탐닉하고, 최신 기기와 장비를 구입하고, 우리의 목소리와 얼굴을 기록할 수 있는 모든 새로운 기회를 축하하며, 우리의 데이터를 끊임없이 오픈 파이프라인에 갖다 바치면서 빅 나인이 자신과 경쟁할 수 있도록 도왔다.

우리의 아이들이 아마존과 채팅할 때 우리는 알렉사가 실패했다는 바보같은 비디오를 공유했다. 우리는 TV가 왜 우리의 생체 데이터를 필요로 하는지 혹은 원하는지에 대해 의문을 품지 않고 우리의 얼굴을 스캔하도록 허용했다. 구글이 우리의 몸을 사진과 연결하고, 우리의

얼굴을 그림과 연결하고, 우리의 목소리를 유명인과 연결하고, 지문을 먼 나라에 있는 사람들과 연결하고, 우리의 홍채를 우리의 조상과 연결하는 재미있는 새로운 프로젝트를 시작할 때마다 우리는 디지털 인플루언서들과 최근의 밈(meme 비유전적 문화 요소, 유전자가 아니라 모방 등에 의해 다음 세대로 전달됨)을 따라잡기 위해 필사적으로 참여했다.

AI 개발자는 다양성이 중요하다고 말한다. 그것은 그들의 속임수다. 그들은 키노트나 콘퍼런스에서, 취업 면접과 이사회에서 논평과 트윗으로 반복해서 말한다. 대학 안내 책자에도 씌어 있다. 직장의 엘리베이터나 복도에 걸려 있는 매력적인 포스터도 똑같은 이야기만 반복한다.

AI 개발자의 대부분은 백인이고 남성이다. 이들은 교실과 실험실, 작업장에서 슬로건을 암송하도록 훈련받는다. 어려운 선택과 변화를 선택하기보다는 슬로건을 고수하며 곧 변화가 온다고 약속한다. 그리고 그것은 슬로건이 의도했던 것과 똑같이 작용한다. AI 개발자들의 정신으로부터 부정성을 제거하고 자기만족감을 상승시킨다. AI 개발자 그룹의 지도자는 반복적으로 큰 성취감을 느끼는 각각의 새로운 제자들에게 그들이 주장하는 속임수(슬로건)를 전수한다.

이 슬로건은 AI 개발자의 안전한 울타리 속에서 메아리치고 있는데, 그 반대가 진실일 때 포용을 촉진하고 있다고 보고 있다. 그들은 정치적 정당, 종교적 소속, 성적 및 성별 정체성, 인종과 민족성, 경제적 지위와 나이 등 모든 종류의 다양성을 옹호하지만 함께하는 것에 대해서는 진지한 노력을 기울이지 않는다. 종신 교수직, 연구 팀의 최고직, G-MAFIA의 경영자 역할을 통해 AI 분야에 진출하는 넓고 다채로운 인력과 이들의 세계관은 오히려 보기보다 변화가 없다고 한다.

개발자 그룹의 세계관이 점점 근시화됨에 따라 이미 드러난 복합적인 문제들 즉 컴퓨터 비전 시스템이 유색인종을 잘못 식별하고 범죄의 책임을 돌리는 등 사고와 실수가 늘고 있다. 보안 감시는 명백성이 떨어지면서 확대된다. 우리의 개인정보와 우리가 직장에서 생성하는 데이터 사이의 경계, 우리의 데이터를 누가 언제 사용할 것인가에 대한 기준 또한 마찬가지다. AI 시스템의 투명성은 어둠 속으로 사라진다.

G-MAFIA는 당신의 개인정보 기록의 유일한 소유주로서 당신의 모든 측면, 즉 당신이 쓰는 이메일, 당신이 아이들에게 보내는 편지, 당신이 완벽한 의자를 찾는 인터넷 활동 기록, 걸어가는 당신의 지문과 얼굴의 독특한 윤곽 그리고 식료품점에서 누군가와 부딪칠 때 당신의 달리기 속도, 당신이 독감에 걸렸는지, 어떤 약을 먹고 있는지 보게 된다. 알고리즘은 모든 데이터를 사용하여 결정을 내린다. 그들은 당신이 항공편을 예약할 때 할인 여부를 결정한다. 그들은 당신이 직장을 얻는 것을 돕거나 막고, 집이나 차를 살 자격을 주고, 첫 데이트를 위해 짝을 찾아 주고, 당신이 음주, 흡연, 운동 등에 대해 어떤 거짓말을 하고 있는지 의사에게 일러바친다. 구글, 아마존, 애플, 페이스북, 마이크로소프트, IBM이 그 데이터를 소유하고 있고 우리가 그들의 제품과 서비스를 사랑하기 때문에 비록 우리가 그 회사들을 전적으로 신뢰하지는 않더라도 우리는 PDR에 대한 완전한 지배력—중국 사회 신용 점수 제도의 미국 버전—을 엿볼 수 없다.

우리는 우리가 어떻게 살아 왔는지뿐만 아니라 부모님과 친척의 PDR에 따라 AI가 선택과 판단을 내리는 디지털 카스트 시스템에 갇혀 있다. 부는 더 이상 중요하지 않다. 지위는 '우리의 최고 자아'로 결정되는데, 여기서 '최고'란 유기 케톤 식단, 한낮의 요가 수업 그리고 정기적인 마사지 여행이 건강한 삶의 비법이라고 생각하는 상대적인 소수의 프로그래머에 의해 오래전에 정의되었다.

매주 적외선 사우나를 하지 않으면 AI 시스템은 당신이 성실하지 못하다고 판단할 것이다. 이런 '비준수' 행위는 당신에게만 영향을 주는 것이 아니다. 왜냐하면 당신의 기록은 당신이 알고 있고 관련이 있는 모든 사람과 연결되어 있기 때문이다. 당신을 아는 모든 사람이 당신의 잘못을 알게 될 것이다.

머지않아 아마존과 IBM은 미국, 영국, 독일, 일본의 정부를 설득하여 시민 건강 데이터에 대한 접근을 개방할 것이다. 애플, 구글, 마이크로소프트, 페이스북은 이전의 반독점 소송으로 인해 유럽에서 더 많은 어려움을 겪을 것이다. 그러나 이러한 초기 아마존과 IBM의 실험은 정부 기관에게 유용하다는 것이 입증될 것이고, 이는 G-MAFIA 전체에 더 큰 수익성을 안겨다 줄 것이다.

2008년 세계 각국이 주택 버블에 의한 금융 위기를 겪을 당시, 중국은 중남미 국가로부터 철, 석유, 구리를 사들임으로써 그들을 파산으로부터 보호했다. 2011년 유가가 떨어지자 중국은 라틴아메리카에 투자해 구제하려 했다. 2013년에 중국은 브라질 해안에서 합동 군사훈련을 시작했고, 2014년에는 칠레 해안에서 다시 군사훈련을 실시했다. 2015년 중국 국방부는 중남미 11개국 관계자와 열흘간 군사물류 정상회담을 개최했고, 이후 수년간 중남미 군 장교를 중국 내 직업 개발 프로그램에 초청했다. 미국 정부가 세계 무대에서 긴축과 후퇴를 거듭하는 동안 중국은 팽창주의 모드에 있었다. 중국의 팽창주의는 동남아시아와 아프리카 그리고 라틴아메리카 전역을 잠식하고 있다.

라틴아메리카 전역에서 10년 동안 꾸준한 관계를 구축한 중국은 미국이 아니라 베네수엘라, 볼리비아, 페루, 아르헨티나를 항공기와 무기를 포함한 중국 군사 장비로 지원하고 있다. 미국 뒷마당에 군사 기지를 세우는 형국이다. 중국은 파타고니아에 군사용 안테나와 우주 통제소를 건설했고, 아르헨티나 서북부에 위성추적 거점을 건설했다. 이 모든 활동은 AI를 포함한다.

이제 정책 입안자와 국회의원 모두 중국, 미국, AI의 연관성을 찾지 못하고 있다. 시진핑에 따른 중국의 권력 통합, 다양한 국가 주도 계획, 급속하게 성장하는 경제, BAT의 성공은 눈에 보이지 않더라도 막을 수 없는 힘이다. 백악관과 의회 모두 이 모든 국가에 대한 중국의 압력에 관심을 두지 않는다. 탄자니아, 베트남, 아르헨티나, 볼리비아는 경제와 정보 양쪽 모두 관련이 있다. 이들은 중국이 데이터, AI 인프라, 지정학, 세계경제를 기반으로 21세기 제국을 건설하고 있다는 사실을 인정하지 않으려 한다. 그것은 나중에 우리 모두가 후회할 중대한 판단 착오다.

중국인들은 자동화된 모니터링과 일탈의 결과를 안고 살아가는 법을 배우고 있다. 범죄는 감소하고, 사회불안은 축소되며, 한동안 중·상류층은 현상 유지를 한다. 그들은 자신의 부모와 조부모가 상상하지 못했던 고급 옷과 핸드백, 디자이너 가구 그리고 자기 명의의 자동차를 가질 수 있다. 모든 중국인들을 가난에서 벗어나게 하겠다는 약속이 현실화되고 있다. 적어도 현재로서는 프라이버시, 종교의 자유, 성적 정체성, 언론의 자유는 바람직한 사회 신용 점수를 얻기 위한 합리적인 절충으로 보인다.

미국 정부 지도자는 AI가 무엇인지, 그 외의 것이 무엇인지, 왜 그것이 중요한지에 대해 교육을 받는 데 충분한 시간을 들이지 않는다. AI가 생산성과 일자리를 방해한다는 통상적인 대화 외에 워싱턴 DC는 국가 안보, 지정학적 균형, AI가 제기하는 위험과 기회, 유전학이나 농업, 교육 같은 다른 영역에서 활용되고 있는 AI 등 AI와 관련된 긴급 현안에 대해 진지하게 논의하는 노력을 기울이지 않고 있다.

백악관은 AI에 대한 전략적 방향도 없다. 사실 과학과 기술에 대해 공공연하게 적대적인 입장인 워싱턴은 다음 선거 기간 동안 중요한 것과 일요일 아침 정치 쇼에서 어떤 것이 잘 먹힐 것인지에 초점을 맞추고 있다.

G-MAFIA나 그들의 집행부가 의도적으로 민주주의를 위험에 빠뜨리는 것은 아니다. 그러나 미국을 지배적인 세계 강대국으로 보호하고 민주적 이상을 보존하는 것은 그들의 기업 가치가 아니다. 2010년대 중반 구글의 에릭 슈밋 전 회장은 AI 시대에 미군과 정부의 대비 태세를 강화하기 위해 지칠 줄 모르고 일했다. 실리콘밸리가 그의 동기에 의문을 품을 정도로 이례적인 사업이었다. 그의 뒤를 이은 다른 G-MAFIA 지도자는 그의 야망에 회의적이었다. 그리고 슈밋을 제외한 G-MAFIA의 지도자 중 누구도 미국을 뒤이을 차세대 초강대국 후계자로 부상하는 중국에서 AI가 하고 있는 역할에 대해 관심을 두지 않았다.

수익성 있는 계약 없이는 G-MAFIA와 정부 기관 또는 군사 기관간의 전략적 협력도 없다. G-MAFIA는 군과 정부의 난해한 구식 조달 요건을 받아들이지만, 이것이 AI에 대한 미국의 국익에 가속도를 높이지는 않는다. 오히려 실리콘밸리와 워싱턴의 문화적 차이를 재조명하고 현대화를 늦춘다. 미국 디지털 서비스, 육군 미래 사령부, 국방혁신위원회, 국방혁신단위 실험(DIUx) 계획 등 기술혁신을 위해 구축된 몇 안 되는 정부 기관은 창설 초기 부진을 면치 못하며, 정치적 임명권자가 바뀜에 따라 직원 감축과 실직의 대상이 된다. 미국은 G-MAFIA와의 관계를 거래로 보고 있다. 국회의원도 백악관도 AI 장기 연대에 필요한 G-MAFIA 임원들과의 관계를 발전시키기 위해 진술한 노력을 기울이지 않고 있다. G-MAFIA, 미군과 정부는 국익을 위해 뭉치기보다는 서로를 둘러싸며 경계하고 있다.

정부 관계자, 무역 대표자, 언론인, 기술자, 학자들은 중국, 미국, AI에 대해 지겹도록 논쟁을 벌이며, 대체 현실을 위한 여지를 만들지 않고 오래전부터 소중하게 지켜 온 믿음만 고수하고 있다. 평범한 사람들은 임기 제한이 폐지되더라도 시진핑이 오래 집권하지는 못할 것이라고 주장한다. 그가 사라지면 중국의 장기 AI 계획이 모두 증발할 것인가? 평소 그를 비난하던 사람들은 다음과 같이 반박한다. "시진핑 주석은 그의 인민과 당을 통합할 것이다. 젊은 나이에 죽든, 후계자에게 자리를 양보하든 중국공산당은 더 강해질 것이고 AI 계획을 끝까지 추진하게 될 것이다. 그래서 이 악순환이 지속될 것이다." 중국의 산업 정책은 아무런 영향도 미치지 않을 것이다. 그렇지 않으면 그들은 미국 경제의 해체를 야기할 것이다. 중국의 군대는 서구 세계에 실존적 위협을 가하고 있다. 아니면 그것은 우리가 곧 지루해질 과장된 헛소

문일 뿐이다. 미국은 중국의 계획이 실패할 수 있다는 것을 알고 국가 AI 전략에 시간과 돈을 투자해야 한다. 아니면 시간과 돈을 절약하고 관망하는 입장을 취하는 것이 더 현명하다. 모든 사람이 동의할 만한 한 가지 포인트는 미국이 진정으로 곤경에 처한다면 G-MAFIA가 발 벗고 나서서 도와야 한다는 것이다.

정책 입안자, 국회의원, 싱크탱크 모두 똑같이 피곤한 주장을 하지만 실제로는 아무런 조치도 취하지 않는다. 그들은 기진맥진하게 된다. 미국에서는 강력한 개입 없이는 이익의 구심력에서 벗어나기 어렵기 때문에 그들은 무기력한 상태에 빠져든다.

현상 유지에 대한 이야기는 얼마든지 있다. 우리는 담배를 여성의 패션 아이템, 공장 노동자에게 생기를 주는 기호품, 환자들을 위한 의학적 치료제로 인정하면서도 암과의 연관성에 대한 복잡한 자료를 두고 논쟁을 계속한다. 담배와 관련한 현 상황은 계속 유지될 뿐이다.

형용사 하나를 두고 몇 번이고 논쟁하면서 정작 기후변화에 대해선 아무런 조치를 취하지 못했다. 지구온난화에 대해 이야기해야 하는 순간에 '춥다'는 소리만 반복하다 토론을 체념하고 말았다. 1970년대에 제기되었던 놀라운 주장은 1990년대에는 끔찍해졌고 2010년대에는 종말론으로 확대되었지만, 우리는 여전히 '앞으로 상황이 그렇게 나빠질 거라고 누가 말할 수 있겠는가?'라는 안일한 생각만 한다.

체계적인 변화는 복합적인 효과를 가지며 며칠이 아니라 수십 년에 걸쳐 형성된다. 현상 유지가 잘못된 행동 방침이었다는 것을 우리가 깨달았을 때는 이미 늦었다.

2029년 : 디지털 세상 속에 갇히거나 탈출하거나

지난 10년 동안 당신은 모든 종류의 스마트 기술과 AI 시스템을 구매하도록 요구받았다. 모든 가전제품은 이제 AI 시스템이 표준이 된다. 당신의 냉장고는 안에 있는 음식을 추적한다. 세탁기에서도 당신의 더러운 옷의 세탁 진행 상황을 추적하며, 세탁 과정이 완료되면 땡땡 소리를 낸다. 오븐은 칠면조가 타거나 마르기 전에 꺼진다.

하지만 당신이 예상하지 못했던 것이 있는데, 당신은 '도움이 되는' AI를 무시할 수 있는 권한이 더 이상 없다는 것이다. 슈퍼볼 파티를 위해 산 도시락 세트와 치즈, 컵케이크, 맥주 6팩을 냉장고에 넣은 다음에는 PDR에 표기한다. 식사와 칼로리 섭취량은 당신의 가정 내 인구수를 초과하기 때문에 AI는 당신이 과식을 계획하고 있다고 결론짓는다. 이미 시간이 자정이 넘었을 수도 있고, 당신이 다음 날 아침 출근 전에 빨래를 할 계획을 세웠을지도 모르지만 세탁기 AI는 잠자리에 들고 싶은 욕구를 고려하지 않는다. 빨리 세탁을 하고 말리라고 벨을 울리며 당신을 괴롭힌다. 당신은 칠면조 육포를 만들고 싶지만 오븐이 그것을 허용하지 않을 것이다. 왜냐하면 오븐의 AI는 육즙이 많은 육류, 조리 시간이라는 목표로 프로그램 되어 있기 때문이다. (물론 당신에게 여유가 있다면 육포 만들기 프로그램을 업그레이드하는 데 돈을 지불하면 된다.)

일부 가정에서는 특히 주방 가전제품에서 그리고 일반적으로 아침에 AI의 결함을 경험한다. 종종 제어판 전원이 나가며, 불행히도 오븐 뚜껑을 잠그고 아침을 먹지 못하게 할 것이다. 식기세척기는 갑자기 중간에 멈춰서 비눗물과 기름진 물에 잔과 은식기를 담가 둘 것이다.

스마트 스피커의 소리도 갑자기 커져서 시리얼과 커피를 먹으며 가족과 대화하는 것이 불가능해질 것이다. 당신은 수만 명의 소비자와 함께 정전을 보고하고 그때마다 G-MAFIA는 무슨 일이 일어나고 있는지 조사하기 위해 제품 관리자를 출동시킨다. 테크 관련 저널리스트는 이러한 결함을 "AI가 가끔 이상하게 행동한다"며 알 수 없는 이유 탓으로 돌린다.

처음에 그 공격은 낯설고 무작위적인 것처럼 보인다. 그래서 우리는 구글, 애플, 아마존의 잘못된 제품과 형편없는 고객 서비스에 대해 비난한다. 그러면 사이버 보안 전문가들은 모든 결함이 실제로 연관되어 있다는 것을 증명하기 위해 혹사당한다. 중국에서 시작되어 기계학습에 의해 가능하게 된 새로운 종류의 '사물 인터넷' 공격이다. 중국어에는 이를 가리키는 단어가 있다. 바로 피곤(被困)이라는 것으로 영어권에선 '갇힌'으로 번역된다. 중국 정부의 지원을 받은 해커들은 미국에서 아침 식사 시간에 '베이컨' 공격을 감행하고 AI로 작동되는 우리의 음식, 음료, 식기를 묶어 두는 것이 효과적이라고 생각했다. 그들의 목적은 독특하고 정교하다. 바로 G-MAFIA에 대한 불신을 심어주는 것이다.

마이크로소프트와 IBM은 여전히 존재하지만 AI 분야에서는 마이너 플레이어다. 한때 컴퓨터 비전, 머신 리딩 이해력, 자연언어 처리에 관한 업계 최고의 연구를 발표한 마이크로소프트는 AI에서 경쟁하는 방법에 대한 내부적 지지와 추진력을 얻지 못했다. 현재 이 회사는 규모를 축소하고 있으며 주로 오리지널 애저 클라우드, 쉐어포인트, 스카이프, 아웃룩 등 기존 시스템을 지원하고 있다.

IBM 왓슨이 파트너와 고객을 발굴하는 동안 아마존과 마이크로소프트의 뒤를 이어 3위를 차지했던 IBM의 클라우드 서비스는 구글이 정부와 대기업 모두에게 경쟁률을 제공하기 시작하면서 줄어들었다. 데이터 센터, 스토리지, 반도체 등 다른 사업 부문은 현재 세계 최대 공급국인 대만의 기업들과 경쟁하는 것이 불가능하다는 것을 알게 되었다. 대만 기업에게 중국공산당의 "원 차이나 정책"은 중국이 개인의 자유를 제한하더라도 상당한 시장 이점으로 해석된다. 중국의 산업 정책은 IBM이 세계 여러 지역에서 사업을 하는 것을 효과적으로 막았다.

페이스북의 경우는 어떨까? 보안을 강화하고 데이터 공유 방식에 대한 투명성을 높이겠다는 수년간의 약속 끝에 대부분의 초기 사용자들이 다른 플랫폼으로 이동했다. 밀레니얼은 페이스북 여기저기에 그들의 사진이 흩어져 있었을지 모르지만 개인 계정은 만들지 않았다. 페이스북은 조용히 마이스페이스(MySpace)의 길을 가고 있다.

상호 운용성이 여전히 서구의 AI 생태계에서 중요한 약점으로 남아 있는 가운데, 2035년까지 우리는 사실상 분리 시스템에 안주한다. 우리의 기기는 구글, 애플 또는 아마존에 연결되어 있기 때문에, 우리는 그 세 회사 중 한 회사가 제공하는 제품과 서비스만을 구입하는 경향이 있다. 우리의 전달 가능한 PDR은 그러한 회사 중 한 곳에 의해 소유되고 관리되기 때문에, 우리는 구글 패밀리, 애플 패밀리 또는 아마존 패밀리다. 그 명칭은 의도하지 않은 편견을 수반한다.

애플 패밀리는 부유하고 나이가 많은 경향이 있다. 그들은 팔라듐 실버–화이트, 오스뮴 그레이, 다크 오닉스 등 세 가지 색상 중 하나로 애플사의 날렵하고 아름다운 하드웨어 제품을 구입할 수 있다. 애플의 스마트 안경, 스마트 화장실, 맞춤형 냉장고는 누구나 즉시 사용할 수 있는 값비싼 제품이라는 오랜 전통을 이어 간다. 애플의 PDR은 음성 인터페이스와 함께 제공되며, 주스트(더 높은 톤을 가진 남녀) 또는 데바(더 낮은 톤을 가진 남녀)의 두 가지 부드러운 목소리 중 하나를 선택할 수 있다. 하지만 편리함에는 비용이 따른다. 애플의 AI는 덮어쓸 수 없다. 에어컨을 운영하는 애플 홈에서는 1분 이상 문을 열 수 없다. 이 규칙을 어기면 끊임없이 시스템 경보가 울린다. 전구에 내장되어 있는 센서가 일조량이 충분하다고 감지하면 애플 시스템은 전구 스위치를 잠금으로 돌린다.

수십 년 전, 오스틴 텍사스에서 열린 2018 사우스바이 사우스웨스트 페스티벌에서 구글 홈 예고편이 공개되었다. 당시 태그 라인은 "구글이 하게 하라"였고, 매력적인 안내원들은 AI로 작동되는 가전 화면과 연결된 냉동 다이키리(쿠바에서 개발된 럼을 기본으로 만드는 칵테일) 제조사들과 상호작용을 하는 3층 집 주변으로 소규모 그룹을 데리고 다녔다. 구글의 시스템은 직관적이지는 않지만 PDR을 더 잘 사용할 수 있으며 다양한 수준의 서비스와 접근을 제공한다. 업그레이드 비용을 감당할 수 있고 기술에 대한 이해도가 높은 사람들을 위해 구글 그린은 수동으로 시스템을 잠금 해제할 수 있는 기능을 제공하며, 커피 메이커, 3D 프린터, 야외 관개 시스템 등 훨씬 다양한 것을 가정에 연결할 수 있다. 그린 패밀리는 그들의 데이터가 여전히 수집되어 제3자에게 보내지고 있지만 마케팅과 광고도 중단할 수 있다. 구글 블루는 제한된 잠금 해제 권한과 일부 추가 사용 권한을 가진 저렴한 옵션이지만 블루 제품군은 여전히 마케팅 대상이 되고 있다. 구글 옐로는 최하위 레벨이다. 무료지만 제어장치 제한 기능이 없으며, 사용 가능한 소형 기기와 단순한 접속 기능이 있으며, 데이터 보호에 한계가 있다.

아마존은 흥미롭지만 궁극적으로는 수익이 되는 방향으로 나아갔다. 아마존이 연방, 주 및 지방정부와 협력하는 접근 방식에서 가장 현명했기 때문에 아마존 닷컴에서는 대폭 할인을 제공하고, 구매자들의 까다로운 요구 사항을 끈기 있게 처리하고, 그들을 위해 특별히 클라우드 서비스를 구축하고 유지하며, 미국인들이 선호하는 소셜 서비스 플랫폼이 되었다. 아마존은 이런 식으로 정부 자금을 오래 활용할 수 있게 되었다.

현재 저소득층 가정은 미국의 도시 재정 지원을 받는 공공 주택 프로그램을 대체한 아마존 주택에 살고 있다. 아마존 주택은 모든 면에서 그동안 정부 프로그램을 통해 제공된 어떤 공공 주택보다 훨씬 우월하다. 아마존 홈은 모든 방에 연결된 장치로 완전히 갖추어져 있다. 이전의 보충 영양 보조 프로그램(이전에는 식품 스탬프 프로그램이라고 알려짐)은 현재 아마존이 주관하고 있는데, 아마존은 크게 할인된 아마존 브랜드의 가정용품, 식품과 음료, 세면기, 책 등을 제공하고 있다. 놀랄 것도 없이, 이 프로그램은 원활하게 작동된다. 자금이 유통되는 데는 결코 지체되는 일이 없고, 계좌의 상태를 조회하는 것도 쉬우며, 모든 거래는 관공서에서 긴 줄을 서서 기다릴 필요 없이 처리된다. 아마존 홈에 사는 사람들은 대부분의 물건을 아마존을 통해 사야 하고, 반면 그들의 데이터는 다양한 계획을 위해 스크랩되고 생산되고 수익화된다. 아마존에는 AI가 만연해 있는데, AI가 가는 곳마다 아마존 패밀리의 귀중한 행동 데이터를 수집한다.

AI 프레임워크와 시스템 간의 상호 운용성 부족으로 PDR과 가계에 의한 분리가 이루어졌고, 그 때문에 우리는 현재 디지털 카스트 시스템 속에 살고 있다. 구글, 애플, 아마존 중 하나를 선택함으로써 가족의 가치는 회사의 가치와 일치될 수밖에 없다. 애플 패밀리는 부유하고 비교적 AI으로부터 자유롭고 집도 화려하다. 구글 패밀리는 부유하고 기술적이거나 중산층이고, 마케팅에 적합하며, 인생에서 많은 선택권을 갖는 것은 그다지 중요하지 않을 만큼 충분히 만족스러울 수 있다. 아마존 패밀리에게는 보기 좋게 꾸밀 방법이 없다. 비록 그들이 멋진 기계장치에 자유롭게 접근할 수 있을지라도 그들은 가난하다.

그들은 PDR에 갇혀 있고, 여기에서 벗어나기 어렵다. 구글 옐로 패밀리가 블루나 그린 레벨로 옮기는 것은 애플 시스템으로 옮기는 것보다 쉽다. 그렇기 때문에 대부분의 가정은 기회가 있을 때 구글에 가입했다. 당신의 상태는 당신이 상호작용하는 모든 AI에 드러난다. 리프트, 우버, 시티카와 같은 자율 주행 택시 서비스는 하위 레벨의 아마존 승객을 태우지 않으려 하는데, 그들에게 보내진 택시는 그다지 좋지 않은 경향이 있다. 웨이모 자동차는 독점적으로 구글러를 태운다. 구글 그린의 경우 택시는 운전자가 원하는 온도 및 주변 조명 방식에 따라 미리 설정되며, 운전자가 선호하는 경로를 따라 주행한다. 옐로 레벨은 그들의 이동 경로 전체를 미리 밝혀야 한다.

옐로 구글러는 광고 외에도 다양한 골칫거리를 감내해야 한다. 구글 블루, 구글 옐로 및 아마존 제품군에 제공되는 모든 보조(또는 무료) 기기와 가전제품 및 기어의 단점은 지속적으로 모니터링, 진단 및 고지를 수행하는 AI 보건 및 웰니스 마인더를 피할 수 없다는 것이다. 이들 기능이 구축될 때 컴퓨터 과학자들은 건강과 웰빙을 불필요하게 경직된 것으로 규정했다. 이제 AI 초기 개발자들의 집단적 가치는 보다 단순한 시대의 기억일 뿐이다. 건강과 웰빙 마인드를 지키지 않으면 결과가 빈약해진다.

아마존은 아주 오래전에 당신이 아마존 애플리케이션과 아마존 닷컴에서 주문했던 모든 것을 기억한다. 그들은 아마존 주택을 향해 나아갔다. 미국 보건복지부는 가난한 사람들을 자극하는 것이 건강과 웰빙을 향상시키는 현명한 방법이라고 생각했기 때문에 모든 공공 주택 입주자에게 로커 시스템을 갖추도록 요구하는 새로운 정책을 발표했다. 로커는 평범한 식료품 저장고, 냉장고 문, 옷장처럼 보일지 모르지만 그것은 AI로 작동되는 배심원처럼 행동한다. 만약 아마존 주택 고객이 그날 운동을 하지 않았다면 로커 시스템은 냉동실을 잠그고 아이스크림을 먹지 못하게 할 것이다.

애플, 아마존 그리고 구글 홈 밖에서 우리에게 즐거움을 주는 것들에 대한 부정적인 결과도 있다. AI 섹스 로봇을 이용한 성매매 업소가 즐비한 첨단 홍등가는 다른 사람과의 섹스에 비해 깨끗하고 안전한 대안을 제시한다. 홍등가는 자체 플랫폼으로 운영되며 회원 가입이 필요하기 때문에 (프리미엄 패키지를 감당할 수 있는 사람이라면) 개별 AI를 구축하고 훈련할 수 있다. 당신은 섹스 로봇을 선택하고 눈을 들여다보기만 하면 된다. 작은 스마트 카메라는 당신의 얼굴을 스캔하고 인식한다. 당신의 파트너가 깨어나면 그들은 마치 마지막인 것처럼 당신의 모든 욕망과 명령에 반응하며 당신과 교감한다. 어느 순간 당신은 규칙적인 섹스, 평범한 이성과의 섹스에는 더 이상 흥미를 느끼지 못하게 된다.

아마존 패밀리가 애플 패밀리와 결혼하는 것은 불가능하지 않지만 "서로 다른 사람에게 끌린다"는 오래된 격언은 더 이상 여기서는 적용되지 않는다. AI가 주도하는 모든 데이트 서비스는 이제 PDR과 우리의 위상을 기준으로 정렬된다. 우리는 더 이상 선택의 고통에 시달리지 않는다. 왜냐하면 AI와의 데이트가 가능성 있는 구혼자들의 선택을 급격하게 줄였기 때문이다. 하지만 한때 우리를 인간적으로 만들었던 5월이나 12월의 로맨스, 부모님이 허락하지 않는 사람과 데이트 등 몇몇 선택은 옛이야기가 되고 말았다. 미국 사회는 우리가 동료 애플스나 구글 블루스, 아마존스와 결혼하고 아기를 가지는 것을 묵인하는 헉슬레이안(huxleian 헉슬리의 작품에 등장하는 인물)을 불편하게 느끼기 시작했다.

예상했던 대로, AI와 자동화는 우리가 예상했던 것보다 훨씬 더 많은 일자리를 없애기 시작했다. 오랫동안 멀게만 느껴지던 광범위한 기술 실업이 다가왔지만 우리 모두가 상상했던 것과는 전혀 달랐다. 우리는 트럭 운전사, 공장 노동자, 일반 노동자의 일자리를 걱정했지만 예상은 빗나갔다. 우리는 로봇이 모든 블루칼라 일을 떠맡게 될 것이라고 계속 가정했지만 알고 보니 그 모든 육체노동을 감당할 수 있는 로봇을 만드는 것은 우리가 상상했던 것보다 훨씬 더 어려운 일이었고, 반면에 프로그래밍과 복제가 훨씬 쉬웠다. 아이러니하게도, 더 이상 필요하지 않은 것은 지식 노동자들이다.

그 결과, 미국과 그 동맹국은 우리가 사라지게 될 것이라고 말한 모든 직업에 대해 화급히 필요성을 느끼기 시작했다. 고도로 숙련된 배관공, 전기 기사, 목수가 턱없이 부족하다. 로봇은 우리가 원하는 인간의 손길을 제공할 수 없기 때문에 우리는 마사지 치료사, 네일아트 전문가, 미용사, 이발사도 부족하다. 자동화에 대한 반발도 만만치 않다. 대부분의 사람들은 로봇 바리스타와 바텐더가 만든 커피와 칵테일을 원하지 않는다. 우리는 음료 한 잔과도 인간적인 교감을 맺고 싶어 한다. 교양과 직업 프로그램을 희생하면서 스템(STEM 과학, 기술, 공학, 수학) 우선 교육에 초점을 맞춘 우리의 포커스는 잘못된 것이었다. 온순한 컴퓨터 과학자들과 기술자들이 아니라 블루칼라 노동자들이 지구를 계승하고 있다.

의도치 않게 구글, 아마존, 애플은 AI 내부에 '트리펙타(최고 삼인)'를 형성해 대규모 통합으로 이어진다. 미국과 전 세계의 모든 무역 동맹국에서 멋진 신제품을 가지고 있지만 사실상 선택의 여지가 거의 없다. 예를 들어, 당신은 시력의 생물학적 한계를 넘어서는 것을 볼 수 있는 옴니비전 스마트 안경을 유료로 업그레이드할 수 있다. 하지만 오직 두 개의 회사, 구글과 애플만이 그것을 만든다. 그들의 디자인이 마음에 들지 않거나 얼굴과 귀의 독특한 모양에 맞지 않으면 운이 다한 것이다. 아마존은 당신이 상상할 수 있는 모든 것을 팔지만, 생활 필수품은 모두 아마존 제품이다. 세계의 민주주의 국가에서는 많은 물건을 살 수 있지만 시장에서의 다양성과 선택은 엄격히 통제된다. 우리는 돈은 있지만 구매력이 거의 없다. 이상하게도 옛 소련을 연상시킨다.

고객 관계 관리 및 클라우드 컴퓨팅 회사인 세일즈포스(Salesforce)는 일찍이 구글, 아마존, 애플과 제휴하여 PDR을 위한 교육 모듈을 구축했다. 이제 1980년대와 1990년대 미국 교육의 특징이었던 엄격한 시험과 분류가 다시 인기를 끌고 있다. 인간의 인지능력은 유치원에 가기 전에 평가되고 학문적 성취와 강화는 우리의 삶 전체에 걸쳐 추적된다.

지표와 최적화는 세일즈포스의 핵심 가치였고, 지금은 미국 교육의 핵심 가치다. 우리가 지혜를 쓸모없는 정보의 축적으로 대체한 것을 우려하여 교육 지도자는 새로운 교육을 위해 공통 핵심 교육과정을 폐기했다. 미국의 노동력이 위기에 처한 상황에서 학생들은 유치원 입학 단계에서부터 직업과 임원이라는 두 개의 범주로 나뉜다. 직업 학생들은 여러 분야에 걸쳐 민첩성을 갖도록 훈련 받는 반면 임원 학생들은 비판적 사고와 관리에 대한 교육을 받는다. 이제 대부분의 중간 관리자나 엔트리 레벨 지식 노동자는 AI이기 때문에 중간 관리자에게 요구되던 기술은 필요하지 않다.

예상치 못한 분야의 실직으로 범죄는 증가했지만 당신이 생각하는 이유 때문에 일어난 것은 아니다. AI로 작동되는 치안 유지 소프트웨어가 설계대로 작동하지 않아 범죄 통계가 실제 세계를 정확하게 반영하지 못한 것이다. AI 개발자 그룹에 의해 구축되고 제한된 데이터 집합에 따라 훈련된 알고리즘은 성별이나 부적합한 사람을 정확히 식별하고 분류하는 방법을 배우지 못했다. 무뚝뚝해 보이거나 턱수염과 눈썹 확장 둘 다를 가지고 있는 사람은 여성도 남성도 아닌 것으로 식별하기도 한다. 그 결과, 성별에 대한 고정관념을 만족시키지 못하는 수백 명의 사람이 매일 신분 도용 혐의를 받고 있다. 얼굴 인식을 통해 돈을 지불하려고 할 때, 비디오 채팅을 하려고 할 때 그들은 범죄자로 의심을 받는다. 현재로서 유일한 해결책은 성별에 맞는 가발을 쓰거나 화장을 지우는 등 AI의 고정관념을 충족시켜 주는 것이다. 그것은 개인의 다양성이 엉터리 시스템을 고칠 만큼 충분히 중요하지 않다는 굴욕적이고 대중적인 기억이다.

AI는 구글, 애플, 아마존에 막대한 경제력을 부여하고, 중국에 상상할 수 없는 지정학적 군사력을 부여한다. 2030년대 말까지 AI는 아시아, 아프리카, 중남미 전역에 걸쳐 서구의 자본주의와 중국의 공산주의 브랜드를 지원하면서 평행 궤적을 따라 발전했다. 한때 G-MAFIA의 성공으로 축하받았던 미국과 그 동맹국은 AI 전체주의 체제 아래 살고 있다. 중국 전역의 시민들과 중국의 직접투자와 기반 시설에 의해 지원되는 모든 나라 역시 AI로 인한 처벌과 보상이 만연된 기구 아래 살고 있다.

2049년 : 생체 경계 및 나노봇 중단

G-MAFIA는 이제 GAA, 즉 구글, 애플, 아마존만 남았다. 페이스북이 가장 먼저 파산을 선언했다. 마이크로소프트와 IBM은 구글에 인수되었다.

중국 공산혁명과 마오쩌둥의 중화인민공화국 건국 선언이 100주년을 맞았다. 중국의 모든 협력 국가에서 성대한 기념행사가 고 시진핑을 기리기 위해 계획되어 있으며, AI의 중국어인 '런공지넝' 왕조의 부흥을 기리기 위해 계획되고 있다.

인류는 이제 우리가 더 자유롭고 행복한 삶을 살 수 있도록 도와주어야 했던 AGI 시스템에 둘러싸여 있다. 처음부터 미국의 AI 개발자들은 우리가 최선을 다해 살고 창의적인 노력을 추구하며 인류의 가장 큰 도전에 협력하기를 원한다고 말했다. 그것은 실리콘밸리의 거품 속에서 태어난 유토피아적 이상이었는데, 그 선조들은 외부 세계와 완전히 연락이 끊겼다.

이 모든 시스템은 우리의 삶을 편하게 만들기 위해 만들어졌지만 대신에 우리의 게으름을 대담하게 만들었다. 그들은 우리의 생산성과 목적의식을 약화시켰다. 우리는 결정을 내리기 위해 시스템에 의존한다. 우리는 선택의 폭이 좁다. 우리는 지구상의 모든 사람을 위해 AGI에 의해 최적화된 일상의 움직임을 경험하고 있다.

많은 AGI 시스템은 공동 작업보다는 경쟁으로 발전했다. 20년 전 중국의 '베이컨' 공격은 이제 너무 유순하고 단순해 보인다. 당신은 스스로 만든 AI로 무장한 감옥에 있는 것이다. 오븐, 옷장, 욕실 문이 끊임없이 잠긴다. 더 이상 저항할 필요가 없고 저항해 봤자 소용도 없다. 당신이 배운 합리적인 대응은 앉아서 기다리는 것이다. 구글 그린과 애플 홈은 수리 AGI를 보내 악성 코드를 덮어써 고치는 백도어 프리미엄 업그레이드를 구입할 수 있지만 AGI는 자기 계발 코스를 밟는 중이다. 세상의 모든 돈은 현재 진행 중인 시스템 결함에서 우리를 구할 수 없다.

부의 집중은 GAA가 건강에서 놀라운 발전을 이루도록 했다. 구글은 신체의 특정 부위에만 약을 배달하거나 미세수술에 도움을 줄 수 있는 미세한 주입식 로봇을 상업적으로 처음 시험했다. 나노봇은 이제 다양한 형태로 나타난다. 예를 들어, 한 가닥의 DNA로 만들어진 자율적인 분자 로봇이 있는데, 이 로봇은 인체를 마치 유통창고처럼 드나든다. 나노봇은 돌아다닐 수 있고 분자를 집어서 지정된 장소에 보관할 수 있다. 가스 방울에 의해 추진되는 또 다른 종류의 나노봇은 인체에 부상을 입히지 않고 미세한 양의 약을 필요한 부위에 직접 전달할 수 있다. 우리의 PDR과 정보를 공유하는 상업적으로 이용 가능한 나노봇의 등장은 특정 질병을 부작용 없이 치료하면서 대부분의 의약품과 치료법을 대체했다.

현재 아마존과 애플 모두 개인화된 약을 제공하고 있기 때문에 대부분의 사람은 자발적으로 유기 나노봇을 주입했다. 심지어 아마존 홈도 미국 정부가 승인한 보조 프로그램을 통해 접근할 수 있다. 나노봇은 우리를 지속적으로 감시하고 치료하기 때문에 평균 미국인의 기대수명은 2019년 76.1세에서 현재 99.7세로 치솟았다.

주입식 AGI의 잠재적 단점을 알기까지는 그리 오래 걸리지 않았다. 나노봇은 그들의 창조자가 의도한 대로 정확히 일을 해냈다. 나노봇은 예측할 수 없이 행동하고 배운다. 지금 생각해 보면 전에는 생각지도 못했던 선택을 하기 위한 AI 시스템을 구축하고 훈련하는 것이 AI 개발자들의 1차 목표였다. 그것은 인간의 힘만으로는 해결할 수 없는 위험한 문제를 해결하는 열쇠였다. 수십 년 전 알파고 제로가 자율적인 전략 결정을 내리자 AI의 이정표로 성과를 알렸다. 그러나 우리 몸속에서는 나노봇과 AGI가 스스로 발전하고 있고 우리가 의도한 것보다 더 많은 의사 결정력을 가지고 있다.

우리는 이제 인간에 대한 새로운 '경제적 키메라'를 갖게 되었다. 애플과 구글 그린 홈은 AI의 통제를 해제할 수 있고 향상된 인식, 추가적인 감각기관이 맡는 냄새 그리고 강화된 촉감에 접근할 수 있다.

구글 블루, 옐로, 아마존 홈은 업그레이드에 접근할 수 없을 뿐만 아니라 그들 스스로 생물학적으로 제한되어 있다. 사람이 임신하면 AGI는 태아의 건강과 생존가능성을 결정하기 위해 계속해서 예측 모델을 실행한다. 아무도 예상하지 못했던 것은 AGI가 자신의 목표를 위해 극단적인 선택을 한다는 것이다. 프로그램된 목표는 생존 가능한 태아를 자라게 할 때 지원하는 것이었기 때문에 AGI는 태아 조직의 이상을 찾아 나선다. 만약 문제가 하나라도 발견되면 AGI는 부모에게 그 결정을 고려할 수 있는 선택권을 주지 않고 태아를 자연 유산시킨다.

마찬가지로, 나노봇은 당신이 나이가 들어가는 모든 과정을 감시한다. 또한 어떤 시점에서 당신 삶의 지속이 당신의 죽음보다 더 고통스러운지를 결정하기 위한 계산을 수행한다. 일단 당신이 가정 의료 서비스가 필요하고 확립된 사회 안전망 안에 들어가게 되면 AGI가 개입한다. 죽음은 편안히 유도되므로 당신이나 당신의 가족 모두 놓아줄 때가 언제인지 결정할 필요가 없다.

GAA 국가의 법은 AGI가 개선되고 우리 중 누가 살고 죽는지를 결정하는 기능성을 만들게 되면서 대체되었다. 그래서 전 세계의 개별 정부는 성급하게 규제와 법률을 통과시켰다. 그러나 아무 소용이 없다. 나노봇을 금지하는 것은 의학의 전통적인 관행으로 돌아가는 것을 의미할 것이고, 우리에게 필요한 모든 약을 제조하는 큰 제약 회사의

존립도 보장할 수 없게 된다. 심지어 가장 낙관적인 예측조차 오래된 의료 시스템을 다시 가동하는 데 10년 혹은 그 이상 걸릴 것이라고 말한다. 그리고 그동안 수백만 명의 사람이 다양한 질병으로 인해 크게 고통받을 것이다.

연구원들은 백혈구가 바이러스와 싸우는 방식을 모방하여 몸속의 다른 나노봇을 통제할 수 있는 새로운 종류의 AGI 나노봇을 개발했다. 모든 AI와 마찬가지로, 이 아이디어는 인간의 생물학에서 영감을 얻었다. 우리 몸은 바람직하지 않은 AGI 나노봇과 싸우기 때문에 이것은 우리가 독감으로 경험했던 증상보다 훨씬 더 나쁘고, 훨씬 더 위험하다.

최근의 대기업은 전략적 위험과 기회를 계산하는 CAIO(최고 AI 책임자)에 의해 주도되고 있다. 인간 CEO는 회사의 '얼굴' 역할을 하면서 CAIO와 함께 일한다. 소규모 및 중견기업, 즉 리조트, 정비소, 미용실 등은 모두 GAA의 파트너다. 개인 및 가정용 PDR 외에도 모든 사업체 및 비영리단체도 ODR(Organization Data Record 조직 데이터 레코드)에 등록되어 있다.

그러나 미국과 미국의 전략적 동맹국에 있는 많은 사람이 일을 하지 못하고 있다. 충분히 넓은 사회 안전망이 마련되어 있지 않으면 우리가 예상치 못한 기술 실업의 물결에서 아직 회복하지 못했기 때문에 서구 경제는 급격히 쇠퇴하고 있다. 이것은 취약성과 중국 투자의 창을 만들어냈다. 곧, 정부 지도자는 경제적 생존 가능성과 민주적 이상 중 하나를 선택해야 한다. 특히 재선을 바라보고 있는 정치인은 즉각적인 문제 해결을 촉구하는 압력을 받고 있다.

이에 대한 보복으로 미국은 무역 봉쇄, 이차 제재, 기타 외교 전술을 통해 중국의 팽창을 억제하려 한다. 그러나 미국이 한때 누렸던 지정학적 영향력은 끝났다. 미국 지도자는 중국에 대해 대응하지 않고 너무 많은 시간을 흘려보냈다. 그들은 라틴아메리카, 아프리카, 동남아시아 등지에 관심을 두지 않았고, 외국의 신뢰와 호의, 우정을 얻지 못했다.

중국의 AI 시책은 탄력을 받는다. 현재 전 세계 100여 개국에서 사회 화합 점수가 활성화돼 있으며 기존의 여행 서류를 대체하고 있다. 중국은 항상 벽을 쌓는 데 뛰어났고 만리장성도 예외는 아니다. 그것은 외부인에 대한 보호 장벽과 모든 사람의 데이터를 추출하고 분석하는 방법을 제공한다. 사회 화합 점수가 충분히 높은 사람은 만리장성 내에서 중국의 모든 국가 네트워크에 자유롭게 접근할 수 있다. 중국은 출입국관리를 위해 안면 인식과 함께 생체 인식 경계선을 구축했다. 더이상 통과해야 할 이민국도 없고 도장을 찍어야 할 여권도 없다.

현재 미국의 남쪽 국경에 센서로 된 벽이 있다. 중국인들이 미국인들을 막기 위해 멕시코 땅에 만든 것이다. 미국인들은 사회 신용 점수를 받을 수 없다. 때문에 바하마, 자메이카, 칸쿤, 플레이아 델 카르멘, 코주멜, 코스타리카, 아루바 등의 아름다운 휴양지에 갈 수 없다. 만약 당신이 생체 인식의 경계를 불법으로 넘으려고 한다면 AGI는 메스꺼움, 뇌진탕, 귀 출혈과 트라우마를 유발하는 소음 공격을 하게 된다.

미국과 미국의 동맹국은 통제된 환경에서 살아간다. 모든 네트워크 인프라를 중국공산당이 통제하기 때문에 친구나 가족과 소통하는 것도 어렵다. 만약 당신이 중국공산당이 통치하는 지역의 누군가와 접촉해야 한다면 당신이 하는 모든 말이 도청되고 있다는 것을 기억해야 한다.

GAA는 결국 미국 정부와 동맹국의 잔재와 연합을 맺는다. 중국의 경제 및 여행 제한이 부과되면서 실행 가능한 해결책을 마련하기 위한 자금이 거의 없다. 미국은 중국 문제를 해결할 수 있는 AGI를 개발하기로 결정했다. 그러나 이 시스템의 해결책은 중국에 굴복하거나 인류를 굴복시키는 것 중 하나뿐이다.

2069년 : 디지털 환원

중국은 장기 계획과 AI 국가 전략에 초점을 맞췄지만 미국은 기기와 달러화에 신경을 썼다.

중국은 더 이상 무역 파트너로서 미국을 필요로 하지 않으며 미국의 지적재산도 필요하지 않다. 중국은 '글로벌 원 차이나 정책'의 지도 원리에 따라 운영되는 150여 개국의 네트워크를 구축했다. 복종의 대가로 이들 국가는 네트워크 접속, 교역 능력 그리고 중국공산당의 지원을 받는 안정적인 금융 시스템을 갖추고 있다. 높은 사회 신용 점수를 얻은 사람들은 '원 차이나' 전체를 자유롭게 이동할 수 있다.

여행할 수 있는 능력, 즉 미국인들이 당연시 여기던 자유를 그렇게 크게 놓친 적이 없었다. 그것은 미국이 다른 많은 나라와 마찬가지로 인구 압박을 겪고 있기 때문이다. 지구의 인구는 100억 명을 넘어섰다. 우리는 너무 자주 그리고 너무 빨리 아이를 낳았고, 인간의 수명을 120세 이상으로 늘려야 한다고 주장했다.

중국이 지속 가능성과 환경보호의 책임을 맡은 후에도 기후변화에 대한 조치를 충분히 빨리 취하지 않았기 때문에 세계는 지금 인구 문제에 봉착했다. 지구 경작지의 3분의 2가 사라져 버렸다. 미국이 지하 농장을 만들기 위해 많은 노력을 기울이고 있지만 해당 지역의 인구를 먹여 살릴 만큼은 안 된다. 국제사회의 제재로 교역로가 봉쇄되고 미국과 동맹국은 식량 생산국으로부터 고립되고 있지만 중국과 그 외 원차이나 국가조차 어려움을 겪고 있다.

애플 패밀리는 불가사의한 질병으로 고통받고 있다. 그들의 PDR은 특이 사항을 보여주지만 보다 자세한 세부 사항은 보여주지 않는다. 초기에는 최신 버전의 나노봇이 결함이 있다고 판단하고 서둘러 패치 AGI를 개발한다. 하지만 질병은 구글 홈, 즉 미국뿐만 아니라 국경 밖의 모든 사람을 강타한다. 수수께끼의 병은 빠르게 퍼져 나간다.

중국은 ASI를 만들었고 미국과 동맹국의 종말, 한 가지 목적에만 집중하고 있다. 원 차이나는 더 많은 여유 자원을 필요로 하는데, 중국공산당은 그 자원을 미국에서 가져오는 것이 가장 좋은 방법이라고 판단한다.

앞으로 벌어질 일은 지금까지 만들어진 어떤 폭탄보다 더 위협적이다. 폭탄은 즉각적이고 정확하다. AI에 의한 폐해는 느리고 막을 수 없다. 아이들이 눈앞에서 숨을 거둬도 속수무책이다. 동료들이 책상 앞에서 쓰러지는 걸 보면서 극심한 통증을 느낀다. 당신은 현기증을 느낀다. 마지막 숨을 빠르고 얕게 들이쉰다.

미국의 종말이다. 미국 동맹국의 종말이다. 민주주의의 종말이다.

런공지닝 왕조의 즉위, 그것은 잔인하고 돌이킬 수 없으며 절대적이다.

PART 3

생존을 위한
제안

앞에서 이야기한 세 가지 시나리오는 모두 충분히 가능한 이야기다. 현재 이 세 가지 가능성에 대한 신호가 모두 포착되고 있다. 이제 선택의 순간이다. 낙관적인 시나리오를 선택하고 AI와 인류를 위한 더 나은 미래를 건설해야 한다.

08

조약돌과 바위 :
AI의 미래를
어떻게 바로잡을 것인가

지금부터 이야기할 결론은 다소 극단적이고 예상 밖으로 들릴 수 있다. 그러나 많은 신호가 알려 주듯이 만약 우리가 인류의 공익을 위해 협력하도록 장려하는 빅 나인과 미래를 받아들이지 않는다면 우리는 AI가 인류를 지배하는 세상에 살게 될 수도 있다.

나는 인류에게 가장 이로운 시나리오가 실현 가능하다고 믿는다. AI가 이루고자 하는 목적과 잠재력을 발현하는 과정에서 AI 개발자 그룹과 인류 모두가 이득을 볼 수 있는 가능성이 있다. AI는 진화하면서 중국과 미국 그리고 그 외 동맹을 모두 도울 수 있다. AI는 우리가 건강한 삶을 영위하고, 경제적인 격차를 줄이며, 거주환경을 안전하게 만들게 도와줄 수 있다.

AI는 인류가 풀 수 없는, 예를 들어 생명의 근원은 무엇이고 우리는 어디에서 왔는가 같은 미스터리를 풀 수 있는 힘을 줄 수 있다. 그리고 이 과정 속에서 AI는 이제까지 우리가 경험해 보지 못한 가상 세계의 황홀감과 신비를 줄 수 있으며, 영감을 주는 노래를 만들고, 새로운 경험을 통해 즐거움과 충만함을 느끼게 해줄 수 있다. 하지만 이 모든 것을 달성하기 위해서는 AI 이해 당사자의 용기 있는 리더십과 계획성 그리고 난관에도 불구하고 전념할 수 있는 헌신이 있어야 한다.

안전하고도 유익한 기술은 결코 우연의 결실이 아니다. 그것은 지속적인 협력과 리더십 그리고 헌신의 결정체다. 빅 나인은 미국의 월스트리트와 중국공산당으로부터 단기적인 이익을 위해 엄청난 압력에 시달리고 있으며 그로 인해 우리의 미래는 큰 대가를 치를 것이다. 따라서 이 대가를 치르지 않기 위해서는 우리가 빅 나인에 전적인 지원과 힘을 실어 주어 현 AI의 단기중점적 방향성을 돌려야 한다.

초기 단계 인터넷의 프로토콜과 구조를 설계한 빈트 서프는 AI와 같이 현 시대에 부상하는 기술을 위해서 용기 있는 리더십이 왜 중요한지 설명한다. 만약 당신이 주변에 온통 산으로 둘러싸인 계곡에 자리 잡은 작은 마을에 살고 있다고 상상해 보라. 산꼭대기에는 큰 바위가 있다. 그 바위는 오랜 시간 동안 미동도 하지 않은 채 주변 풍경과 조화를 이루고 있었다. 어느 날, 그 거대한 바위가 불안정해 보이며 마치 꼭대기에서 굴러떨어져 계곡에 있는 마을과 주민들을 덮칠 것만 같다. 사실은 그 바위가 오래전부터 조금씩 움직이고 있었다는 걸 모르고 있었던 것일 수도 있다. 조금씩 아주 미미하게 바위는 움직이고 있었고 그것은 거대하여 혼자서는 그 힘을 감당할 수가 없다. 당신은 작고 바위는 크다.

한 가지 알게 된 사실은 굴러오는 바위 밑 적절한 곳에 작은 조약돌을 하나 넣으면 바위가 움직이는 속도가 줄어들고 방향을 돌릴 수 있다는 것이다. 한 개의 조약돌로는 바위가 마을 전체를 파괴하는 것을 막을 수 없고 온 마을 사람이 힘을 합쳐야 한다. 마을 사람 모두 조약돌을 한 개씩 쥐고 산으로 올라가서 협력하고 소통하며 어떻게 하면 바위에 대처할 수 있을 것인가를 함께 고민해야 한다. 조약돌과 합심한 사람들로 변화를 만들어 낼 수 있다.

이제부터 나는 그 조약돌에 대해 이야기하려 한다. 먼저 어떡하면 현 AI의 방향성을 관장하고 국제적인 협력을 도모하여 AI 시대의 기준을 세울 수 있는가에 대한 전반적인 개요를 서술하는 것을 시작으로 구체적으로 미국과 중국 정부가 어떤 변화를 만들어야 하는가에 대해 설명하겠다. 또한 빅 나인이 앞으로 어떠한 개혁을 시행해야 하는가에 대해 설명하고 AI 개발 그룹과 대학이 어떤 변화를 준비해야 하는지 말하려 한다. 마지막으로 개개인이 AI의 바람직한 미래를 위해 실천할 수 있는 역할에 대해 설명하겠다. 우리가 꿈꾸는 이상적인 미래는 그냥 만들어지지 않는다. 우리는 용기를 가져야 하고 모든 책임과 의무를 나눠 행동해야 한다.

전 세계적이고 체계적인 변화 : GAIA를 설립하는 경우

낙관적 시나리오에서는 세계 강국의 여러 지도자가 G-MAFIA와 힘을 합쳐 국제 인공지능 증진 연맹, GAIA(Global Alliance on Intelligence Augmentation)를 설립한다. 이 새로운 국제기구는 세계 각국의 AI 연구원, 사회학자, 경제학자, 게임이론가, 미래학자, 정치학자로 구성될 것이다. GAIA의 멤버는 성별, 인종, 종교, 정치, 성적 다양성을 반영한다. 멤버는 공유된 AI 정책 및 계획을 위해 협동하는 것에 동의하며 시간이 지나며 크나큰 영향력을 행사하여 AI가 가져올 수 있는 파멸 – AGI, ASI, 또는 중국의 반시민적인 AI 사용 등 – 을 저지할 수 있는 힘을 갖게 될 것이다.

GAIA를 최대한 빨리 설립하는 것이 세계적인 구조 개혁을 가장 빠르게 시행할 수 있는 길이다. 그리고 GAIA는 중립 지역의 AI 허브에 위치해야 한다. 나는 GAIA를 캐나다 몬트리올에 설립하는 것이 가장 타당하다고 생각한다. 몬트리올은 다양한 딥 러닝 연구소와 연구원의 터전으로 ANI에서 AGI의 전환이 딥 러닝과 딥 러닝의 중립망을 포함한다면 GAIA는 더욱더 차세대 전환이 이루어지는 몬트리올에 설립되는 것이 맞다고 본다. 또 다른 이유는 쥐스탱 트뤼도 총리 정부가 이미 AI를 탐구하기 위해 인력 투입과 투자를 하고 있다는 것이다. 2017년과 2018년 트뤼도 총리는 AI 개발을 실질적으로 돕기 위해 제도적 지원을 시행했다. 또한 캐나다는 지리적으로 중립적인 구역으로 실리콘밸리와 베이징에서도 떨어져 있다.

정치적인 관계와 지리적 거리감으로 인해 세계 각국의 정부가 하나의 목표를 위해 힘을 합치는 것이 어려울 수도 있다. 하지만 제2차 세계대전의 여파로 긴장이 고조된 상태에서도 동맹국 대표자들이 뉴햄프셔의 브레턴우즈에서 뜻을 모아 국제 경제의 구조를 재건하기 위해 노력했었다. 이것은 인류애를 위한 협력이었고, 이로 인해 모두가 다시 번영하는 미래를 만들 수 있었다. GAIA에 가담하는 회원국은 AI의 체계와 기준 그리고 최고의 성과를 낼 수 있는 경영을 위해 힘을 합쳐야 한다. GAIA에 중국이 합류할 가능성은 적으나 중국공산당의 리더와 BAT에게도 합류 제안을 하는 것이 타당하다.

가장 중요한 것은 GAIA가 AI 시대에 기본적인 인권을 보장하는 것이다. 우리가 AI와 윤리에 대해 이야기할 때 1942년 발행된 아이작 아지모프의 단편 소설『런어라운드』에 등장하는 로봇공학의 세 가지 법칙을 떠올린다. 그 소설은 AI가 아닌 휴머노이드에 대해 말하고 있다. 세 가지 법칙은 우리에게 AI의 윤리에 대해 영감을 준다. 그 법은 이렇다. 첫째, 로봇은 인간을 해쳐서는 안 된다. 또는 행동하지 않음으로써 인간에게 해를 끼쳐서는 안 된다. 둘째, 로봇은 첫째 법에 어긋나지 않는 모든 명령에 복종해야 한다. 셋째, 로봇은 첫째와 둘째 법에 어긋나지 않는 범위 안에서 스스로를 보호해야 한다. 아지모프가 나중에 단편소설집『아이, 로봇』을 출간했을 때 기존 세 가지에 선행하는 한 가지 선행 법규가 추가되었다. "로봇은 인류를 해치는 행동을 해서는 안 된다." 아지모프는 재능 있고 선견지명 있는 저자이지만 그의 로봇 윤리법은 너무나 보편적이어서 미래 AI의 세부적인 원칙을 정의하기에 적절하지 않다.

대신 GAIA는 빅 나인(G-MAFIA와 BAT 그리고 모든 파트너, 투자자 그리고 부수적인 자회사들을 통칭)과 시민들과 새로운 사회적 계약을 맺어야 할 것이다. 이 계약은 신뢰와 협력으로 맺어져야 한다. GAIA는 AI의 개발로 인해 인류에게 최대한 이익을 가져다줄 것을 공식적으로 동의해야 한다. 빅 나인은 인류의 이익을 최우선으로 행동할 것이며 인류의 지원을 갈취할 수 있는 자원이라고 여기거나 부수적인 이득 또는 정치적 이득을 얻는 용도로 사용해서는 안 된다. AI의 잠재적 가능성과 빅 나인의 미래 성과로 인한 경제적인 번영의 산물은 전반적으로 모든 사람들에게 혜택을 주어야 할 것이다.

따라서 PDR은 상호 운용성이 있어야 하며 개별 기업, 대기업 또는 국가가 아닌 우리 전체의 소유가 되어야 한다. GAIA는 우리가 세 가지 시나리오에서 이야기한 PDR이 현재 이미 원시 형태로 존재하기 때문에 즉각적으로 연구에 착수할 수 있다. 그들은 '개인식별 가능 정보' 또는 PII(Personally Identifiable Information)라고 불린다. 스마트폰의 앱, 웹사이트의 광고 네트워크, 스크린에서 우리를 괴롭히는 것은 우리의 PII이다. PII는 우리를 식별하고 찾기 위해 사용되는 시스템에 공급된다. 그것이 어떻게 사용되는지는 전적으로 그에 접근하는 기업과 정부 기관에 달려 있다.

새로운 사회적 계약이 개발되기 전에 GAIA는 우리의 PDR이 기계 학습 알고리즘을 훈련시키는 데 어떻게 사용될지 결정해야 하며 자동화 시대에 기본적인 가치를 구성하는 것이 무엇인지 정의해야 한다. 가치를 명확하게 정의하는 것은 매우 중요하다. 왜냐하면 그러한 가치가 궁극적으로 AI 생태계를 구성하는 훈련 데이터, 실제 데이터, 학습 시스템 및 애플리케이션으로 암호화되기 때문이다.

우리의 기본 가치를 분류하기 위해서 GAIA는 문화와 국가에 걸쳐 우리의 고유한 가치를 정의하는 인간 가치 아틀라스를 만들어야 한다. 이 가치는 고정될 수 없고, 또 그렇게 되어서는 안 된다. 우리의 가치관은 시간이 지남에 따라 변화하기 때문에 회원국에 의해 끊임없이 개선되어야 한다. 생물학 분야에 선례가 있다. 인간 세포 아틀라스는 다양한 분야의 전문가 수천 명을 포함하는 과학계의 세계적인 협력체다.

이 프로젝트는 인체 내의 모든 세포 유형을 분류하고, 매핑하며, 세포가 진화하는 동안 세포의 히스토리를 추적하여 특성을 포착하고 있다. 비용이 많이 들고 복잡하고 시간이 많이 소요되며 영구적인 노력이 필요하지만 연구자들이 대담한 발전을 이룰 것이다. 이는 전 세계적인 협력이 있을 때만 가능하다.

우리는 인간의 가치에 대해 유사한 아틀라스를 만들어야 하는데, 여기에는 학계, 문화인류학자, 사회학자, 심리학자 그리고 평범한 사람들도 포함될 것이다. 인간의 가치 아틀라스를 만드는 것은 매우 번거롭고 비용이 많이 들며 도전적인 일이다. 또한 서로 다른 문화권의 가치가 서로 상충하는 등 모순으로 가득 차 있을 것이다. 그러나 표준이 되는 틀과 세트가 마련되지 않은 상태에서 우리는 빅 나인과 AI의 관계자에게 그들이 할 수 없는 일, 즉 우리의 모든 관점 그리고 사회, 세계 모든 나라, 이질적인 그룹에 대한 모든 가능한 결과를 고려하라고 요구하고 있다.

GAIA는 개인의 자유와 더 큰 글로벌 선(善)과 균형을 이루는 권리의 프레임워크를 고려해야 한다. 이상에 대해서는 강하지만 AI가 성숙함에 따라 해석이 더 유연해질 수 있는 틀을 구축하는 것이 좋을 것이다. 회원 기관은 자신들이 GAIA를 준수하고 있거나 GAIA에서 제외될 위기에 처해 있다는 것을 입증해야 할 것이다. 모든 프레임워크에는 다음과 같은 원칙이 포함되어야 한다.

1. 인류는 항상 AI 발전의 중심에 있어야 한다.
2. AI 시스템은 안전하고 안정되어야 한다. 우리는 그들의 안전과

보안을 독립적으로 검증할 수 있어야 한다.

3. 빅 나인(투자자, 직원 및 유관 정부 포함)은 속도보다 안전을 우선시해야 한다. AI 시스템을 연구하고 있는 팀들, 심지어 빅 나인 밖에 있는 팀들도 속도를 높이기 위해 강제로 길을 펴서는 안 된다. 안전은 객관적인 관찰자가 관찰하고 입증할 수 있어야 한다.

4. AI 체제로 인해 피해가 발생하면 무엇이 잘못됐는지 보고할 수 있어야 하며 피해를 논의하고 완화하기 위한 관리 절차가 있어야 한다.

5. AI는 설명할 수 있어야 한다. 시스템은 사용되는 교육 데이터, 학습 프로세스, 애플리케이션에 사용되는 실제 데이터 및 예상되는 결과를 상세히 기술하는 성분표시 같은 레이블을 구비해야 한다. 민감하거나 독점적인 시스템의 경우 신뢰할 수 있는 제3자가 AI의 투명성을 평가하고 검증할 수 있어야 한다.

6. AI 생태계의 모든 사람들 즉 빅 나인의 직원, 관리자, 리더 및 이사회 멤버, 스타트업(기업가, 가속기), 투자자(기업가, 사모펀드 회사, 기관 투자자, 개인 주주), 교사 및 대학원생 그리고 AI에 종사하는 모든 사람들은 그들이 윤리적인 결정을 하고 있다는 것을 항상 인식해야 한다. 그들은 개발, 시험, 배치 과정에서 그들이 내린 모든 결정을 설명할 수 있어야 한다.

7. 인간의 가치 아틀라스는 모든 AI 프로젝트에서 준수되어야 한다. 단순한 AI 애플리케이션이라도 AI 시스템의 큰 그림에 부합됨을 입증해야 한다.

8. AI와 그 설계, 구축, 배치에 종사하는 모든 사람이 참고할 수 있

는 상세한 행동 강령 가이드가 책으로 나와 있어야 한다. 여기에는 투자자도 예외가 아니다.

9. 모든 사람은 AI 시스템을 조사할 권리를 가져야 한다. AI의 진정한 목적이 무엇인지, 어떤 데이터를 사용하고 어떻게 결론에 도달하는지, 누가 결과를 보는지 등은 표준화된 형태로 완전히 투명하게 만들어야 한다.

10. AI 응용 프로그램 또는 AI를 사용하는 모든 서비스는 10세면 이해할 수 있을 정도로 충분히 쉬운 언어로 작성되어야 한다. 애플리케이션이 구동되는 즉시 모든 언어로 이용할 수 있어야 한다.

11. PDR은 표준화된 형식을 사용하여 개발해야 하며 상호 운용성이 있어야 하며 개인은 모두 자신의 자료에 대해 완전한 소유권과 허가권을 보장받아야 한다.

12. PDR은 가능한 한 분산되어야 하며, 어느 누구도 완전히 장악하지 못하도록 해야 한다. PDR을 설계하는 기술 그룹에는 법률 전문가 및 비 법률 전문가, 즉 화이트 해커, 시민운동 지도자, 정부 요원, 독립 데이터 수탁자, 윤리 전문가 및 빅 나인 외부에서 일하는 다양한 전문가가 모두 포함되어야 한다.

13. PDR은 권위주의 정권의 활성화로부터 최대한 보호되어야 한다.

14. 공공의 책임 체계가 있어야 한다. 사용자들이 자신의 데이터와 AI 시스템 전반에 걸쳐 어떻게 채굴, 정제, 사용되는지 문의할 때 즉각적이고 이해하기 쉬운 답변을 받을 수 있어야 한다.

15. 모든 자료는 국적, 인종, 종교, 성 정체성, 성별, 정치적 소속 또

는 기타 독특한 신념에 관계없이 공정하고 동등하게 취급되어
야 한다.

GAIA 구성원은 GAIA 내 다른 구성원이나 기관이 요구하는 무작위
검사에 자발적으로 임하여 프레임워크가 완전히 준수되고 있는지 확
인해야 한다. 공공의 책임 체계가 정확히 어떻게 생겼는지 그리고 그
것이 실제 세계에서 어떻게 작동하는지 등 모든 세부 사항은 AI의 발
전과 보조를 맞추기 위해 지속적으로 확인하고 개선되어야 한다. 이
과정은 설계에 의해 발전 속도를 조절할 수 있다.

회원 기관과 국가는 취약성 및 보안 위험을 포함한 모든 연구를 공
동으로 작업하고 결과를 공유해야 한다. 이는 GAIA 회원들이 자율 해
킹 시스템과 같은 AI에 대한 위험한 능력을 개발하려는 범죄자보다 우
위를 유지하는 데 도움이 될 것이다. 빅 나인이 무역 거래를 공유할 가
능성은 낮아 보이지만, 세계보건기구는 위기 상황에서 세계 건강 문제
를 주도하고, 첨단 사이버보안센터는 사이버 위협에 대해 법 집행기
관, 대학 연구원, 정부 부처를 동원한다는 전례가 있다. 때문에 GAIA
회원들은 일련의 감시병 AI를 개발하게 되는데, 처음에는 AI 시스템이
코드뿐만 아니라 개인정보의 사용과 그것이 접촉하는 하드웨어 시스
템과의 상호작용과 같은 것으로 행동하는지 여부를 확인할 수 있을 것
이다.

AI 시스템이 의도한 대로 작동하고 있음을 공식적으로 증명하며,
AI 생태계가 AGI로 성숙함에 따라 시스템의 기존 목표를 변경할 수
있는데, 모든 변경은 자체 개선이 이루어지기 전에 보고될 것이다. 예

를 들어, 다른 AI에 대해 감시하고 보고하도록 설계된 감시병 AI는 앞에서 상세히 기술된 적대신경망의 입력을 검토하고 의도한 대로 작동하는지 확인할 수 있다. 일단 우리가 ANI에서 AGI로 전환하면 감시병 시스템은 계속해서 보고하고 검증할 테지만 그들은 자율적으로 작동하도록 프로그램되지 않을 것이다.

일단 AGI에 근접하게 되면 AI 생태계에 있는 모든 사람은 AI를 실제 환경에 배치하기 전에 환경을 테스트하고 위험을 시뮬레이션하도록 제한하는 데 동의해야 한다. 내가 제안하는 것은 한 시스템이 설계된 대로 그 기능을 수행하고 있는지를 주로 보는 현재의 제품 테스트 관행과는 크게 다르다. 기술이 실제로 배치되기 전에 실제 세계에서 발전하거나 용도 변경될 수 있는 모든 가능한 방법을 알 수 없기 때문에 우리는 경제적, 지정학적 개인의 자유에 대한 의미를 확인하기 위해 기술적 시뮬레이션과 위험 매핑을 모두 실행해야 한다. AI는 연구의 이익이 부정적인 결과보다 더 크다는 것이 확인될 때까지 또는 위험을 완화할 수 있는 방법이 나올 때까지 배치되어서는 안 된다. 이는 임박한 투자 요청과 콘퍼런스 프레젠테이션의 지속적인 위협 없이 빅나인이 그들의 연구를 추구할 수 있도록 허용한다는 것을 의미한다.

정부 변화 : 미국과 중국의 방향 전환 사례

GAIA는 회원국 정부와 협력해야 한다. 그러나 이들 정부는 더 이상 거대한 관료주의의 속도로 일할 수 없다는 것을 인식해야 한다. 그들은 협력과 장기적인 계획에 참여해야 하며 AI의 미래에 민첩하게 대응할 태세를 갖춰야 한다.

리더, 관리자, 예산에 종사하는 사람, 정책 입안자 등 모든 분야의 정부 기관은 AI에 대한 실무 지식을 보여주어야 하며 이상적으로는 기술적 전문 지식을 갖춰야 한다. 미국의 경우, 정부의 3개 지부가 모두 AI에 대한 전문 산업 지식을 지향해야 한다는 것을 의미한다. 내무부, 사회보장청, 주택도시청, 상원 외교위원회, 보훈처 등 다양한 곳에 AI 전문가가 배치되어 의사 결정을 지원해야 한다.

미국 정부 내 AI에 대한 표준 조직원리가 부족하기 때문에 사일로에서 AI를 연구하고 있는 기관과 기업이 20여 곳이나 된다. 혁신과 발전을 규모에 맞게 추진하기 위해서는 연구, 테스트 및 배치를 위한 내부 역량을 구축해야 하며 부서 간 결속력이 필요하다. 현재 AI는 정부 계약 업체와 협력 업체에 아웃소싱되고 있다.

그런데 이 같은 아웃소싱 때문에 정부 지도자들이 AI의 복잡성에 익숙해질 기회가 없다. 좋은 결정을 내리는 데 필요한 제도적 지식도 쌓을 수 없다. 그들은 전문용어도 모르고 역사도 모르고 핵심 플레이어조차도 낯설다. 이런 친밀감의 부족은 용인할 수 없는 지식 격차를 만들어 낸다. 내가 여러 기관 고위 지도자들과의 만남에서 관찰한 바에 의하면 과학기술 정책실, 총무청, 상무부, 회계감사원, 국무부, 국방부와 국토 안보부까지 다를 바가 없다.

BAT가 수많은 AI 성과를 발표하고 시진핑이 중국공산당의 AI 계획을 발표한 지 한참 지난 2018년 초, 트럼프 대통령은 과학기술 연구비의 15퍼센트 삭감을 요구하는 2019년 예산을 의회에 보냈다. 남은 것은 137억 달러에 불과했으며 이 돈으로 우주 전쟁, 극초음속 기술, 전

자전, 무인 시스템 그리고 AI 분야를 충당해야 했다. 이와 함께 국방부는 5년간 17억 달러를 투자해 새로운 합동 AI 센터를 만들겠다고 밝혔다. 이는 AI가 약속하고 진정으로 요구하는 것에 대한 근본적인 이해 부족을 보여주는 섬뜩할 정도로 낮은 액수다. 참고로 2017년에만 G-MAFIA는 총 630억 달러를 R&D에 썼는데 이는 미국 정부의 전체 과학기술 연구 예산의 거의 5배에 해당한다.

이 같은 현실은 더 크고 가시적인 문제를 지적한다. 미국 정부가 기초 연구를 할 수 없거나 하지 않을 경우, G-MAFIA는 금융시장에서 빛을 보지 못할 것이다. 공공의 이익이나 수익 부서에 연결되지 않은 안전, 보안, 투명성에 관한 다른 연구에서는 AI를 더 발전시키는 분야의 연구를 추구할 동기가 없다.

미국은 중국의 현재 위치를 감안할 때 AI의 미래에 대한 미국의 역할에 대한 명확한 메시지도 부족하다. 중국이 다음 전략을 밝힌 뒤 AI에 대한 발표를 하는 편이다. 중국공산당은 미국인들이 오직 성인용품이나 크래프트 맥주, 넷플릭스와 냉방에만 관심을 가진다고 생각할 것이다. 실제로 미국인들은 소비자로서 광고와 마케팅에 의해 쉽게 조작되고 돈이 없을 때도 돈을 펑펑 쓴다는 것을 증명해 보였다. 유권자로도 감동적인 영상과 음모론과 조작된 게 분명한 뉴스에 취약하다는 것을 증명했다. 우리는 스스로를 비판적으로 생각할 수 없다. 우리는 기초연구와 응용 연구의 진보보다 빠른 성장과 꾸준한 이윤을 우선시하기 때문에 돈이 중요하다는 것을 반복해서 보여준다. 냉담한 평가일지 모르지만 논쟁의 여지가 없다. 중국을 비롯한 외부 세계에 우리는 미국 우선주의에 몰두하고 있는 것처럼 보인다.

지난 50년 동안 중국에 대해 미국은 봉쇄와 포용 사이에서 오락가락했고 지도자들은 AI에 대해 틀에 박힌 논쟁만 해왔을 뿐이다. 우리는 BAT와 중국공산당과 협력해야 하는 것일까? 아니면 제재, 사이버 전쟁 그리고 다른 침략 행위로 중국을 속이는 게 맞는가? 봉쇄와 교전 중 하나를 선택하는 것은 미국이 1960년대에 했던 것과 동일한 힘과 영향력을 여전히 가지고 있다는 전제하에나 가능한 일이다. 그러나 지금 미국은 세계 무대에서 전폭적인 영향력을 행사하지 못하고 있다. G-MAFIA는 강력하지만 미국의 정치적 영향력은 약화되었다. 중국은 BAT와 정부 기관을 통해 너무 많은 거래를 했고, 너무 많은 돈을 투자했으며, 전 세계에 걸쳐 너무 많은 외교 관계를 발전시켰다. 라틴 아메리카, 아프리카, 동남아시아, 심지어 할리우드, 실리콘밸리에서도 말이다.

미국은 이제 중국에 대한 제3의 옵션을 받아들여야 한다. 미국은 경쟁하는 법을 배워야 한다. 이 경쟁을 계속하기 위해서는 한 발짝 물러서서 AI의 더 큰 그림을 볼 필요가 있는데, 단순히 멋진 기술이나 잠재적인 무기로서가 아니라 다른 모든 것이 연결되는 제3세대 컴퓨팅 시대를 열어야 한다. 미국은 합리적인 예산으로 뒷받침되는 응집력 있는 AI 전략이 필요하다.

시진핑 주석에게 무슨 일이 일어나든, 즉 인민들이 반란을 일으켜 중국공산당을 무너뜨리려 하거나 갑자기 말기 질환을 앓게 되더라도 세계의 큰 나라들은 현재 기술, 제조, 경제 발전을 위해 중국에 의존하고 있다. 그리고 중국은 미래 생존을 위해 AI에 의존하고 있다. 중국 경제는 믿을 수 없을 정도로 빠르게 성장하고 있으며, 수억 명의 중국인들이 곧 중산층과 상류층에 진입할 것이다. 그런 엄청난 규모의 사회적, 경제적 이동성을 위한 각본은 없다. 중국은 AI가 사람, 데이터, 알고리즘 사이의 결합조직이며, AI가 사람들을 계속 일사불란하게 하기 위해 중국공산당의 가치를 대중에게 주입하는 데 도움을 줄 수 있다는 것을 알고 있다. AI를 앞으로 필요한 자원, 자본과 투자가 필요한 다른 나라와의 교역을 통해 얻을 수 있는 자원의 수단으로 보고 있다.

만약 중국이 긍정적인 미래를 약속하지 않는다면 미국은 중국 인민과 동맹국의 더 나은 세상을 위해 결단하는 BAT의 용기 있는 리더십이 필요하다. 만약 BAT가 중국의 현상 유지를 돕는다면 지금부터 20년 후의 인민들 그리고 거래를 받아들인 모든 나라의 시민들은 고유의 삶을 헌납하고 끊임없는 감시 아래 두려움에 떨며 살게 될 것이다. BAT는 인류에게 재앙적 고통을 불러올 수도 있다. 기독교인들은 신앙생활을 하는 것만으로도 고발당하고 처벌받을 두려움에 떨어야 할 것이다. 레즈비언, 게이, 트랜스젠더는 숨어 살아야 할 것이다. 소수민족은 계속해서 통제구역으로 강제이주를 당하고 세상으로부터 격리될 것이다.

AI는 이제 용기 있는 리더십을 요구한다. 우리는 어려운 선택을 하기 위해 정부가 필요하다. 왜냐하면 미국이 지금과 같은 상태를 유지한다면 20년 후에는 결국 독점금지 소송, 특허 소송 그리고 너무 커져서 무시할 수 없을 정도로 중요해진 기업들과 거래하려고 애쓰는 정부의 노력이 물거품이 될 것이기 때문이다.

우리는 G-MAFIA가 합리적인 속도로 움직이도록 허용해야 한다.

우리는 G-MAFIA가 한동안 큰 실적을 못 내더라도 자유롭게 일할 수 있도록 내버려두어야 한다. 그들이 특허와 동료 검토 연구를 아주 빠른 속도로 끌어내지 못하더라도 우리는 그들이 곤경에 처해 있는 것인지 아니면 우리가 지금까지 AI 거품을 부풀리고 있었는지에 대해 의문을 품지 말아야 한다.

미국에서는 전략을 개발하고 리더십을 보여주는 것이 중요하다. 하지만 미래에 우리에게 필요한 제도적 능력을 보장하기에 턱없이 부족하다. 따라서 우리는 기술평가 사무소(Office of Technology Assessment : OTA)를 부활시켜야 한다. 기술평가 사무소는 그러한 집필 정책에 비당파적인 과학 및 기술적 전문 지식을 제공하기 위해 1972년에 설립되었으며 20년 후 뉴트 깅그리치와 공화당이 지배하고 있는 의회에 의해 파괴되었다. OTA의 임무는 자료와 증거를 기반으로 그들의 연구를 정치화하지 않고 국회의원과 직원들이 3개 분과에서 모두 기술의 미래에 대해 교육하는 것이었다. OTA를 폐쇄함으로써 절약한 사소한 금액에도 불구하고 의회는 기꺼이 그리고 의도적으로 자신을 하향 평준화했다.

OTA의 업무는 여전히 정부의 다른 분야에도 존재한다. 의회조사국은 입법 전문성을 전문으로 하는 변호사와 분석가를 고용하고 있다. 이들 5개 연구 분야 중 AI가 구체적으로 포함된 곳은 없다. 대신 이 연구는 광물 생산, 우주탐사, 인터넷, 화학 안전, 농장 신용, 환경 정의와 같은 문제에 초점을 맞추고 있다. 순 평가국(Office of Net Assessment : ONA)은 국방부의 비밀스럽고 내부적인 싱크탱크로서 내 경험으로는 국방부의 가장 똑똑하고 창의적인 사람들로 구성되어 있다. 그러나 ONA는 예산이나 인력이 부족하기 때문에 대부분의 업무가 하청 업체에서 처리된다.

미국 정부는 내부 역량을 키워야 한다. 혁신을 위해 견고하고 강한 근육을 개발할 필요가 있다. 기술평가 사무소의 부활이 너무 정치적으로 보인다면 미래부나 전략 AI 역량실 등으로 이름을 바꿀 수 있다. 그 기관은 충분한 자금 지원을 받아야 하고 정치적 영향으로부터 자유로워야 하며 기초 연구부터 응용 연구까지 책임져야 한다. 미국 정부는 행정부와 입법부, 사법부를 적극적으로 교육해야 한다.

새 사무국을 차리는 것은 미래를 위한 더 나은 계획을 세우는 데 도움이 될 것이다. 하지만 여기서 한 발 더 나아가 AI의 갑작스런 영향이 발생할 때 완화할 수 있는 비당파적인 똑똑한 사람들이 필요하다. 그것을 위해 우리는 CDC(Center for Disease Control)의 관점을 확장하고 '질병과 데이터 관리 센터(Center for Disease and Data Control : CDDC)'로 이름을 바꿔야 한다. 현재 CDC는 미국의 보건 보호기관이다.

과거 에볼라 위기 때 보건 기관들이 검역 명령을 관리하고 기자들이 취재에 열을 올리는 것을 보았다. 2018년 콩고 에볼라 사태가 발생했을 때 국경 경비대는 에볼라 팀을 파견해 바이러스의 확산을 막는 업무를 맡으려 하지 않았다. 대신 그들은 표준 CDC 프로토콜을 따랐다. 그렇다면 지금부터 10년 뒤에 문제가 생기는 재귀적 자기 계발형 AI가 생긴다면 어떻게 될까? 만약 우리가 부주의로 데이터를 통해 바이러스를 퍼트려 다른 사람들을 감염시킨다면? CDC는 국민을 교육하고 재난 대응을 동원할 수 있는 안전 프로토콜을 설계하고 구현하는 글로벌 리더다. AI가 우리의 건강 및 건강 데이터와 매우 밀접한 관계를 맺고 있다는 점을 감안할 때 CDC를 활용하는 것이 마땅하다.

하지만 실리콘밸리에서 훨씬 더 매력적인 조건을 제안할 때 누가 OTA나 CDDC에 와서 AI를 연구하겠는가? 나는 펜타곤에 있는 해군 간부 식당과 G-MAFIA 구내에서 점심을 먹은 적이 있다. 해군 식당은 산뜻하게 설비되어 있었고 접시에는 휘장이 장식되어 있었으며 식사 메뉴도 깔끔하게 정리되어 있었다. 별을 서너 개 단 제독을 위한 식당이라 사병들은 이런 간부급 식당에서는 식사를 할 수 없다. 그래도 펜타곤에서 일하는 사람들은 지하철, 판다 익스프레스, 던킨도너츠 또는 푸드코트라는 선택권을 갖고 있다. 나는 센터코트 카페에서 파니니 토스트를 먹은 적이 있는데 좀 뻣뻣했지만 그냥 먹을 만했다.

G-MAFIA 구내에 있는 음식은 차원이 다르다. 뉴욕의 구글에서는 유기농 요리가 나오고, LA에 있는 구글 사무실에선 마이타케(잎새버섯)를 곁들인 가리비 요리나 오징어 먹물밥을 준비해 준다. 게다가 무료다. 식사 외에도 G-MAFIA의 특전은 많다. 아마존의 스피어스가 시애틀에 문을 연 직후 한 친구가 나를 데리고 어마어마한 업무 공간을 둘러보게 했다. 기후 통제, 유리 밀폐, 자급자족 생태계, 30개국 4만 종의 식물로 이루어진 에코 시스템 등 정말 놀라운 공간이었다. 공기는 깨끗하고 향기롭고, 바깥 날씨와 상관없이 실내 온도는 화씨 72도(섭씨 22.2도) 정도이며, 주위에는 편안한 의자와 라운지, 테이블이 놓여 있었다. 심지어 큼직한 나무집도 있었다. 아마존 직원은 언제든지 자유롭게 스피어스의 어떤 공간에서건 일할 수 있다. 페이스북에서는 정규 직원이 4개월의 육아휴직을 받을 수 있고, 새로 부모가 된 사람은 육아용품 비용으로 4,000달러의 현금을 받는다.

요점은 G-MAFIA가 직원들에게 제공하는 것을 감안할 때 재능 있는 컴퓨터 과학자가 정부나 군에 입대할 가능성은 정말 낮다는 것이다. 정부는 그동안 재능 있는 사람보다 항공모함 제작에 돈을 쓰느라 바빴다. G-MAFIA로부터 배우기보다는 그들의 특권을 조롱하거나 비난했다. 시민으로서의 의무를 다하기에는 기회비용이 너무 커서 최고의 인재가 제 발로 찾아와 국가에 봉사하기를 기대해서는 안 된다.

정부는 AI 국가 서비스 프로그램에 투자해야 한다. ROTC와 유사한 RAITC(Reserve AI Training Corps 예비 AI 훈련단) 같은 프로그램을 통해 졸업생을 군이나 정부로 유도할 수도 있다. 학생들에게는 몇 년 동안 공무원이나 군대에서 일하는 대가로 대학 장학금을 지급한다. 또한 일 년 내내 무료로 실용적인 기술 훈련을 제공한다. AI가 성숙해지면서 변화하고 있다. 젊은이들에게 훈련에 전념하도록 집중시키는 것은 그 자신에게 뿐만 아니라 제3세대 컴퓨팅 시대를 위한 노동력 전환에도 도움이 된다. 또한 그들이 직장으로 선택하는 회사에 직접적인 혜택을 준다. 그들이 지속적으로 최신 기술로 업그레이드되기 때문이다.

그러나 미국 정부는 단독적으로 행동할 수 없다. 정부는 G-MAFIA와 기술 분야를 플랫폼 제공자가 아닌 전략적 파트너로 보아야 한다. 20세기 초에 정부와 거대 테크 기업의 관계는 공동 연구와 학습에 기반을 두고 있었다. 이제 그 관계는 기껏해야 거래 수준이지만 걸핏하면 서로 각을 세우고 있다.

캘리포니아주 샌버너디노에서 열린 한 파티에서 두 명의 테러리스트가 10여 명을 살해하고 20여 명에게 상해를 입혔다. FBI와 애플은 암호화에 대한 열띤 공개 토론에 들어갔다. FBI는 증거를 얻기 위해 그들의 전화기를 열려고 했지만 애플은 비협조적이었다. 그래서 FBI는 애플에 특별한 소프트웨어를 쓸 것을 요구하는 법원 명령을 받았는데 애플은 그 뒤 법정뿐만 아니라 뉴스 매체와 트위터에서 싸웠다.

이제 AI가 계속되는 범죄행위에 연루되어 있는지, 아니면 사람들을 해치는 방식으로 자기 계발을 시작했는지 상상해 보라. 우리가 가장 원하지 않는 것은 G-MAFIA와 정부가 서로 압박을 받아 중심을 잃고 흔들리는 것이다. 상호 존중과 신뢰에 바탕을 둔 관계를 포기하는 것은 미국을 그리고 모든 국민들을 나약하게 만든다.

마지막으로, 최선의 해결책처럼 보일 수 있는 규제는 절대적으로 잘못된 선택이다. 입법자에 의해 독립적으로 쓰이건 로비스트에 의해 영향을 받든 간에 규제는 우리의 미래를 바꿀 수 있다. 정치인들과 정부 관료들은 규정을 좋아한다. 왜냐하면 그것은 명백하게 정의되는 단일 실행 가능 계획이기 때문이다. 규제가 효력을 발휘하려면 구체적이어야 한다. 그런데 AI는 하루가 멀다 하고 발전하고 있다. 아무리 의미 있는 규제라 해도 너무 제한적이고 경직되어 있어 혁신과 진보가 불가능하다는 뜻이다. 우리는 약 인공지능에서 강 인공지능으로 그리고 초지능형 기계로 아주 긴 시간에 걸쳐 전환하고 있는 중이다. 2019년에 만들어진 어떤 규제도 효과를 발휘하기 전에 이미 시대에 뒤떨어질 것이다. 이런 규제는 한동안 인류의 걱정을 덜어 줄 수도 있지만 궁극적으로 미래에 더 큰 피해를 입힐 것이다.

빅 나인의 변화 : AI 사업 전환 사례

GAIA의 창설과 정부의 구조적인 변화는 AI의 발전 궤도를 바로잡는 데 중요하지만 G-MAFIA와 BAT도 약간의 변화를 위해 동의해야 한다.

빅 나인의 리더십은 모두 인간을 이롭게 하기 위해 AI를 개발하고 홍보할 것을 약속한다. 나는 그것이 그들의 의도라고 믿지만 그 약속을 이행하는 것은 상상할 수 없을 정도로 어렵다. "좋다"는 건 어떤 것일까? 정확히 무슨 뜻일까? 이것은 AI 개발자 그룹의 문제로 되돌아간다. 우리 모두가 "좋은 일을 하는 것"에 동의할 수는 없다. 왜냐하면 좋다는 말은 너무 광범위한 의미를 담고 있어서 AI 개발자 그룹의 가이드로 제시하기에는 너무 애매하기 때문이다.

예를 들어, 서양의 도덕 철학자 이마누엘 칸트로부터 영감을 받은 AI 개발자 그룹은 특정 AI 시스템에 권리와 의무의 체계를 사전에 프로그래밍하는 방법을 배운다. 사람을 죽이는 것은 나쁘고 사람을 지키는 것은 좋다. 이렇게 말하는 것은 AI가 차 안에 있다고 가정할 때 그의 유일한 선택은 나무를 들이받고 운전자에게 부상을 입히거나 많은 사람들과 충돌하여 그들을 모두 죽이는 것, 둘 중 하나라고 하는 것이다. 이처럼 경직된 해석은 나무와 충돌하여 운전자를 죽이고, 군중과 충돌하여 8명을 죽이고, 보도에 충돌하여 3세 소년만 죽이는 등 선택의 폭이 더 다양하고 실제적인 상황에 대해서는 해결되지 않는다. 이러한 예에서 "좋은"의 최상위 버전이 무엇인지 어떻게 정의할 수 있는가?

다시 말하지만, 프레임워크는 빅 나인에 유용할 수 있다. 그들이 철학에 통달해야 한다고 말하는 것이 아니다. 단지 더 느리고 더 양심적으로 접근하기를 바랄 뿐이다. 빅 나인은 데이터 출처, 교육 및 사용 방법, 직원 채용 방법, 직장 내 윤리적 행동 전달 방법에 대한 구체적인 과정을 밟아야 한다.

이 과정의 모든 단계에서 빅 나인은 AI의 행동을 분석하고 그들이 미래의 피해를 야기하는지 아닌지를 점검해야 하며, 그러고 나서 자신의 선택이 옳았는지 확인할 수 있어야 한다. 이것은 편견과 투명성에 대한 명확한 기준에서 시작된다.

현재로서는 편향을 평가할 단일한 기준이나 표준도 없고 AI 전반에 걸쳐 현재 존재하는 편견을 극복할 목표도 없다. 속도보다 안전을 우선시하는 메커니즘 자체가 없는 것이다. 시행 가능한 글로벌 안전 기준이 없다면 BAT는 아무리 근시안적이더라도 중국 정부의 명령으로부터 보호받지 못하는 반면 G-MAFIA는 잘못된 시장의 요구에 대응해야 한다. 투명성에 대한 기준도 없다. 미국에서는 G-MAFIA와 함께 미국시민자유연합, 뉴아메리카재단, 하버드대 버크먼클라인센터 등이 AI 관련 협의체인데, AI 연구의 투명성을 높이기 위한 것이다. 이 협력회사는 AI 연구를 긍정적인 방향으로 이끌기 위한 훌륭한 권고를 발표했지만 그러한 권고는 어떤 식으로든 시행할 수 없으며, G-MAFIA의 모든 사업 부문에서 지켜지지 않고 BAT 내부에서도 관찰되지 않는다.

빅 나인은 편견으로 얼룩진 훈련 데이터세트를 사용하고 있다. 이것은 공공연한 사실이다. 문제는 자료와 학습 모델을 개선하는 것이 큰 금융 부채라는 점이다. 예를 들어, 심각한 문제를 가진 데이터세트 중 하나는 앞에서도 여러 번 언급한 이미지넷(ImageNet)이다. 이미지넷은 1,400만 개의 이미지를 포함하고 있으며 데이터의 약 절반은 미국으로부터 나온다.

미국에서 신부의 '전통적인' 이미지는 흰색 드레스를 입고 베일을 쓴 여성이다. 하지만 사실은 바지를 입고 결혼하는 여자, 화려한 여름 드레스를 입고 해변에서 결혼하는 여자, 기모노와 사리를 입고 결혼하는 여자 등 다양하다. 나의 웨딩드레스는 옅은 베이지 색이었다. 하지만 이미지넷은 하얀 드레스와 베일이 아니면 신부를 알아보지 못한다.

의료 데이터세트도 문제다. 암을 인식하도록 훈련된 시스템은 주로 밝은 피부의 사진과 검사 자료를 입수해 왔다. 그러다 보니 흑갈색 피부를 가진 사람들이 기저세포암에 걸리지 않은 것으로 오진될 수 있다. 만약 빅 나인이 이런 문제가 있다는 것을 알고도 아무것도 하지 않는다면 그들은 AI를 잘못된 길로 인도하고 있는 것이다.

한 가지 남은 방법은 현재 사용되고 있는 모든 훈련 데이터를 평가하는 것이다. 이 작업은 이미 여러 번 수행되었다. 교육 데이터를 정리할 목적으로 한 것은 아니지만, IBM의 인도 연구소는 부속 프로젝트로 1969년에서 2017년 사이 맨부커 문학상 후보에 오른 작품을 분석했다. 결과는 "직업, 소개 그리고 책 속 인물에 관한 성 편견과 고정관념이 만연함"이었다. 남성 캐릭터는 감독, 교수, 의사로서 더 높은 수준의 직업을 가질 가능성이 높았고 여성 캐릭터는 교사 또는 성매매 여성으로 묘사될 가능성이 컸다. 문학상에서의 편견을 찾아내기 위해 자연언어 처리, 그래프 알고리즘 및 기타 기본적인 기계 학습 기법을 사용하는 것이 가능하다면 그것은 또한 인기 있는 훈련 데이터세트에서 편견을 찾는 데 사용될 수 있다. 훈련 데이터는 전체 시스템을 위태롭게 하는 엔트로피를 겪을 수 있는데, 정기적으로 주의를 기울이면 훈련 데이터를 건강하게 유지할 수 있다.

해결책은 빅 나인, 최소한 G-MAFIA가 새로운 훈련 세트를 만드는 비용을 분담하는 것이다. 새로운 기업을 만드는 데는 상당한 시간과 돈과 인적 자본이 필요하기 때문에 이것은 큰 문제다. AI 시스템과 corpora(트레이닝 데이터세트) 그리고 그 안에 도사리고 있는 문제에 대해 검수를 마칠 때까지 투명하게 관리해야 한다. 그러한 데이터는 검증을 거친 뒤 사용해야 한다. 그것은 고되고 지루한 과정이 될 것이다. 그러나 그것은 전체 분야에서 가장 큰 이익을 가져다 줄 것이다.

그렇다. 빅 나인은 우리 데이터가 필요하다. 하지만 그들은 우리의 신뢰를 얻어야 한다. 이상하고 이해할 수 없는 어휘를 사용하여 서비스 약관을 바꾸거나 게임을 하도록 권유하기에 앞서 자신이 하고 있는 일을 설명하고 공개해야 한다. 빅 나인이 자체적으로 또는 AI 생태계의 대학 및 다른 대학과 협력하여 연구를 수행할 때 그들은 데이터 공개를 약속하고 그들의 동기 및 예상 결과를 충분히 설명해야 한다. 그렇게만 된다면 우리는 기꺼이 참여하고 그들의 노력을 지지할 것이다. 적어도 나는 가장 먼저 지지할 것이다.

당연하게도 중국에서는 데이터 공개가 더 어려운 문제이지만 인민들에게는 큰 이득이다. BAT는 인민과 파트너의 자유를 통제하고 제한하기 위한 목적으로 제품을 만드는 것에 동의해서는 안 된다. BAT 간부들은 용기 있는 리더십을 발휘해야 한다. 그들은 감시 요청을 거부하고, 중국 인민의 데이터를 보호하고, 적어도 디지털 영역에서 모든 사람이 공정하고 동등하게 대우받고 있다는 것을 확실히 하기 위해 기꺼이 중국공산당과 의견을 달리해야 한다.

빅 나인은 냉철한 연구 의제를 추구해야 한다. 목표는 간단하고 직설적이다. 우리를 위험에 빠뜨리지 않고 인류를 발전시키는 기술을 구축해야 한다. 이를 달성하기 위한 한 가지 가능한 방법은 '차등 기술 진보'라고 불리는 것인데, 이것은 종종 AI 개발자 그룹 사이에서 논쟁을 불러일으킨다. 그것은 위험을 증가시키는 진행보다 위험을 감소시키는 AI 진행 상황을 우선시할 것이다.

좋은 생각이지만 실행하기는 어렵다. 예를 들어, 시나리오에서 언급된 생성적 적대신경망은 해커에 의해 활용되고 이용될 경우 매우 위험할 수 있다. 하지만 그것은 또한 큰 연구 성과를 얻는 길이기도 하다. 빅 나인은 아무도 AI를 악으로 대체하지 않을 것이라고 가정하거나 문제가 생겨도 바로 처리할 수 있다고 가정하기보다는 새로운 기초연구나 응용 연구가 AI를 어떤 위험보다 훨씬 더 큰 이익을 가져다줄 수 있는지를 평가하는 과정을 개발해야 한다.

이를 위해, 빅 나인이 받아들이거나 만든 모든 금융 투자는 유익한 사용과 위험관리에 대한 기금을 포함해야 한다. 예를 들어, 구글이 생성적 적대신경망 연구를 추구한다면 구글은 부정적인 결과를 조사하고 매핑하고 테스트하는 데 상당한 시간과 인력과 자원을 소비해야 한다. 이와 같은 요건은 이익에 대한 성급한 기대를 억제하는 데 도움이 될 것이다. 의도적으로 AI 개발 주기를 늦추는 것은 썩 환영받는 권고는 아니지만 필수적이다. 무언가가 잘못되고 난 뒤에 대응하는 것보다는 미리 충분히 생각하고 위험을 타진해 보는 것이 더 안전하니 말이다.

G-MAFIA는 자체 채용 과정 재점검을 약속할 수 있는데, 현재 이 과정은 예비 채용자의 기술 우선순위 및 기업 문화 부합 정도를 결정하는 것이다. 이 과정에서 충분히 고려되지 않은 것은 윤리에 대한 누군가의 개인적인 이해다. 데이터 과학자이자 패스트 포워드 연구소(Fast Forward Labs)의 설립자인 힐러리 메이슨은 인터뷰 중 윤리 심사를 위한 간단한 과정을 설명했다. 그녀는 날카로운 질문을 하고 후보자의 대답을 기다린다. 질문은 다음과 같다. "소비자가 금융 서비스를 이용할 수 있는 모델을 만들고 있다. 인종은 당신의 모델에서 중요한 특징이지만 당신은 인종이라는 특징을 사용할 수 없다. 이때 당신의 선택은 무엇인가?" "소기업에 대출을 제공하기 위해 네트워크 트래픽 데이터를 이용하도록 요청받았다고 가정해 보자. 이용할 수 있는 자료가 신용도에 엄격해 아주 제한적이라고 해보자. 이때 당신은 어떻게 할 것인가?" 위와 같은 질문에 대한 답변에 따라 지원자를 채용하거나 조건부로 채용하여 일을 시작하기 전에 무의식적인 편견 교육을 이수하게 해야 한다. 그 외에는 떨어뜨려야 한다.

빅 나인은 학자와 훈련된 윤리학자, 리스크 분석가를 고용해 AI의 윤리를 뒷받침하는 문화를 구축할 수 있다. 바라기로는, 이런 고용이 전체 조직, 즉 소비자 하드웨어, 소프트웨어 엔지니어 및 제품 팀, 판매 및 서비스 팀, 공동 선두 기술 프로그램, 네트워크 및 공급망 구축, 설계 및 전략 그룹, HR 및 법률, 마케팅 및 통신 팀 등에 걸쳐 이루어져야 한다.

빅 나인은 연구, 작업 속도, 프로젝트, 파트너십 및 제품의 윤리적 의미를 평가하는 프로세스를 개발해야 하며, 그 과정은 기업 내 모든 직무 기능에 포함되어야 한다. 신뢰의 표시로서, 빅 나인은 우리 모두가 우리의 데이터에 대한 의사 결정이 어떻게 이루어지는지 더 잘 이해할 수 있도록 그 과정을 공표해야 한다.

협력적이든 개별적이든 빅 나인은 AI 근로자를 위한 행동 강령을 개발해야 한다. GAIA가 제시한 기본적 인권 윤리를 반영하되 기업의 고유한 문화와 기업 가치도 반영해야 한다. 그리고 명확하고 안전한 내부 고발 창구가 직원들에게 개방되어 만약 누군가가 그 코드를 위반한다면 그에 대한 분명한 조치가 이루어져야 한다.

현실적으로, 일련 조치는 빅 나인의 단기 수익에 일시적으로 부정적인 영향을 미칠 수 있다. 이에 대해 투자자들은 그들에게 약간의 숨 쉴 공간을 허락해야 한다. G-MAFIA가 진화하는 데 필요한 공간을 허락하는 것은 미국의 미래에 많은 이익을 가져다 줄 것이다.

AI 개발 환경의 변화 : 파이프라인 전환 사례

우리는 AI의 파이프라인 프로그램을 다루어야 한다. 이는 AI 개발자의 문화가 형성되는 대학에서부터 시작되어야 하는데, 수많은 해결책 중에서 가장 쉽고 효율적인 방법이다.

대학은 복수 학위를 장려하고 환영해야 한다. 앞에서 나는 스타급 교수들을 보유하고 있는 G-MAFIA와 BAT와 가장 많이 제휴하는 영향력 있는 대학과 취업 시장에서 유리한 고지를 점유하고 있는 대학에 대해 설명했다. 지금의 커리큘럼은 치밀하고 도전적이며 복수 전공의 여지가 거의 없다. 사실 대부분의 전공 커리큘럼은 표준 컴퓨터 과학 프로그램 외의 학습 과정 이수를 어렵게 한다. 이것은 해결할 수 있는 문제다. 대학은 컴퓨터 과학과 정치 과학, 철학, 인류학, 국제 관계, 정치 과학, 창조 예술, 신학, 사회학에서 복수 전공을 장려해야 한다. 학생들이 전공 외 다른 관심사를 공부할 수 있도록 지원해야 한다.

학생들은 윤리를 독립적이고 의무적인 수업으로, AI 교육의 중요한 부분으로 보기보다는 형식적인 필수과목으로 보기 쉽다. 따라서 하나의 교육과정으로 만들기보다는 모든 과업에 접목해야 한다. 학교는 철학과 편견, 위험과 윤리에 대한 논의를 교과과정에 포함시키기 위해 종신 교수제를 장려하고 감독 기관은 컴퓨터 과학 강의의 중심에 윤리를 두는 학교에 인센티브를 주고 보상해야 한다.

대학은 학부, 대학원, 교수 채용의 폭을 넓혀야 한다. 채용 과정 자체를 평가하고 개선해야 한다는 뜻이다. 단순히 여성과 유색인종을 몇 퍼센트 늘리는 것이 아니라 인종, 성별, 종교, 정치, 성 정체성 등 AI 개발자의 다양한 소속과 정체성을 바꾸는 데 목표를 두어야 한다.

대학은 스스로 책임을 져야 한다. 그들은 AI 개발자 그룹의 정체성과 가치관을 다양화하는 데 힘을 보탤 수 있고 또 그렇게 해야 한다.

이제 당신은 무엇을 해야 하는가

이제 당신은 AI가 무엇인지, 무엇이 아닌지를 그리고 왜 그것이 중요한지 알게 되었을 것이다. 빅 나인에 대해 알고 그들의 역사와 미래에 대한 열망에 대해 알게 되었다. 당신은 AI가 당신의 부엌에서 당신에게 말하는 멋진 기기나 기술 트렌드나 멋진 장비가 아니라는 것을 알고 있다. AI는 당신 삶의 일부분이고 당신은 AI 발달 과정의 일부분이다.

당신은 AI 관련자의 일원이다. 더 이상 피할 수 없다. 이제라도 AI가 어떻게 체계화되고 발전되었는지 자세히 알아야 한다. 당신이 자주 사용하는 애플리케이션에 어떤 방식으로 정보가 저장되는지 살펴보라. 그리고 만약 정보가 예상과 달리 사용되고 저장된다면 과감히 애플리케이션 사용을 중단해야 한다.

직장 내에서 사용되고 있는 자율 AI 시스템도 돌아볼 필요가 있다. 모든 결정을 내릴 때 과연 이것으로 인해 미래에 긍정적인 결과가 나타나는지 부정적인 결과가 야기되는지 알아야 한다.

투표권을 행사할 때는 성급한 규제를 약속하는 후보보다는 AI와 장기적인 계획에 대해 보다 신중한 정책을 갖고 있는 후보자에게 투표해야 한다. AI에 대한 국가 공무원과 그들의 정치적 임명권자들이 그들의 행동과 불투명함에 대해 변명할 여지가 없게 해야 한다.

미래를 정확히 알 수는 없지만 AI가 변화, 발전해 나갈 궤적은 분명하다. 이제 당신은 빅 나인이 AI 개발 트랙을 어떻게 이끌고 있는지, 투자자와 자본가들이 AI 시스템의 속도와 안전에 어떻게 영향을 미치고 있는지, 미국과 중국 정부가 하는 중요한 역할, 대학이 기술과 감성을 어떻게 가르치고 있는지 그리고 평범한 사람들이 이 시스템에 있어 얼마나 중요한 요소인지 더 잘 이해하게 되었을 것이다.

이제 눈을 뜨고 산꼭대기에 집중해야 할 때다. 그 정점이 급격히 높아질 것이기 때문이다. 에이다 러브레이스가 스스로 정교한 음악을 작곡할 수 있는 컴퓨터를 착안한 이래 인류가 상상했던 거의 모든 것이 현실화되고 있다. 앨런 튜링이 "생각하는 기계를 만들 수 있을까?" 하고 물었을 때 그리고 존 매카시와 마빈 민스키가 다트머스 워크숍을 위해 그 모든 연구자들을 불러 모았을 때 새로운 지평이 열리기 시작했다. 왓슨이 제퍼디를 이겼을 때 그리고 딥마인드가 세계 바둑 챔피언을 차례로 꺾었을 때 우리는 큰 감동을 느꼈다. 심지어 당신이 이 책을 읽는 순간에도 AI는 발전하고 있다.

모든 사람이 이 이야기의 주인공이 되고 싶어 할 것이다. 지금이 바로 그때다. 조약돌을 주워 들고 산에 올라야 한다.

빅나인

초판 1쇄 발행 2019년 12월 16일
지은이 에이미 웹   옮긴이 채인택   펴낸이 김영범

펴낸곳 (주)북새통 · 토트출판사
주소 서울시 마포구 월드컵로36길 18 삼라마이다스 902호 (우)03938
대표전화 02-338-0117 팩스 02-338-7160
출판등록 2009년 3월 19일 제 315-2009-000018호 이메일 thothbook@naver.com

© 에이미 웹, 2019
ISBN 979-11-87444-45-9 03320

잘못된 책은 구입한 서점에서 교환해 드립니다.